學習共同體在小學實施的理念與實踐

汪明怡　林進材　著

五南圖書出版公司 印行

彩繪一幅「學習共同體」的美好學習願景

近年來，由於教育改革與課程改革的工程啟動，來自中小學教室中教學革新的需求和呼籲，使得中小學的教學實踐有了新的挑戰、新的改變、新的變化、新的思考、新的行動，在在影響教師的教學思考與決定。從新興教學議題，例如：學習共同體、翻轉教育、學思達、MAPS 教學、分組合作學習等，到核心素養課程與教學、適性教學模組的實施等，展現出教師教學想要改革的雄心壯志，同時也透露出教師在教學現場希望能夠改變的心願。

課程教學改革模式的實施，不管是採用「由上而下」或「由下而上」、「由內而外」或「由外而內」模式，主要內涵在於希望教師可以在教學中，思考自己的教學活動，有哪些是需要保留的？哪些是需要修正的？哪些是需要更新的？哪些是需要汰舊換新的？哪些是需要去蕪存菁的？透過這些教學改革的議題，引導在教學現場的教師，可以從教室的教學中進行專業反思，以精進後續的教學專業能力。

學校當中學習共同體的課堂，是一種自在的課堂形式，是教師可以盡情展現自己學習悸動的課堂；是教師、學生、家長共同交心的課堂；是學生因為老師的「眞」，而願意打開自己心扉、展現自己眞實個性的課堂。學習共同體的課堂，是親師生「有備而來」的課堂，是一種交織著師生多向互動、多元對話、相互吸引、相互提攜的學習願景。

本書的出版，重點在於將適合臺灣中小學教室的學習共同體理念，透過文字的陳述、表格的說明、圖表的引證、概念圖的展現等形式，提供中小學教師在教室教學中的參考。透過本書的內涵和說明，可以讓臺灣中小學教師了解學習共同體的理念和意義，進而引進教室的教學中，提供師生不一樣的互動模式及學生嶄新的學習樣貌，透過學習共同體理念的落實，彩繪出一幅「學習共同體」的美好學習願景！

本書的內容，包括學習共同體的理念與實踐、學習共同體與教師專業成長、學習共同體的願景與教師信念、如何成爲學習共同體的課堂、學習共同體的班級特色、學習共同體的實施與挑戰等六個層面，每個層面都深刻細膩地說明學習共同體的精神和理念，並透過文字、圖表、流程圖等形式，提供教師不一樣的教學思考及嶄新的教學策略，希望本書的出版可以在持續發展的課程教學改革中，引領中小學教師邁向教學專業。

本書的出版，感謝五南圖書出版公司的首肯，願意將作者的教育理念與實踐經驗，透過專書的出版，和所有熱心教學的教師分享。期盼大家在閱讀專書的過程中，可以隨時提供專業上的意見，讓本書的內容更爲精緻、更爲細膩、更爲專業。

林進材

2020 年 7 月 11 日

目錄

第 1 章

學習共同體的理念與實踐

本章重點

學校實施學習共同體的理念，不在於為了培育每個孩子都是菁英，也不是只有培育金字塔頂端的菁英；是為了達成自發、互動、共好的願景，而不是競爭型的關係。學習共同體的課堂實踐步驟與樣貌展現的進程，為本章論述重點，提供中小學教師作為實施的參考。

學習語錄 001 學習需要有夥伴在身邊，才能激發學習的動力。

第一節 學習共同體理念的實踐步驟

學習共同體的課堂透過「聆聽和對話」，讓學生從親身體驗式的學習，體認共同學習眞正的意義；更積極運用「協同學習」模式，讓學生學會對話、活用知識和深入思考，同時具備思考力、判斷力、表現力，從而「改變學生課堂學習的模式」，達成「共學、共好」的目標，讓學校教育可以有機會補足家庭文化刺激不足之處（圖 1-1）。

一 課堂前規劃與準備

實踐學習共同體最困難之處，在於教師在每一堂課必須聚精會神的聆聽每一位學生的發言，然後以發揮學習效果最大化的串聯，讓學生聚合在夥伴的學習網絡之中。教師勢必要有備而來，運用教材遊刃有餘後，專心一致關注學生的學習反應與學習，並且隨時修正與調整。

(一) 設計符合新課綱核心價值的課程

課前設計有助於協同學習的課程，教學時運用串聯技巧連結學生與學生、連結學生與教材、學生與世界，發揮課程設計的最大效益，以達成新課綱以學生爲中心的目標。學習共同體最重要的準備工作爲備課、協同學

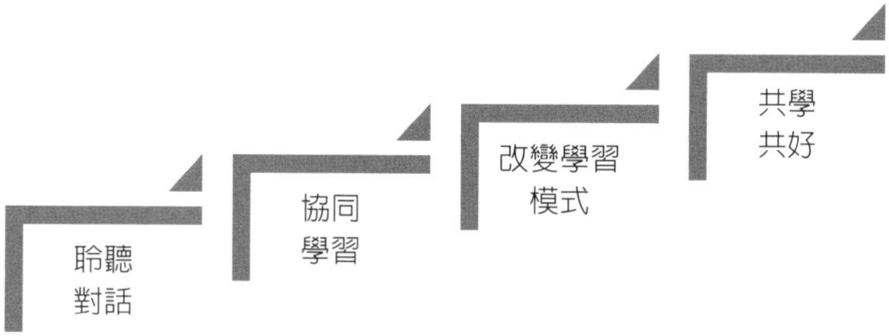

圖 1-1 學習共同體理念的實踐步驟

學習語錄 003 學習是相遇與對話，從對話中學習理解夥伴的想法。

習環境、課堂願景、教師信念，重點簡要說明如下：

1. **備課**：設計共有課題和伸展跳躍題。

2. **協同學習環境**：四人小組、男女交錯、隨機分組、不需要獎勵制度、不需要小老師制度、沒有領導者。

3. **課堂願景**：師生努力達成的目標（共學、共好）。

4. **教師信念**：以學生爲中心的學習模式（聆聽、溫柔關照夥伴、協同學習）（圖 1-2）。

教師必須在課堂進行前持續的傳遞教師信念，對學生說明爲什麼要這麼做？這麼做會帶來什麼幫助？同時也要詳細說明進行的步驟，有時必須將理念或是步驟寫在黑板上，讓學生從嘗試中看見自己的成長或是改變。

(1) 說明聆聽的重要：聆聽是學習的開始。

(2) 說明夥伴的重要：眞正可以幫助你的是身邊的夥伴。

(3) 說明共學的優點：和擁有共同目標的夥伴一起學習，一起努力。

(4) 說明共好的目標：不要一個人好，要全班一起好，讓全班同學都很幸福。

(5) 說明爲什麼要小組座位：隨時都可以向夥伴求救，溫柔關照身旁夥伴。

(6) 說明爲什麼要四人一組：隨機四人一組可以看見夥伴眼神、聽見夥伴想法，可以擁有安全感。（五人一組會有學生落單，四人一組比三人一組更安心，四人一組比兩人一組的想法更多元。）

(7) 說明爲什麼要二男二女一組：性別相同容易談論與學習無關的話，男女思維方式相異，期待學生從差異中學習。

(8) 說明爲什麼要隨機分組：課堂是小社會，學生要嘗試向所有夥伴學習。

(9) 在黑板上畫出座位的安排：讓學生對於指令與隨機分組的結果有所依循和對照，搬動座位時，一切在穩定的情緒中進行，教師可

學習語錄 004 聆聽是學習的開始，要用心聆聽才能收到效果。

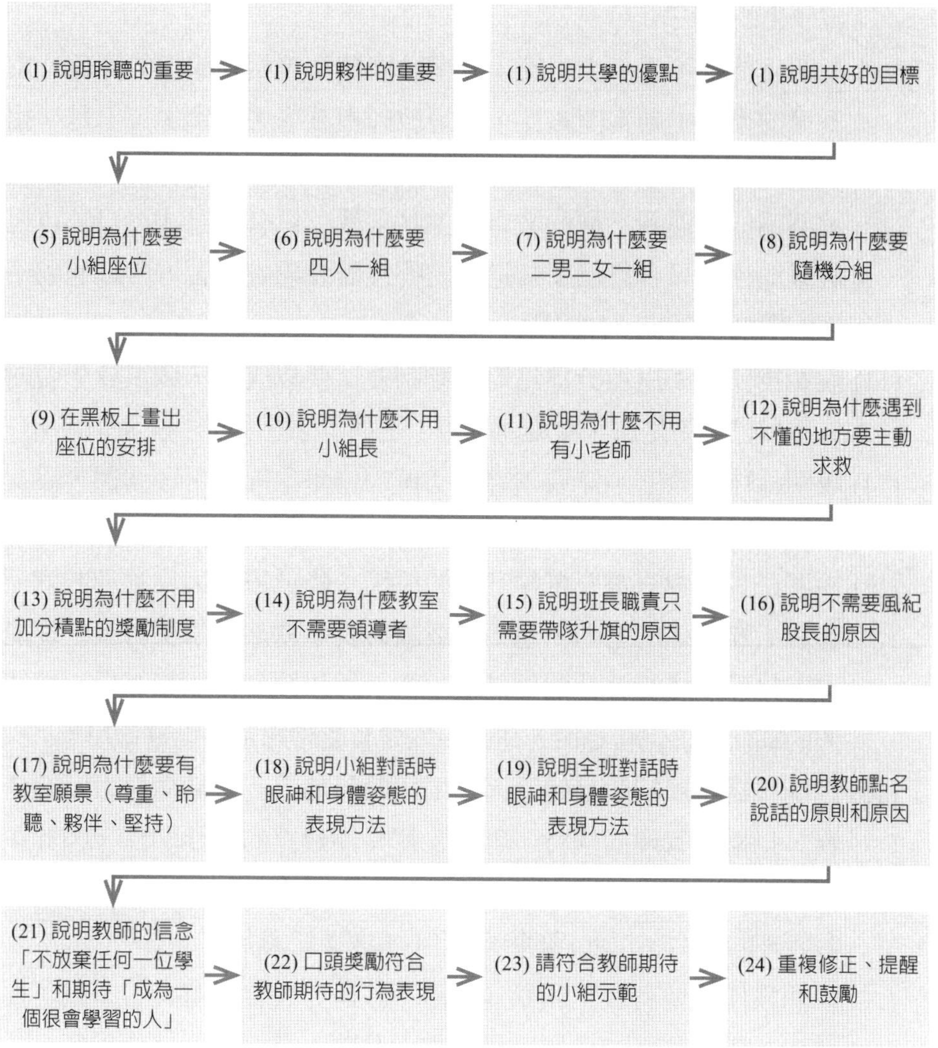

圖 1-2 學習共同體教師信念說明流程圖

以從學生抽籤反應與排座位過程中開始觀察學生的人際互動。

(10) 說明爲什麼不用小組長：在學習共同體的課堂尊重每一位學生，期待每一位學生可以自主管理，不需要共識型的發言，接受每一

學習語錄 005 遇到不會的問題，要盡力聽到懂、學到會爲止。

位學生的想法。

(11) 說明爲什麼不用有小老師：學習共同體重視相互學習的關係，由不懂的學生主動詢問夥伴，不是教師指派學生教學生，不是「相互教」的關係，是「相互學」的關係。

(12) 說明爲什麼遇到不懂的地方要主動求救：只有自己才可以讓自己脫離泥沼，只有自己才知道自己哪裡需要再次學習，所以遇到不懂的問題要隨時請教同學。

(13) 說明爲什麼不用加分積點的獎勵制度：要以成爲一個很會學習的人爲目標，不是爲了獎勵而學習，是爲了想要多學一些而學習。

(14) 說明爲什麼教室不需要領導者：每一位學生都是平等個體，沒有誰要領導誰，誰要管理誰，所以教室不需要領導者。

(15) 說明班長職責只需要帶隊升旗的原因：降低班長因爲管理制度而造成人際關係的壓力，也不需要讓班長承擔部分學生自我管理能力不足而造成的夥伴關係破裂；當一切以協助達成相互信任與關照的夥伴關係爲目標時，班長只需要負責帶隊或是上臺領獎。

(16) 說明不需要風紀股長的原因：風紀股長如果爲了聽命於教師的任務，以權力管理同學時，容易瓦解長期建立的夥伴關係，因此在期待學生具備自我管理能力的同時，教師應當要信任學生擁有自我管理的能力，以此爲理由說明不需要風紀股長。

(17) 說明爲什麼要有教室願景（尊重、聆聽、夥伴、堅持）：爲了要達成共學、共好的目標，從尊重、聆聽、夥伴、堅持作爲每一天努力的方向。

(18) 說明小組對話時眼神和身體姿態的表現方法：要用盡全力傾聽夥伴發言，從聽得見的話語、傾聽的姿態、關注的眼神去感受和體會夥伴的發言。

(19) 說明全班對話時眼神和身體姿態的表現方法：眼睛看向說話的夥

學習語錄 006 學習夥伴說話的時候，需要用眼睛看著夥伴。

件，對夥伴會是一股支持的力量，除了表現尊重，同時也幫助自己更加專注的聆聽和思考。

(20) 說明教師點名說話的原則和原因：教師依據觀察學生的學習反應及對話內容，判斷點名說話的順序。

(21) 說明教師的信念「不放棄任何一位學生」和期待「成為一個很會學習的人」：保障每一位學生都有夥伴，讓夥伴不輕易放棄自己，教師也不會輕易的放棄學生，師生共同學習，以成為一個很會學習的人而努力。

(22) 口頭獎勵符合教師期待的行為表現：教師會持續鼓勵勇敢說出不懂、願意溫柔對待夥伴、相互關照夥伴等表現出教室願景的學生。

(23) 請符合教師期待的小組示範：從聆聽開始，如果有表現專注聆聽的小組，教師會請小組示範，讓其他小組學習。

(24) 重複修正、提醒和鼓勵：以上的任一環節，把握機會重複修正、提醒和鼓勵。

(二) 分析課程設計與班級經營的模式

當課程停滯不前、沒有新的進度、學生沒有足夠的挑戰課題進行時，學生行為思考的穩定度會直接降低。這一個問題的處理因應，需要從理論與實際方面著手。

研究者曾經嘗試並發現，在一個高年級課堂進行 15 分鐘後卻沒有給予挑戰題，或是課程設計題目過於簡單而無趣的課堂，學生會開始分心，開始失去專注。當學生沒有被引起學習興趣，沒有機會學習新知、擴展視野及無法滿足學習的課堂，學生較容易分心和出現紛爭。

此外，研究者將信念全然實踐在教學活動中，並不需要再做額外的班級經營，例如：將「尊重」的教室願景，直接實踐於課堂的聆聽與協同學習過程中，尊重不是在下課學生發生糾紛時，才開始檢討應該要彼此尊重，而是未雨綢繆的前置作業，學生在課堂學習時必須重複練習「尊重」。因此，研究者將班級經營直接讓學生在課堂中實踐，讓學生情感連結、彼此尊重、相互信任，產生依賴感和歸屬感，修正自己在團體中的定位，找到自己的位置。

課程設計與班級經營重點如下（圖 1-3）：

1. **讓學生熟知教師教學流程與模式**：學生對於教師的教學策略熟知以後，每一次按照相同的模式重複的練習，有機會形成學習習慣，面對新文本或新挑戰時，學生有能力運用課堂上習得的策略能力轉移。

2. **促進協同學習的發生**：教師必須串聯學生之間的對話，讓學習發揮最大效果；也可藉由協同學習時觀察學生，分析學生學習脈絡，理解學生的思維以進行差異化學習。

3. **課堂重複說明教室願景的重要、爲什麼這麼做，以及這麼做會有什麼結果**：教師必須讓學生了解教師精心安排的每一個活動背後的想法，並且說明教師的期待和標準，讓學生逐步以朝向教室願景而努力。

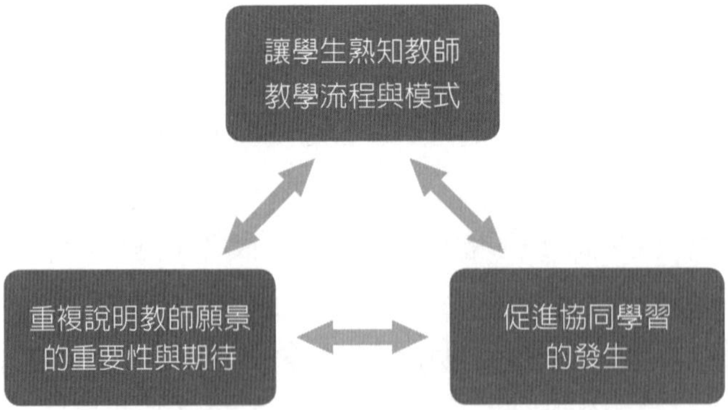

圖 1-3　學習共同體課程設計與班級經營重點

學習語錄 008　學習要從上課的第一分鐘努力到最後一分鐘。

二 課堂中分析與應對

(一) 學生與教材關係的建構

教師必須讓學生看見教材表達的方式，帶著學生分析教材的架構與學科本質存在的意義，同時告訴學生在這個學習階段要學會的能力，讓學生可以知道自己站在什麼位置、做什麼事、爲什麼要做這些事；**讓學生站在比較高的視野看見學習的整體而不是片斷，建構學生與教材關係，從「說眞心話」開始。**

(二) 學生與學生關係的建構

如果教師能夠串聯學生與學生相互關照的夥伴關係，教師在課堂上和生活上就可以減少一對一的時間，用更充裕的時間照顧需要幫助的學生，或是觀察每一位學生的個人特質。建構學生與學生的關係，從「相互聆聽、眼神交流」開始。

三 課堂後反省與創新

(一) 學生課堂反應的分析

從學生在課堂上的「眼神聚焦狀態」，可以約略窺探學生的學習專注程度；透過學生的「言語表達內容」，可以得知學生目前的學習瓶頸或理解程度；從學生的「肢體語言和身體姿態」，可以傳遞學習積極度或是與夥伴的關係連結狀態。學生一舉手、一投足，都是觀察其課堂反應的蛛絲馬跡，教師必須兼具「細膩環視」的眼力和聽力，更需要有不同時間，先後看同一位學生或是同一事件，觀察學生反應異同的「縱觀」能力；以及同一時間，觀察不同事件或學生反應的「橫觀」能力。分析學生課堂反應的目的，是爲了課後的反省與課程或是協同學習、串聯環節的及時修正（圖 1-4、圖 1-5）。

學習語錄 009 學習像是登山，一個人走得快，一群人走得遠。

眼神聚焦狀態	•學習專注程度
言語表達內容	•學習瓶頸 •理解程度
肢體語言和身體姿態	•學習積極度 •與夥伴的關係連結狀態

圖 1-4　學習共同體學生課堂反應分析表

環視	•眼力 •聽力
縱觀	•不同時間，同一事件 •不同時間，同一學生
橫觀	•相同時間，不同事件 •相同時間，不同學生

圖 1-5　學習共同體學生教師觀察角度表

(二) 課程設計與實施修正

例如：康軒版五上《國語》第一課〈我的夢想〉，屬於「人間有情」大單元的第一課，作者透過觀察生活中的美以及攝影人物「相信天無絕人之路，再苦也要苦給老天爺看」，期待讀者也能體現「至眞、至善、至美」的生命力和大愛精神。國語習作中將語詞「呵護」擴寫爲句子的題目，原課程設計爲透過協同學習，學生能夠具體進行人物描寫。學生書寫後，研究者發現各組書寫結果大同小異，多以母親或是老師爲「呵護」主詞。此時研究者發現，若能夠給學生補充更多的語文材料，使學生能夠從語詞擴充句子之後，更進一步擴充爲短文，主詞的部分也可以透過作者「草根臺灣臉譜」攝影照片呈現，讓學生用影像和文字的力量展現對生命

學習語錄 010　學習時耳要聽、眼要觀、心要想、口要說。

力的體悟，更能符合本課主旨；完成短文以後，接續更可延伸架構發揮為一篇作文（圖 1-6）。

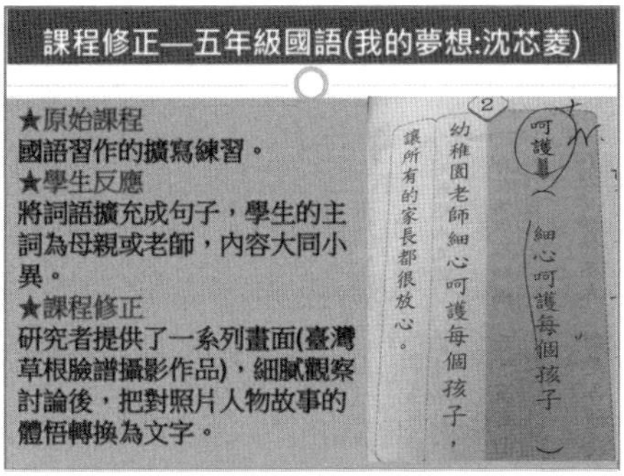

依學生反應調整課程

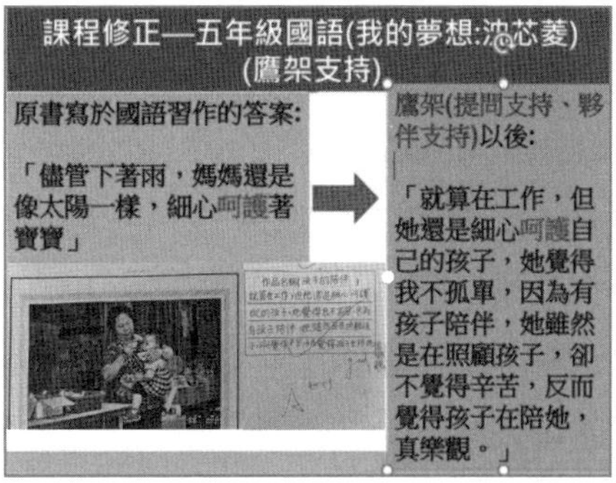

短文寫作（鷹架支持）

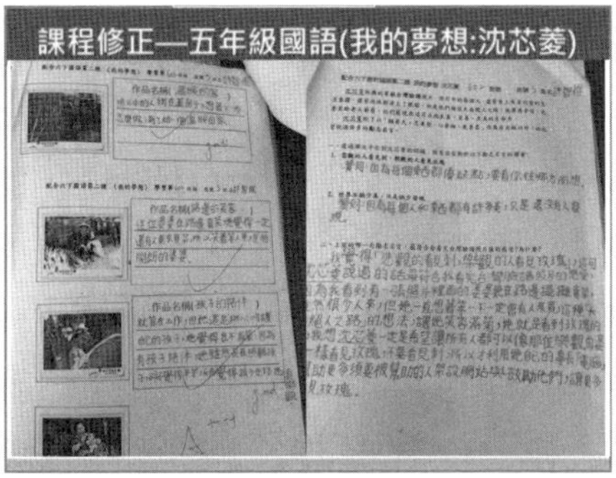

觀察影像與描寫

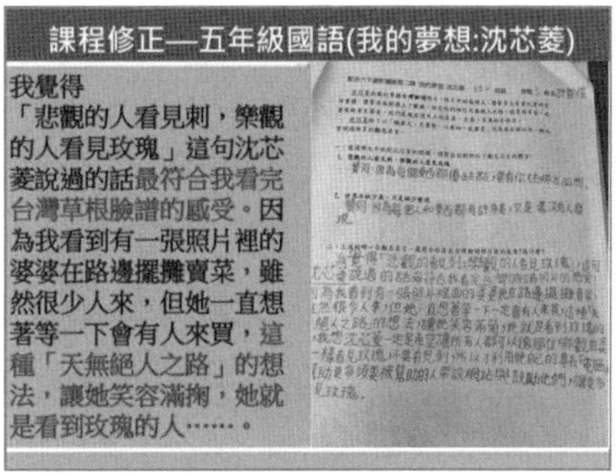

延伸為「伸展跳躍題」

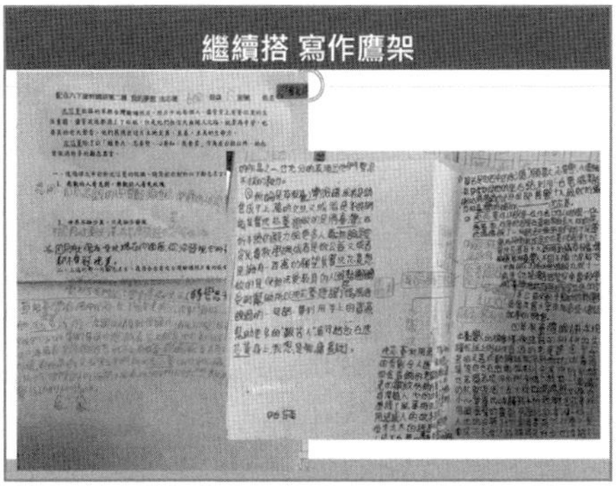

延伸寫作

圖 1-6　課程修正示意圖

學習語錄 011　在學習時需要說話的人，等大家都看你了，再開始說。

第二節 學習共同體樣貌展現之進程

學習共同體實踐初期，以建立聆聽關係和夥伴關係爲要點，基礎提問和難度的挑戰題要直接導入，讓學生在過程中慢慢熟悉協同學習的模式。此外，在課堂上要讓學生了解爲什麼要這麼做、這麼做會帶來什麼結果、過程中會遇到什麼困難、目標是什麼。實踐中期，學生逐漸找到自己在團體中的定位，穩定的夥伴關係將會帶來學生學力的穩定與成長，科任老師也會開始看見學生學習態度的轉變。每天持續練習尊重、聆聽、夥伴、堅持的教室願景，從實踐共學中體現學習共同體之共好。

一 實踐初期

學習共同體初期實踐的關鍵在於「建立聆聽關係」和「建立夥伴關係」。教師必須要重複傳遞信念、教師示範、設計配合聆聽與對話的課程、進行串聯以促成聆聽關係和夥伴關係的推展（圖 1-7）。

(一) 建立聆聽關係

聆聽是學習的開始，學生在接觸學習共同體以後，教師設計的課程提問結合協同學習的模式，會形成非常多的聆聽學習機會，因此，在教師的持續提醒和給予機會練習後，首先會出現「相互聆聽的課堂樣貌」，學生開始關注同學說話眼神、表情、內容，表現出「尊重」的教室願景。當學生開始比對自己是否理解學習內容，教師又鼓勵學生發問的時候，將會出現學生「願意主動對話」的課堂樣貌。

在學習共同體實踐初期，以建立「聆聽關係、夥伴關係」爲重點。聆聽關係的建立可由教師示範開始，學生將會展現眼神聚焦和專注聆聽的身體姿態；同時，教師必須積極的串聯，教師積極的串聯將會使聆聽關係更

學習語錄 012 聽夥伴說話的時候，能想辦法複述夥伴說的話。

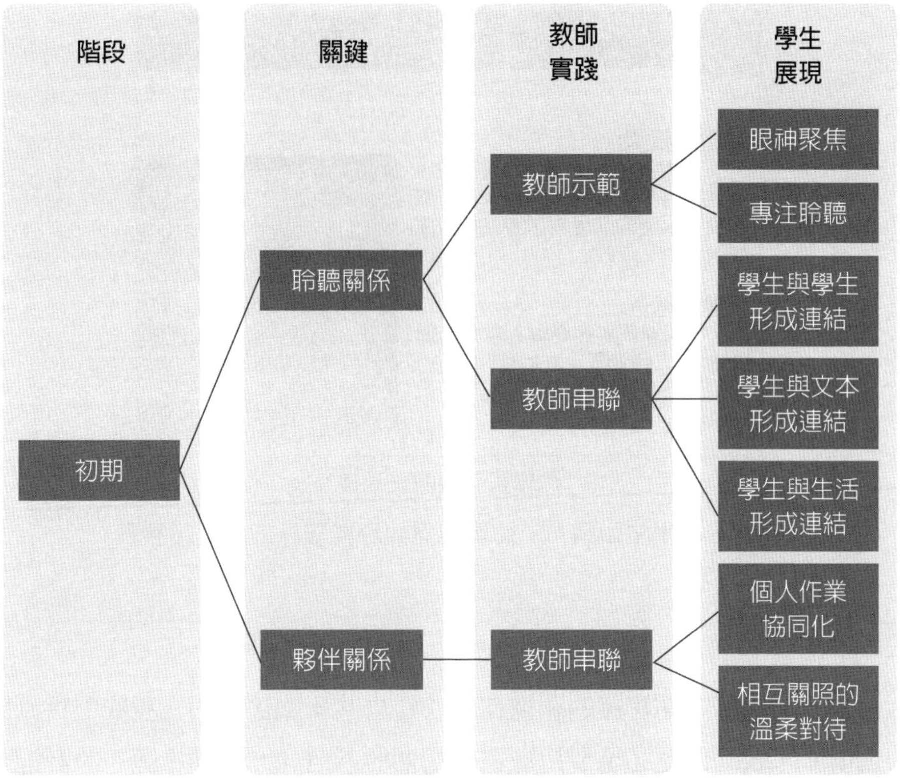

圖 1-7　學習共同體實踐初期樣貌展現

加穩固。當課程設計結合聆聽關係、串聯技巧後，教師要迅速的引導學生進入協同學習狀態，學生只要建立了協同學習的習慣，未來將有探究難度挑戰題也不輕言放棄的堅持。

(二) 建立夥伴關係

擁有溫柔關照的夥伴關係是學習共同體的核心，學生在學校的幸福感來自於同儕關係之穩定，教師必須要讓學生看見彼此的善意，「刻意」協助每一位學生經營生活中的夥伴關係，建立良善的夥伴情感循環（圖 1-8）。

學習語錄 013　聽夥伴說話的時候，要學習用自己的話說出夥伴的想法。

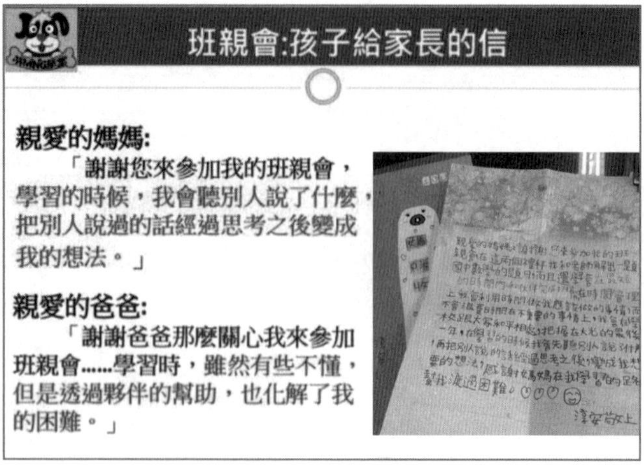

（開學第二週的班親會）

圖 1-8　學生回饋——聆聽關係與夥伴關係的建立示意圖

二 實踐中期

學習共同體中期實踐的關鍵在於「建立共學關係」和「養成堅持到底的習慣」。教師仍然必須要持續重複初期傳遞信念、教師示範、設計配合聆聽與對話的課程、進行串聯以促成聆聽關係和夥伴關係的推展。中期開始會出現「自動化」的共學關係，由於教師的信任與穩定的夥伴關係，學生擁有安心感與歸屬感，此時如果可以配合生活團隊活動，形成生活上全面的共學，學生將會展現對學習信念之堅持（圖 1-9）。

(一) 建立共學關係與實施

建立共學關係的過程中，老師要繼續刻意練習「等待」與「聆聽」，讓習慣性的教學步調速度「依照學生反應」而調整，讓學生有更多的機會探究與深入問題。而提問類型的多樣性讓共學關係更有發展性，大部分的學生將有機會表現出因探究而自發性的提問和互動。

佐藤學教授指出，語言是推動教與學的工具，是構築課堂教學中人際

學習語錄 014 聽夥伴說話的時候，要專心聽夥伴說完。

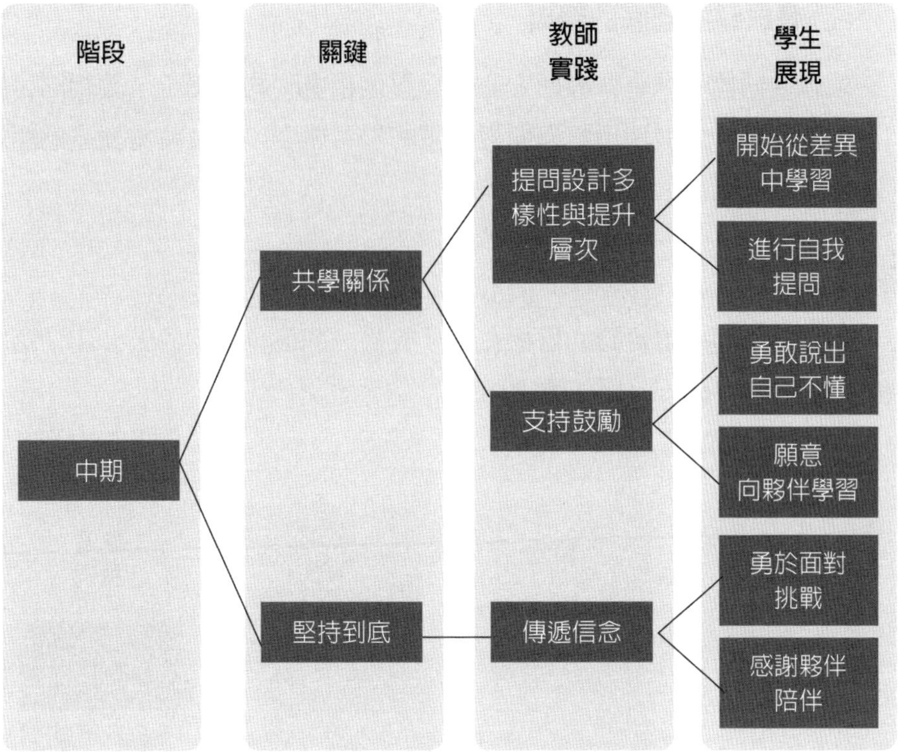

圖 1-9　學習共同體實踐中期樣貌展現

關係的工具，同時又是課堂教學的參與者自我認同及個性發展的重要構成要素（陳靜靜譯，2016）；因此，在學習共同體的課堂，師生的對話狀態不僅可以達成學習目標，運用協同學習以後，師生對話也可以同時維繫師與生、生與生的情感和學習關聯，更能從中觀察出學生的個性和特質，結合學習與生活。

此階段，教師的鼓勵與支持，讓學生開始面對真正的自己；在安心學習的環境，說出自己的不懂，在每一次的學習歷程，學生願意坦然面對自己的學習同時願意主動求救，是這個階段最能鼓舞教師的畫面。

學習語錄 015　聽夥伴說話的時候，要努力聽出夥伴想要說的重點。

(二) 養成堅持到底的習慣

學習共同體的課堂寧靜而安心，與夥伴相處時的歸屬感，讓相同目標的學習共同體學生展現出勇於面對挑戰的學習態度，以及時常表達感謝夥伴陪伴的暖心話語。

三 實踐遠景

學習共同體遠景實踐的目標在於「成爲一個很會學習的人」和「落實共好的理念與實踐」（圖 1-10）。

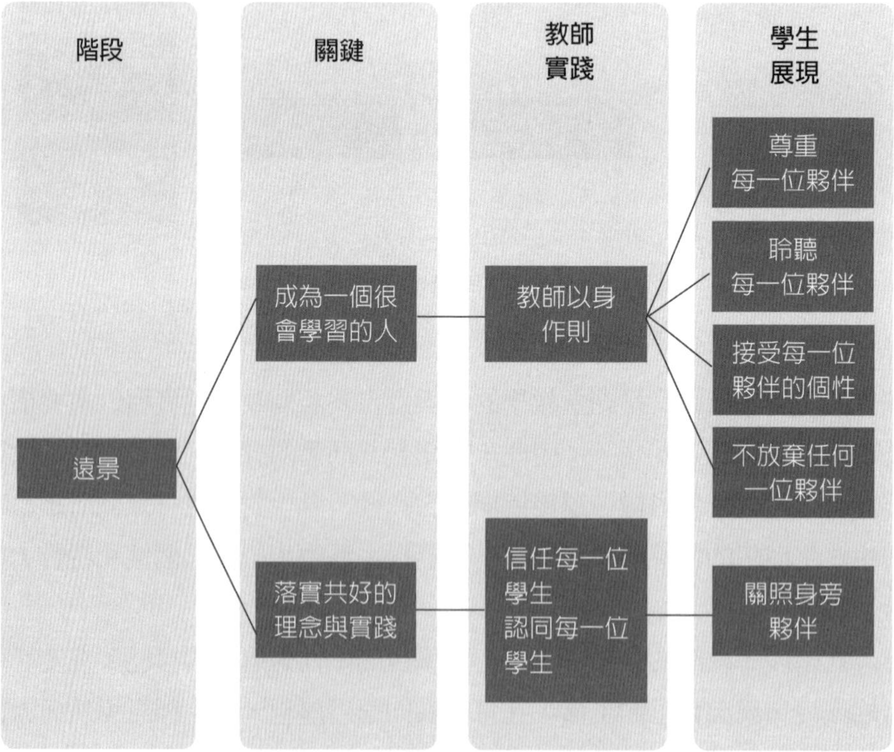

圖 1-10　學習共同體實踐遠景

學習語錄 016　聽夥伴說話的時候，要不同顏色的筆記錄關鍵字詞。

(一) 成為一個「很會學習」的人

在課堂討論時，老師關注的焦點除了小組討論、全班討論的內容之外，更要關注小組討論進行的過程中，每一位學生是否都參與其中？老師或是夥伴是否給了每一位學生參與的機會？爲了要成爲一個很會學習的人，老師或是夥伴有沒有專注聆聽彼此的想法、有沒有尊重彼此的差異性、有沒有嘗試「理解自己的懂，思考自己的不同」、有沒有探究夥伴想法的來源，並深入思考或歸納彼此的理解？如果課堂上「勇敢說出我不懂」、「說錯了也沒有關係」等狀態自然出現，表示學生逐漸朝向「我們要成爲一個很會學習的人」之遠景。

(二) 落實共好的理念與實踐

當學生願意發言或是回答出正確答案，研究者的回應方式是給予口頭鼓勵，例如：「你說得很棒。」但是，面對回答不完整和錯誤答案的時候，研究者的回應會以「鼓勵學生未來仍願意表達想法」爲考量，所以不會立即評價學生的答案，而是以「你理解到這裡」給予保留自尊。研究者以此爲方式，發現學生願意大膽且勇敢說出心中想法，提出心中疑惑，當學生開始自在的提出自己的想法與觀點，激盪彼此的學習想法，就有機會達成交織和共鳴的學習。

在《國語》六下〈撐開你的傘〉，主旨是作者懷念和孩子一起成長的喜悅，誠心祝福孩子有勇氣擁抱未來。研究者在課堂上提問：「爲什麼作者說我們不一定要選擇做什麼大事，只要能確實做好一件事就行了？」研究者請學生小組對話，不僅要確認夥伴想法，也要相互比較彼此的差異。幾分鐘後，教師點名A生，A生回答：「腳踏實地的做好一件事很重要。」此時研究者聽到坐在A生斜對面的同組夥伴B生主動補充：「意思是爲未來鋪路，要先把自己以後未來的路鋪好，如果沒有鋪好，就像是走進去山上，如果沒有把山路的石塊鋪好，就沒有辦法走進去山裡。」此

學習語錄 017 聽夥伴說話的時候，會主動回應夥伴的想法。

時，隔壁小組的 C 生主動回應：「我認同 B 生的說法，鋪路的意思是做好現在的每一件事情。」接續 A 生回應 C 生：「爲自己的未來鋪路，可以讓自己走下去，就不會停滯不前。」另一組的 D 生緊接著說：「爲未來提早做準備，等將來到了那個 level 就不用那麼辛苦，不用太過努力就可以將事情輕鬆的完成，所以現在要爲未來鋪路，不用做偉大的事，要按部就班、腳踏實地的做好每一件小事。」教師回應：「謝謝夥伴給我們學習的機會！」

當教師全然信任學生、認同學生的一切，學生願意主動說出自己心中的想法，願意讓自己成爲很會學習的人，願意向夥伴學習，願意關照夥伴、一起共學的時刻，共好的實踐又向前一大步。

第三節　共學的班級模式建立與實踐

學習共同體課堂在聆聽、串聯、回歸的學習循環中達成共學的班級模式，共學的緊密程度則和協同學習的夥伴關照凝聚力有絕對的關聯，也和教師是否敞開自己的眞心有絕對的關聯。

一 課程設計模式與實施

由共有課題與伸展跳躍題的課程設計進行的協同學習，課程設計包含基礎題和挑戰題，提升學生學習意願也提升學力。

(一) 共有課題規劃與實施

1. **課前預習**：課前運用階段性的心智圖讓學生自主閱讀文本（圖 1-11）。

2. **課中提問**：課中運用提問提高學生對文本的理解（圖 1-12）。

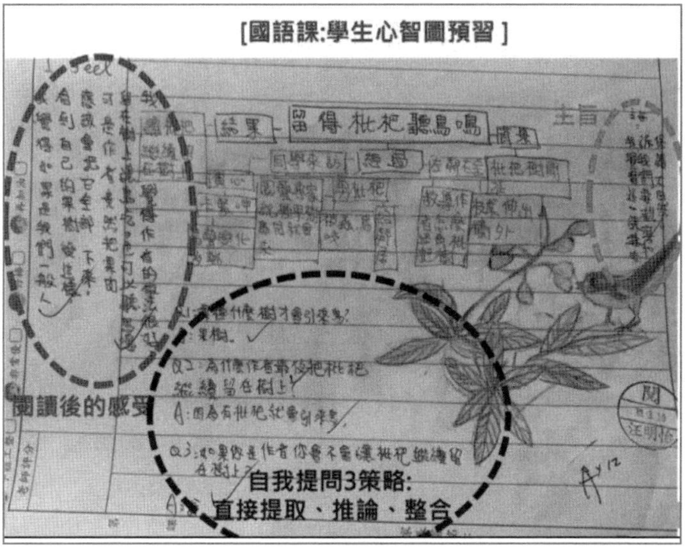

圖 1-11　學習共同體國語心智圖預習示意圖

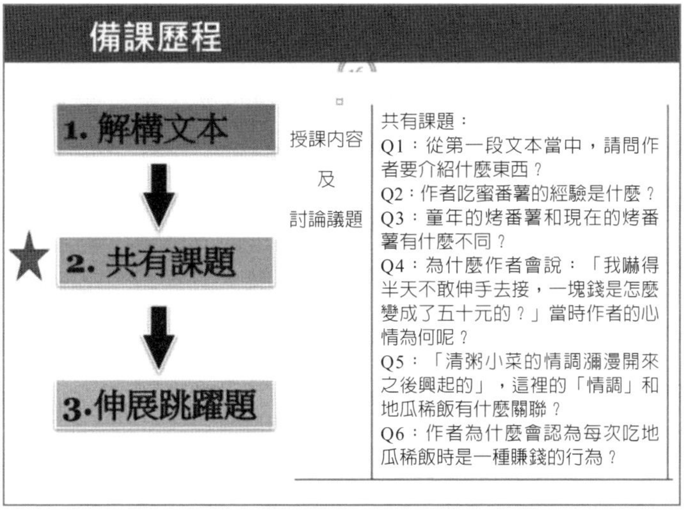

圖 1-12　學習共同體國語課程提問設計

(二) 伸展跳躍題設計與實施

佐藤學教授（鍾啟泉、陳靜靜譯，2012）提到「學力並非依靠循序漸進而累積，而是藉由一定高度向上引導才得以形成。學過教育心理學的人，只要從 Vygotsky 的『近端發展區』及『內化作用』理論思考，便可以了解這個歷程。形成學力向上的關鍵，並不是基於自己原有理解能力去理解新事物，而是透過教師和同學的溝通，理解自己當下的水準所不理解的事物，並『內化』的過程。」

研究者接到新班級開始進行數學伸展跳躍題的那一天，一位開學後始終無法眼神聚焦的學生，開始關注課堂同學的反應。研究者發下一題伸展跳躍題的學習單，請學生黏貼於筆記本，之後，班上學力高的學生陷入沉思，學力低、中程度的學生發覺連學力高的學生都無法在一時之間解出答案之時，表現出驚訝不已的眼神。這位學力低且有人際關係問題的學生，在此時開始進入學習。記得那一天是 10 月 18 日，當天課後照顧聯絡簿，開始出現課後老師「○○同學開始發問」的學習正向紀錄，自此時，這位學生對自己的學習堅持到底，直到畢業前都沒有放棄（圖 1-13）。

1. 伸展跳躍題實施目的

(1) 學力高的學生有學習興趣、學力中等的學生提升學習能力、學力低的學生透過由發展而基礎的學習，熟練過去無法理解的基礎能力。

(2) 成爲一個平等學習的課堂、成爲一個探究的課堂。

2. 實施原則

(1) 依據國語文本和數學概念設計難度較高的題目。

(2) 以協同學習爲基礎。

(3) 以探究爲方向。

學習語錄 020 有難度的挑戰題，讓學習變得更有趣。

圖 1-13　實踐伸展跳躍題的學生反應示意圖

3. 國語 jump 題設計類型（圖 1-14）

(1) 找出原文比對主旨（例如：〈甜蜜如漿烤番薯〉課文 & 原文）。

(2) 同一作者，不同文章（例如：〈甜蜜如漿烤番薯〉&〈一片薄薄的冬瓜〉）。

(3) 運用架構，分析新文本（例如：〈做人做事做長久〉&〈做餅的人生，明天有夢〉）。

(4) 相同主旨，不同文本（例如：〈海洋朝聖者〉&〈不想等到失敗再後悔〉）。

學習語錄 021　jump 題，開啟停不下來的學習之鑰。

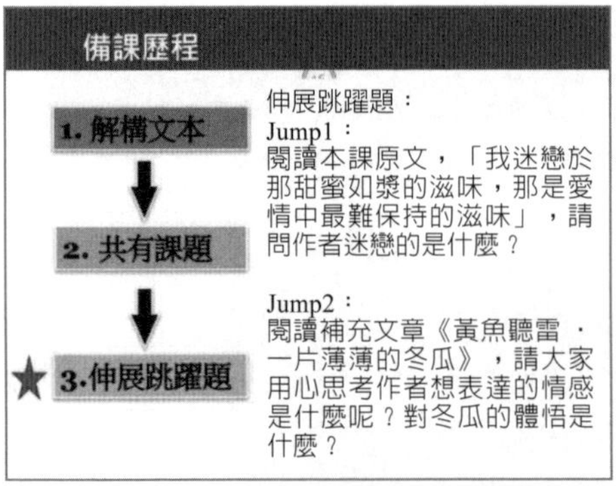

類型一、類型二範例

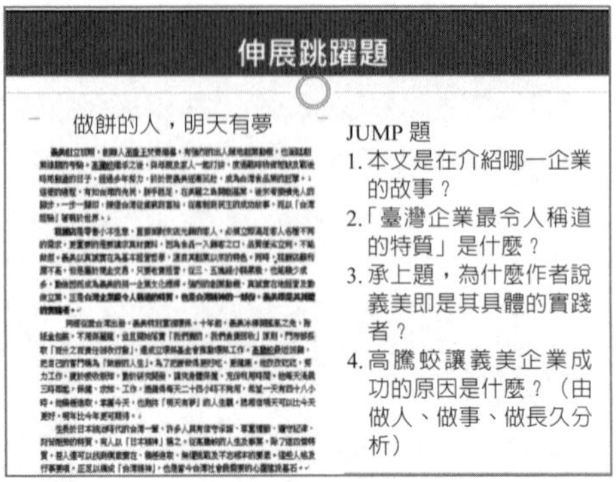

類型三範例

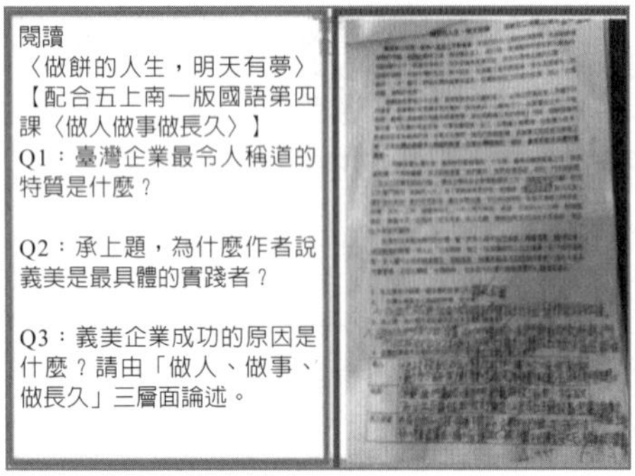

題類型四範例 1

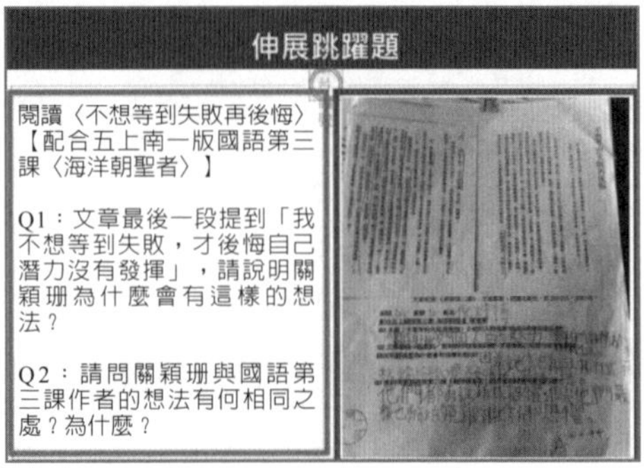

類型四範例 2

圖 1-14　國語伸展跳躍題示意圖

4. 數學（圖 1-15）

(1) 相同概念，提升難度（例如：〈質因數分解法〉單元：將 1 到 15 的整數相乘，即 1*2*3*4…*15 的積，用 2 除，除到第幾次就無法整除？）

(2) 複合題型（例如：〈縮圖與比

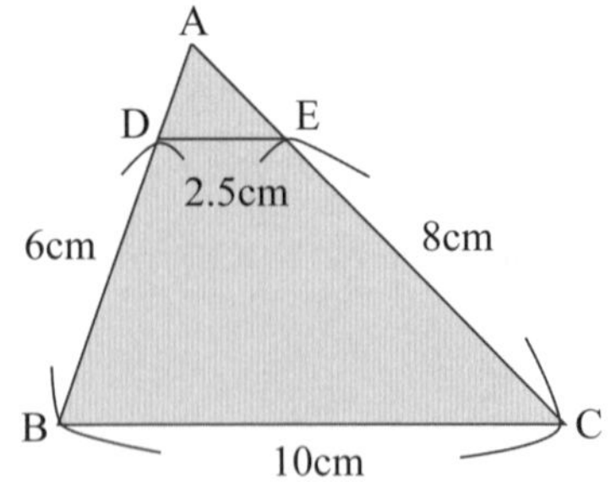

圖 1-15　數學伸展跳躍題複合題型

例尺〉單元：如圖 1-15，三角形 ADE 是三角形 ABC 的縮圖，已知邊 DE 長 2.5 公分，邊 BD 長 6 公分，邊 EC 長 8 公分，邊 BC 長 10 公分，求三角形 ADE 的周長是幾公分？）

二 班級經營模式與實施

研究者將班級經營融入課堂學習，期待在課程進行中就可以建立班級協同學習氛圍，無論是座位安排或是班級聆聽關係技巧，一切都以提升學習成效、共學、共好的目標而設計。

(一) 建立班級協同學習氛圍

給學生協同學習的時間，教師將會看見學生多元的學習樣貌。以往教師提問後，發言舉手的多爲固定學生；所以研究者反而好奇的是，這些多數不發言的學生們，心裡想的是什麼？教師如果只是將課程設計一幕幕搬上講臺，依照課程設計演出劇本，忽視學生反應，學生到底學會了什麼？沒有學會什麼？教師無從得知。

運用學習共同體的協同學習以後，研究者開始有機會關注「學生的反應」，開始有機會研究學生的反應與教材的關聯、開始嘗試分析學生的反應與同儕協同學習的關聯、開始有機會反思教師的教與學生的學，因此，給學生協同學習的時間，教師將會看見學生眞正的學習態度、學習程度、學習策略等全面的學習狀態。

(二) 運用班級聆聽關係技巧

聆聽關係建立以後，運用提問技巧，讓學生沉浸於思考，讓四人小組形成孤島，教師進行全班串聯，進而形成理解。理解有二種，一種是「自我理解」類似「我明白了」，另一種是「欣賞發言、共感共鳴」的「你說得好棒，原來如此，你的想法好特別（點頭）」。由聆聽而理解，需要教

學習語錄 023 學習每一天都要練習聆聽夥伴、等待夥伴。

師每一天刻意練習，沒有所謂的終點或是滿足，是陪著學生跬步千里，讓學生與學生之間透過教師的聆聽和串聯，終有一天學生主動習慣提出「你的意思是不是……呢？」讓學生與學生心領神會，透過語言，相互碰撞心中的激盪，在謙虛姿態與細膩觀察之中，相互學習。

從座位的安排，到尊重每一位學生學習的權利；從教師全然接受學生的學習樣貌，到對每一位學生充滿期望。教師以身作則，「聆聽、欣賞、等待每一位學生發言」，建立師生互信的連結關係後，穩定課堂關鍵的協同學習氛圍出現，國語課和數學課的分組討論效果將會事半功倍。因此，在以學生爲中心的課堂將會看見「學習是相遇與對話」和「從差異中學習」的教師信念。

學習語錄 024 每一天都要和學習夥伴一起探索新知識。

第 2 章

學習共同體與教師專業成長

本章重點

本章主旨在於說明學習共同體與教師專業成長之間的關係，內容包含教學前的推理歷程、課後反思、如何建構雙向專業的課堂對話，以及學習共同體教室教師學習社群的力量。由學習共同體教學前掌握學習重點和跨越迷思概念的課程設計與實踐中，梳理出專業課堂對話的原則和步驟，建構聆聽和對話的協同學習課堂，創造夥伴相互學習的課堂，最後由社群夥伴觀議課反思課堂實踐並進行修正。

學習共同體的主要理念是尊重每一個學生，保障每一位學生的學習權，每一個人都是學習的主體，在協同學習策略和難度挑戰題的共構下，提高學生學習的品質，成就每一位學生，師生共同為了成為一位「很會學習」的人而努力。

學習語錄 025 主動求救是學習的上上策。

學習語錄 026 挑戰不一定會成功，要有堅持到底的學習勇氣。

第一節 教學前的推理歷程

學校生活中學習共同體的課堂，是自在的課堂，是教師可以盡情展現自己學習悸動的課堂；是教師、學生、家長共同交心的課堂；是學生因老師的「眞」，而願意打開自己心扉、展現自己眞實個性的課堂；學習共同體的課堂，是親師生「有備而來」的課堂。一般而言，教學前的推理歷程，對於教師的教學活動實施，與學生的學習活動實施，具有相當關鍵的影響。教學前的推理歷程，簡要說明如下：

一 掌握學習重點的方法

掌握學習重點的方法，主要是從熟悉文本內容、確認主旨綱要、釐清時代背景、擬定學習策略著手，教師在教學前，應該要竭盡所能蒐集學習材料後解構文本、分析文本，預想教學流程並擬定學習策略，達成學習目標。這樣，才能掌握學習重點，進而擬定高效能的教學策略。

(一) 熟悉文本（教材）內容

熟悉文本內容，主要用意在於抓準課程走向，教師透過文本的熟悉，可以了解課程與教學的重點，作爲教學設計與實施的規劃方向；學生可以透過文本的熟悉，掌握未來的學習標準與學習方向。因此，可以精準地掌握教學與學習的重點和關鍵，朝著既定的目標前進。

「回到文本」的主要用意，是國語課程中爲了要深入理解主旨，以及解讀作者角度的指導策略之一；教師對文本瞭若指掌，有助於學習共同體第一階段的提問設計，精準的提問設計能讓學習者有如剝洋蔥，層層深入、層層探究文本。例如：教師對數學課程的概念清晰，有助於歸納與合併相關邏輯的脈絡，設計學習共同體的伸展跳躍題。因此，一堂「有備而

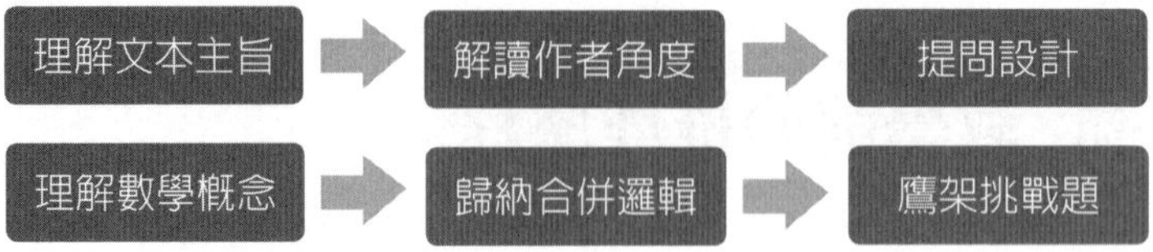

圖 2-1　熟悉文本教材的流程

來」的課，從「熟悉教材」開始！才能在未來的教學活動中，運用正確的方法，引導學生進行學習（圖 2-1）。

透過上述有關文本教材的熟悉，熟練地運用對於文本的理解，課堂上的「熱情」與「溫度」油然而生。如果問研究者，閱讀過的文本篇章最愛哪一篇？答案是張曼娟〈甜蜜如漿烤番薯〉。教學者熟悉文本後，就會明白，閱讀的是人生；熟悉文本後，課堂上的教師，展現的是對教材的熱情與溫度，課堂氛圍伴隨著身爲教師獨有的價值與成就感。當教師的眼睛因爲學習發亮，學生的眼睛也會跟著發亮；當學生感受到教師對一篇文章由於熟稔與理解而感動，學生也會開始願意在課堂上投入最眞的情緒，這是學習共同體課堂的重要特色（圖 2-2）。

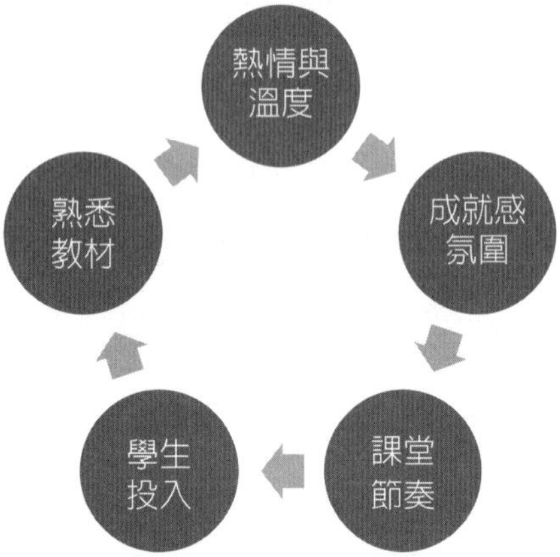

圖 2-2　熟悉教材後的外在氛圍及內在感動

「熟悉教材」是在閱讀文本後逐步解構文本，例如：國語課程在閱讀教師手冊與相關補充資料後，教師就需要開始進行形式分析、內容分析和課文架構圖的繪製，然後延伸各段共有課題（課內基本題）和伸展跳躍題（jump 題、課外挑戰題）的提問設計，完成國語教案。有關學習共同體國語課程設計流程，請參見圖 2-3。

學習語錄 028　學習要認同每一位夥伴的個性。

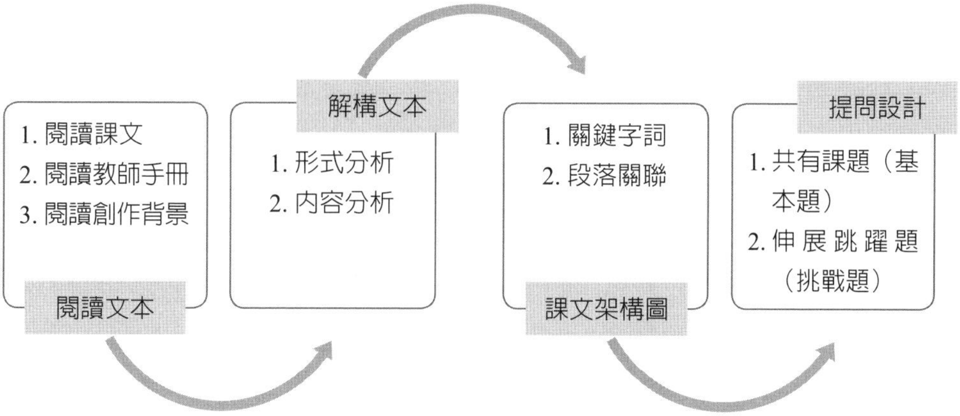

圖 2-3　學習共同體國語課程設計流程圖

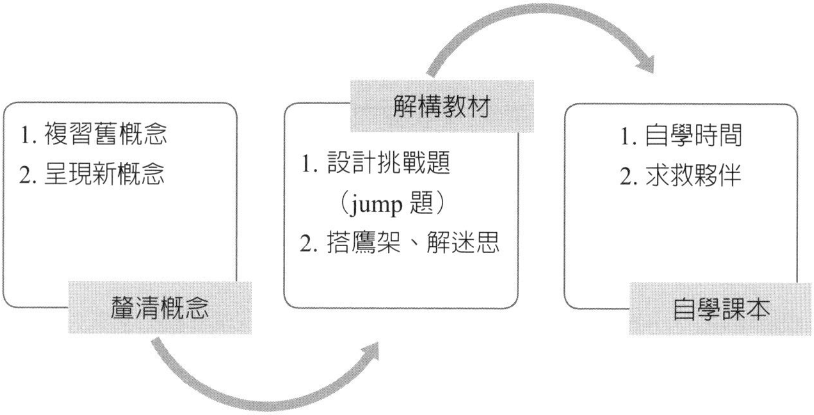

圖 2-4　數學教材的解構歷程圖

數學課程的設計，在熟讀教師手冊、課本、習作及各式補充題型後，開始設計挑戰題（JUMP 題，也稱伸展跳躍題）。挑戰題的設計目的是將一單元環環相扣的概念，整合設計成一個統整多元層次的挑戰題目。因此，教師複習概念或說明概念以後，直接進入伸展跳躍題，學生透過協同學習和自學（閱讀教材）面對挑戰題，教師則期待學生透過對話而澄清、歸納、內化概念，過程中鼓勵學生主動自學數學課本（圖 2-4）。

學習語錄 029 學習要擁有值得信賴的教師和夥伴。

(二) 確認主旨綱要

在熟悉文本內容之後，接下來的工作，就是要「確認主旨綱要」。掌握課程主旨，讓設計提問和搭鷹架「聚焦」，協助學生理解作者要表達的旨意。例如：三年級國語〈昆蟲的保命要招〉課程主旨是透過總說、分說、總說的說明文結構，作者架構的鋪陳，表現昆蟲爲保護自己而演化出各種保命要招，展現自然界中的生命力。理解課程主旨後，接著根據段落內容找出共有課題（課內基本題）提問，透過提問搭鷹架，使學生能夠理解作者要表達的旨意，課程聚焦主旨，不易失焦。若需要學生陳述自身生活經驗的提問和分享，可移轉至綜合課程或是彈性課程，國語課程必須聚焦在「回到文本」的語文科本質，在設計伸展跳躍題（課外挑戰題）時也能以比對文本主旨異同爲原則，一切以協助學生理解主旨綱要爲目的。

無論是共有課題或是伸展跳躍題的設計，皆以增進高層次思考爲設計方向，由夥伴對話在共有課題獲取課內知識，內化後給予難度題目的刺激，進而形成能力遷移的思考架構；此架構必須以課內知識爲基礎，

聚焦於理解主旨，有鑒於此，「確認主旨綱要」更顯重要（圖2-5）。

數學課的教學實施，達成新概念的內化，始於掌握單元學習目標。熟知概念脈絡後，了解學生先備經驗，複習學過的數學概念以承接課程的新概念。例如：體積單元，由「構成要素」開始，進入主要題型，將所有柱體的體積公式歸納爲底面積乘以柱高，透過「問夥伴」、「找課本」的學習策略，小組思考激盪後，無法解決的概念由全班共同解決，此爲由已知探究未知的登山式學習。學習有如登山，時而獨自挑戰，時而和夥伴峰迴

圖 2-5　語文教材確認主旨流程圖

學習語錄 030　學習需要爲了共同目標而努力，並有堅持到底的精神。

圖 2-6　數學課的串聯概念圖

路轉不期而遇，在掌握學習目標後，與夥伴相遇時的對話，開展了學習的序幕（圖 2-6）。

(三) 釐清時代背景

在釐清時代背景方面，主要是了解文本中呈現的故事，究竟是屬於哪一個時代的脈絡。一般而言，出版社編排的國語課程主題，建議完整閱讀作者身世背景、時代背景，釐清創作緣由後再進行文本分析。

例如：六年級上學期南一版《國語》〈在天晴了的時候〉，出版社收錄於「美好時刻」單元，主旨爲觀察雨過初晴的天空與溪水，看見雲兒也在閒遊的和諧時光，體驗生命中美好的一刻。在參閱教師手冊與查閱作者戴望舒寫作背景後，「新陽推開了陰霾」句中原指天氣陰沉、晦暗的「陰霾」，由於 1944 年作者創作正值抗日戰爭即將結束，「新陽推開了陰霾」更是象徵了作者期盼勝利到來的心境，對結束戰爭的渴望。課堂上，將創作背景表達給學生時，學生的眼睛發亮，對文學作品的象徵手法恍然大悟，對此課文意內涵領略更加深刻。

文學是時代的反映與內心想法的投射，時代背景的文化氛圍和政治環境轉變，對作者戴望舒寫作主題產生了影響，因此文中出現象徵意味濃厚的詞句。學生體現時代環境與詩情的意境，符合十二年國民基本教育課程綱要國語文領域基本理念「經由研讀各類經典，培養思辨反省能力，理解文明社會的基本價值，關懷當代環境，尊重多元文化，開展國際視野。」需要更清楚的描述時代背景，以及在教學上的意義。

學習語錄 031　尊重、聆聽、夥伴、堅持，是學習的教室願景。

(四) 擬定學習策略

「如何讓學習發生？」是學習共同體備課時需要考量的第一要點。因此，教師需要依據時代背景脈絡，擬定學生需要的學習策略，提供學生有效的學習方法。

依據課綱在各階段所要達成的目標，備課時必須擬定合適的學習策略：

1. 以終爲始，確認課程學習目標

熟悉文本（教材）內容、確認主旨綱要，以及釐清時代背景後，授課者必須確認學習目標，以終爲始，擬定學習策略。例如：在高年級國語課「自然段歸併意義段」和練習「寫出全文大意的一堂課」，希望學生有機會練習和增強「聽、說、讀、寫」的能力。首先，教師須確認學生有摘取段落大意的能力（歸納主題句、刪去法等中年級閱讀理解策略），然後，透過教師提問，讓學生說明自然段歸併意義段的方式和原因給夥伴聽。

在教學過程中，學生有運用舊經驗閱讀新文本內容的機會、有與夥伴對話的機會、有聆聽夥伴的機會、有練習歸納能力的機會，最後寫出全文大意。經過以終爲始的課程學習目標，讓學生能夠可以有足夠的時間和機會練習聽、說、讀、寫（圖 2-7）。

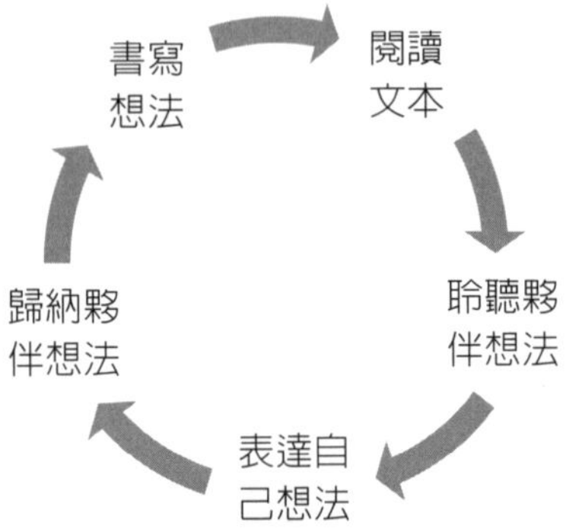

圖 2-7　確認學習目標流程圖

2. 設計創造夥伴相互學習的活動

課程設計的順利進行關鍵，在於現場教學策略的運用得當，以及學生認同的教室願景，大家有一顆願意爲了學習而一起努力的心。所以，如果在學習過程之中，加入了有助於夥伴互動的提問，藉由夥伴互動觸發聽、說、讀、寫、探究、思辨的機會，搭配策略，就有機會讓學習萌芽！

學習語錄 032　學習要有勇於嘗試、不怕挑戰的毅力。

3. 系統式的提問策略

(1) 教師在備課時透過文本架構設計系統式提問，有助於在課堂上避開冗長、贅詞的話語，讓提問不僅聚焦，教師也能同步觀察學生學習狀態（圖 2-8）。

(2) 學習共同體的提問設計分成課內基礎題「共有課題」和課外挑戰題「伸展跳躍題（jump 題）」。結合 Bloom 認知領域教育由具體而抽象的目標，將共有課題內容定位爲記憶和理解層次，伸展跳躍題則是達成應用、分析、評鑑、創作層次。設計共有課題提問時，以文本跨段落的「詮釋、舉例、分類、摘要、推論、比較、解釋」爲出題方向；設計伸展跳躍題時，則以新文本與原文本之間「辨別、組織、歸因、評論、賞析」爲出題方向，此爲備課時的重要環節（圖 2-9）。

(3) 國語課依循文本架構與內文設計提問，數學依據基礎概念與複習延伸舊經驗，最後加入伸展跳躍題，創造更高層次思考機會，將能力移轉與運用。例如：〈甜蜜如漿烤番薯〉的 jump 題，選取了熬煮「冬瓜」體悟人生的篇章，一位學生閱讀文章後，教師提問：「作者爲什麼用冬瓜比喻人生？」學生回答：「因爲作者認爲，人生如熬煮冬瓜，愈煮愈透明。」這位學生創造全班高層次思考的機會，給了全班很棒的學習機會。

4. 協同學習與聆聽關係

2016 年 9 月和 2017 年 2 月科技化評量系統的檢測，顯示實施學習共同體班級學生國語合格率，由 30% 提升至 70%，數學由合格率 0% 提升至 50%；2017 年 5 月五年級學力測驗中，班級國語平均成績高於全國平均 6 分，班級數學平均高於全國平均 9 分；另外，研究者班上一位自 2013 年鑑定爲閱讀理解障礙的資源班個案學生，2017 年 6 月進行中文閱

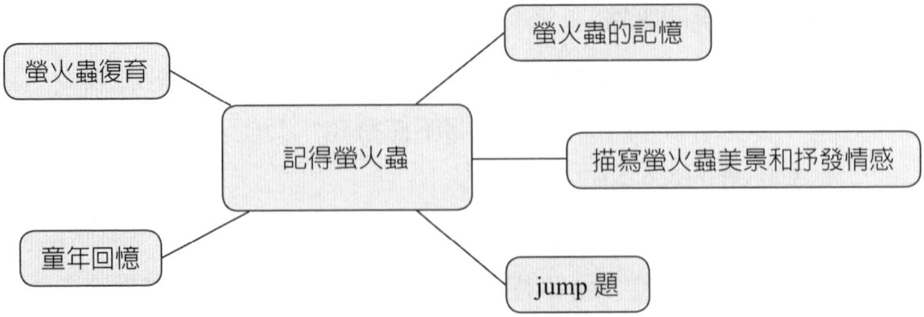

圖 2-8　文本架構圖說明

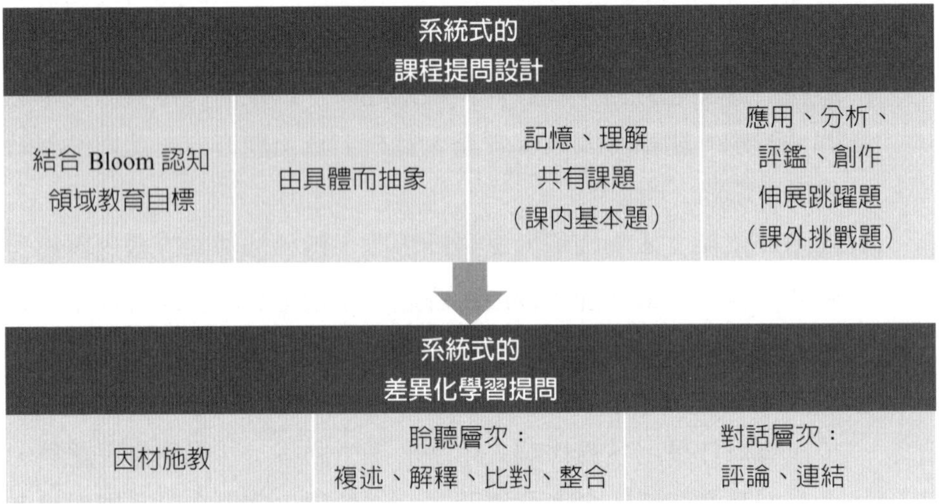

圖 2-9　系統式的課程提問設計概念圖

讀推理篩選測驗，測驗結果總分高於裁截分數，顯示個案在閱讀理解已沒有明顯問題，提升了學習表現。

(1) 協同學習與聆聽關係是學力向上的關鍵

研究者的教室裡，讓學生學力向上的關鍵，是構築了夥伴間的「協同學習」和「相互聆聽」的關係。在學生遇到學習瓶頸時，會主動向老師或同學「求救」，讓教師和同學運用多元策略（不同的解法），以及夥伴絞

學習語錄 034　學習共同體讓我有更有學習上的自信心。

盡腦汁的學習氛圍，相互溫柔關照，堅持不放棄。學習意願提升的結果，能提高將知識「內化」成自己的知識的機會，提升學力。

(2) 協同學習與聆聽關係是學生提升學習動力的因素

在一定難度的題目上，學生願意手牽手一起「向上跳、向前進」的動力，並非退回較簡單的基礎課程重新講解。學習共同體的教室運用的是「協同學習」，讓學生面對有難度的挑戰題卻不退卻，一起探究，一起成長，這是由 Vygotsky 近側發展區和杜威對話溝通理論而來的實驗結果。因此，學習過程中的「協同學習」是提升學習動力的因素，而協同學習成功的關鍵來自於「聆聽」。

二 跨越迷思概念的藩籬

當教師預想學習流程中學生易混淆或出現迷思之處，運用系統式的提問，結合串聯技巧、聆聽策略、設計有難度的題目引發自我提問與夥伴學習，將有助於學生跨越迷思概念的藩籬。

(一) 設計系統式提問引導

1. 國語課

教師備課時，完成文本架構圖後，開始設計提問，共有課題（課內基礎題）提問包含「形式的提問」和「內容的提問」。配合低年級「六何法」爲提問題型，中年級以上以直接提取、推論、詮釋、批判思考爲題型。例如：國小一年級〈借筆〉，由主角是誰？發生什麼事？結果如何？爲什麼主角會做這個選擇？以提問回扣課文結構，期待學生可以重述故事，組織課文大意。中年級和高年級課文，由自然段歸併意義段開始，表現各文體架構特色，透過舉例、說明、找出支持理由，以及詮釋作者想法提問，以釐清作者表達的想法（圖 2-10）。

學習語錄 035 學習生活中大家擁有一顆溫柔的心，相互關照每一位夥伴。

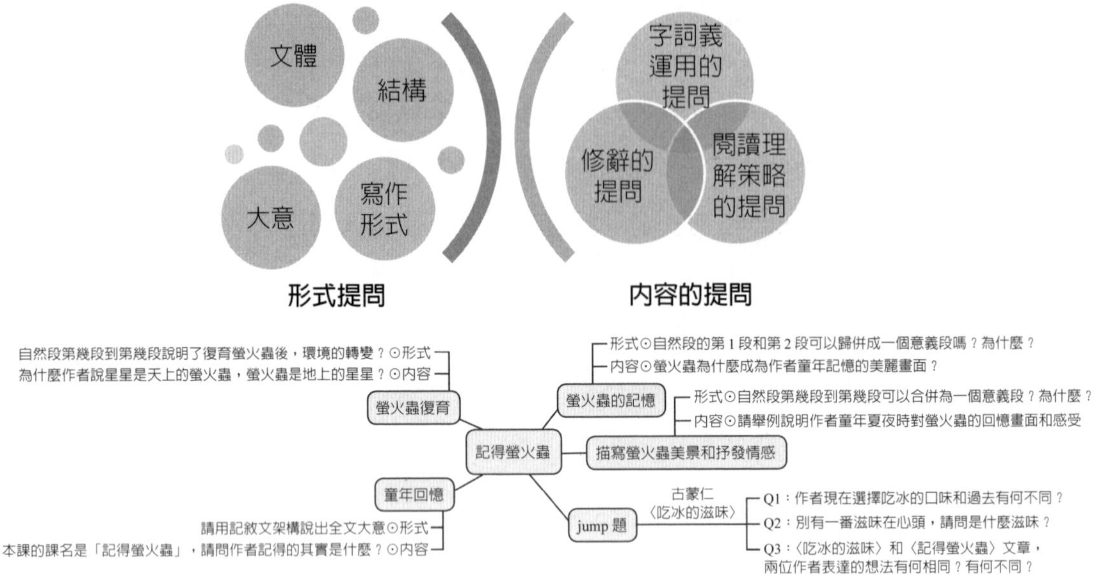

（心智圖延伸提問設計）

圖 2-10　形式提問與內容提問的概念圖

2. 數學課

教師在備課時，歸納題型後，設計高層次的挑戰題。課堂上，在黑板書寫數學概念並說明、複習舊經驗以後，發下挑戰題，過程中，教師傾聽與初步歸納學生相異之解題策略，然後指定學生上臺「說數學」；透過協同學習，達成鷹架理論近側發展區中提升學習發生的可能性（圖 2-11）。

(二) 教師趁勢串聯的方式說明

在全班共同討論的時間，是教師串聯學生與文本、學生與學生、學生與世界關聯的最好時機，也是教師給予「讓學習發生」最大的支持與機會的一刻。研究者希望透過聆聽、對話，讓教室每一個人都可以成爲持續學習的人、成爲很會學習的人，所以要如何達成這個目標，關鍵就在「教師的串聯技巧」（圖 2-12）。

學習語錄 036　學習成爲一位很會聆聽的人。

黑板上列出本單元基本概念、運用具體物引導概念、回溯舊經驗

- 柱體體積 = 底面積 x 柱高
- 複合形體積：切割、填補、位移
- 複習正方形、長方形、平行四邊形、梯形、三角形、圓形面積公式

呈現一星題、二星題、三星題

- 一次呈現一題挑戰題
- 找夥伴、找課本理解
- 聽到懂為止、問到會為止

上臺說數學

- 教師組間巡視，找出多元解題法，邀請學生上臺說明解題策略
- 專注聆聽臺上同學說明，主動提問無法理解之處
- 教師創造差異化學習的機會，觸發自我提問的氛圍

圖 2-11 國小數學延伸提問設計流程圖

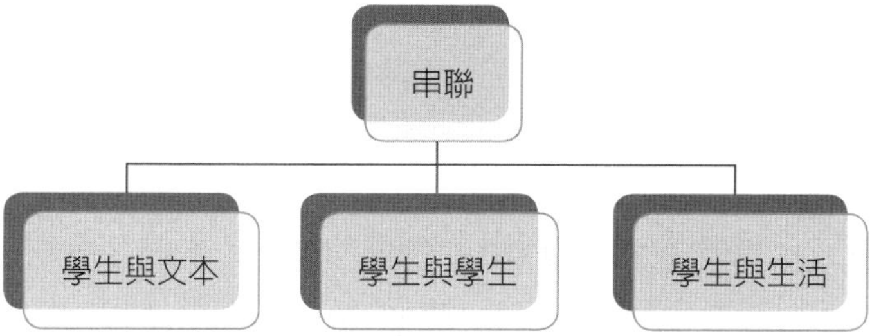

圖 2-12 教師串聯的方式概念圖

1. 串聯學生與學生

「我很好奇你的想法，可以告訴我嗎？」「你的想法和同學的想法相同還是不同呢？」「你們的想法都好有趣，原來你們的想法非常不同

學習語錄 037 學習成為一位很會學習的人。

呢！」「聽不清楚夥伴想法的時候，可以請他重新說一次。」「我很好奇這一組夥伴的對話內容是什麼？」「遇到不懂的地方，要主動向夥伴求救。」

2. 串聯學生與文本

「作者的想法可能會是什麼呢？」「作者為什麼會有這樣的想法呢？」「對於作者的想法，你覺得自己也會和作者做出一樣的決定還是不同的決定呢？」

3. 串聯學生與生活

「在閱讀本文後，我們可以嘗試用什麼策略分析其他文本？」「我們有沒有遇過與文本類似的文章或是經驗？」

4. 教師不重複說、不換句話說、不持續解釋、不自問自答

為了讓學生有「理解自己的懂，思考自己的不同」的對話機會，教師必須要提問精準、趁勢串聯。一個盡責的教師有時會將一個問題「重複說、換句話說、持續解釋」，希望學生理解問題，並積極加入確認語「聽懂老師的意思嗎？」和自問自答語「對，我的意思就是，或是我的問題很簡單，答案就是⋯⋯ 」而學習共同體的教師，會將思考的時間和說話的機會給學生。

5. 給學生留白的思考時間、自我提問的時空、與夥伴對話的時間

教師有另一個選擇，預先設計好精準的提問，不換句話說、不拖泥帶水，給學生留白的思考時間、自我提問的時空、與夥伴對話的時間、一次到位的提問，關注討論聲音與題目難度的關聯，注重「協同學習」和「相互聆聽」的關係。

6. 教師的無聲勝有聲

教師可以更專注細膩地觀察學生面對題目的表情與學習方式，在教師的無聲中，同步比對和歸納學生顯現的答案，串聯學生與學生的對話，同步思考點名回答的順序和流程，順勢再一次的進入串聯，再次進行學生與文本、學生與學生、學生與生活的串聯。

(三) 聆聽表現

研究者和學生第一次見面時，在黑板寫上「夥伴」，隔天會在黑板寫上「聆聽」。研究者告訴學生「聆聽是學習的開始」，傳達「教師非常願意聽學生說話」的立場，所以希望「每一位學生都可以聽夥伴說話」。研究者在課堂上希望讓學生可以練習「聽出內容」、「聽出語氣」、「聽出意義」、「聽出弦外之音」，所以研究者運用「複述」、「解釋」和「比對」夥伴的想法，確認每一位學生當下的學習現況。「複述」是希望可以重複說出夥伴的話，「解釋」是用自己的話說出夥伴的意思，「比對」是判斷自己和夥伴想法的異同。透過重複的練習，學習聆聽的過程，透過學生回答的狀況，能立即判斷學生的學習現況，給予高層次學習刺激機會，此爲因材施教之差異化教學策略，可逐步提升學習效果，這也是學習障礙或是閱讀理解障礙可以在學習共同體教室進步的原因（圖 2-13）。

(四) 引發學生自我提問

在引發學生自我提問方面，教師的班級教學中需要點燃學生「願意提問、勇敢提問、有邏輯的提問」，使之成爲理想的學習狀態（圖 2-14）。

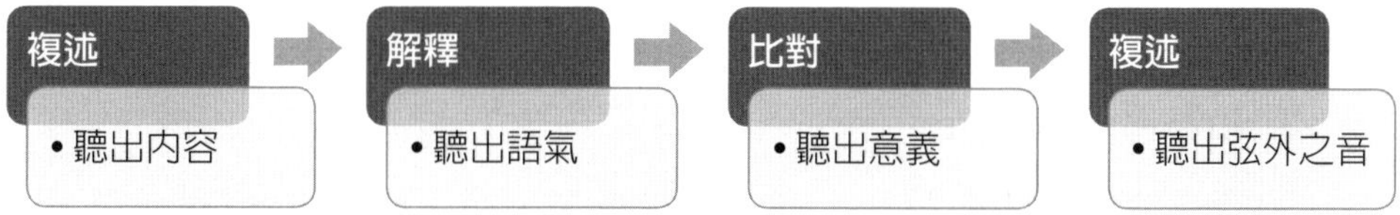

圖 2-13　因材施教差異化教學流程圖

學習語錄 039　在學習精神方面，看著別人不放棄學習，自己也不能放棄。

圖 2-14　引發學生自我提問的示意圖

1. 給鼓勵

鼓勵學生勇敢說出我不懂，研究者常對學生說：「因為我們不懂的事情很多，所以我們來學校學習，向同學們學習；老師也有很多事情不懂，老師要繼續學習，有的時候也要向學生學習，所以時常遇到不懂的事情，是非常正常的一件事。」研究者在課堂上，時常問學生：「還不懂的請舉手。」讓學生習慣勇敢表達自己的學習感受；如果上臺說數學的學生有寫錯的狀況，研究者會說：「謝謝這位同學給我們學習的機會。」以鼓勵學生勇於表現想法，讓全班學生以學習的眼光看待寫錯或是說錯這件事，然後成為教室學習的信念。

2. 給時間

研究者給學生咀嚼新文本的時間約 10 到 15 分鐘，讓每一位學生有足夠的時間將文本讀一次，如果時間足夠，鼓勵學生重讀的時候可以試著找出每一段的關鍵字詞、段落大意和全文大意。研究者在一次公開課中，讓學生閱讀新文本時，觀課老師發現學生會以課堂上學習過的自然段歸併意義段策略畫線切割段落大意，學力低的學生願意用策略主動學習，鼓舞了研究者。

3. 給夥伴

閱讀時遇到無法理解的字詞，研究者告訴學生可以嘗試拆字、由上下文推詞義、查詢字典及詢問夥伴，因為「真正可以幫助你的是身邊的夥伴」，研究者鼓勵學生遇到不懂的地方要記得隨時請教夥伴，讓學生可以

學習語錄 040　學習有了夥伴，就會多了學習的勇氣。

相互支持彼此的成長。

4. 給策略

時常練習自我提問策略和理解監控策略。自我提問策略包含提取訊息、推論訊息、整合詮釋訊息；學生在閱讀文章後如果可以說出文章關鍵的人、事、時、地、物、內容轉折、如何發生、爲何發生、結果爲何及文章主旨，自我監控閱讀文章的理解程度，將有助於發現自己錯過的重點句，或是誤解之處。

(五) 預設各種迷思問題

在國語課第一節課討論生字新詞時，透過學生主動提出不懂的地方，研究者可以預知學生在理解文句時可能會產生的迷思概念位於何處。因此，預設各種迷思問題、設計提問、準備鷹架，會是在備課時必須要謹慎面對的課題（圖 2-15）。

1. 預設迷思

在學生提出無法理解的字詞時，預設該段落學生會產生迷思；或是請教有經驗的老師，學生時常無法理解的部分。例如：六下〈努力愛春華〉一課，內容大意爲作者在學生畢業前，勸勉學生要勇敢邁向下一階段挑戰。學生在第一節課討論字詞時，對於「有幸受教」無法理解，因此研究者預知進入課文之後，「連操場上惹人厭的坑洞都會多看一眼，對校園的花木更有情了。那幾位嚴厲出名的老師，在此刻看來，油生『有幸受教』的感謝。」預測學生無法讀出「雙關語」的雙關修辭。

圖 2-15　預設各種迷思問題流程圖

學習語錄 041　班級生活中要一起學習，一起努力。

2. 設計提問

研究者爲了使學生釐清「有幸受教」在此有二種意思的解讀，以「奇妙的是，時序進入初夏的六月，當知了在繁花綻放的鳳凰樹上響遍校園時」此段爲分隔句，設計請學生比對六月前後作者生活經驗的改變，然後帶入作者畢業前情緒的轉折提問：「爲什麼作者會用雙引號標示『有幸受教』這四個字？作者想要表達什麼感受？」

3. 準備鷹架

當提問成爲思考的鷹架，學生浮現「有幸受教」的雙關用語，教師最後搭配關鍵詞「油生（自然而然發生）」，終於澄清學生誤會此句爲「反諷」之用法。教師請學生歸納何謂雙關語，並找出判斷的依據，包含以分隔句「奇妙的是…… 」比對六月前後作者生活經驗與情緒的轉變，最後學生歸納本句作者要表達的感受，並且判斷雙關修辭的構成要素。

(六) 設計有難度的題目

爲什麼要設計有難度的題目？什麼類型的題目難度才夠？我的學生連基礎題都不懂，怎麼可能有辦法解出更難的題目？如果按照數學課本一題一題教，學生在課堂 10 分鐘以內會開始出現以下現象，例如：學力高的學生覺得無趣，一直超前進度，進入自學階段；學力低的學生開始專注力不足，導致無法思考流暢，選擇放空。

設計有難度的題目可以解決的課堂問題如下：

1. 學力較高的學生

挑戰難度較高的題目，挑戰成功的成就感，提高與夥伴互動和協同學習的機會。

學習語錄 042 班級學習中不要只有一個人好，要養成一起共學、共好。

2. 學力中等的學生

運用學習策略解題，對照夥伴不同的解題方法，絞盡腦汁的與夥伴一起思考。

3. 學力較低的學生

看見連學力高的學生都無法立即回答出正確答案時，課堂回到學習平等狀態，學力較低的學生開始回到課堂。

4. 強化協同學習

挑戰有難度的題目必須在學生已有初步的協同學習關係上，以協同學習為基礎而開展；在相互關照、溫柔對待的過程中，又可以增強協同學習的連結，以共同探究為方向，讓每一位學生享有平等的學習權。

第二節 課後反思的議題

課後反思的主要作用，在於教學結束之後，提供學生針對自己的學習歷程，進行學習思考、學習參與、學習成效方面的反省思考，透過課後反思可以讓教師進行教學反思、學生進行學習反思。有關學習同共體的課後反思，包括下列幾個階段：

一 從「如何教學」轉移至「如何學習」活動思考

(一) 學生課堂反應的觀察

試著給學生時間思考、反應，以及和同學對話的時間，教師從小組協同學習中，觀察學生的學習表情、眼神、動作、語言表達，判斷每一位學生的書寫習慣、說話的邏輯表現，分析每一位學生學習的現況，給予個別學習建議、提醒或是策略引導（圖 2-16）。

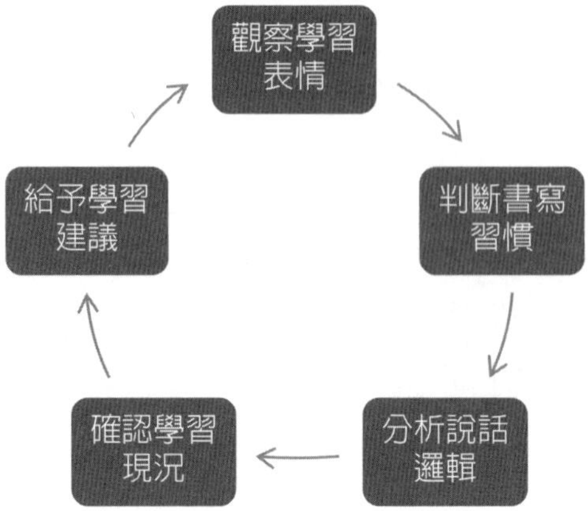

圖 2-16　學生課堂學習觀察流程圖

(二) 學生課堂筆記的閱讀

學生課堂筆記的閱讀，主要策略的運用，在於引導學生進行課堂學習重點的總結活動，讓教師理解學生在學習過程中的思路或是瓶頸，也可嘗試寫出解題的策略或是夥伴給予的協助。

1. 以學生學習爲中心的數學課程安排

由 Look back（回顧）的數學筆記（寫出解題過程及解題過程中遇到的問題），可以看出學生學習遇到瓶頸時，是用什麼策略或是夥伴給了什麼觸發，或是學生表示仍然無法理解的學習現況，以作爲下一堂課調整課程內容的判斷依據（圖 2-17）。

2. 以策略導向爲目標的國語課程設計

繪製課文結構圖的預習作業，學生要書寫課文架構、主旨、閱讀感受，以及練習自我提問題目設計（直接提取型題目、推論型題目、詮釋整合型題目），透過閱讀學生預習時書寫的內容，可以判斷學生閱讀理解程度、提取主旨的完整度、對文章脈絡的掌握度和對文章的感受度，以作爲課堂中加深加廣或是決定加強閱讀理解策略的判斷依據（圖 2-18）。

學習語錄 044　學習有不懂時，要透過夥伴的幫助化解困難。

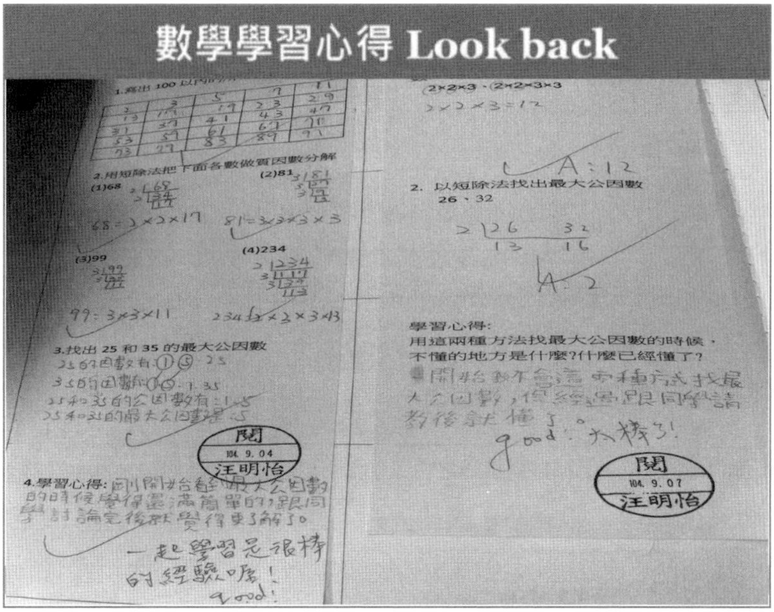

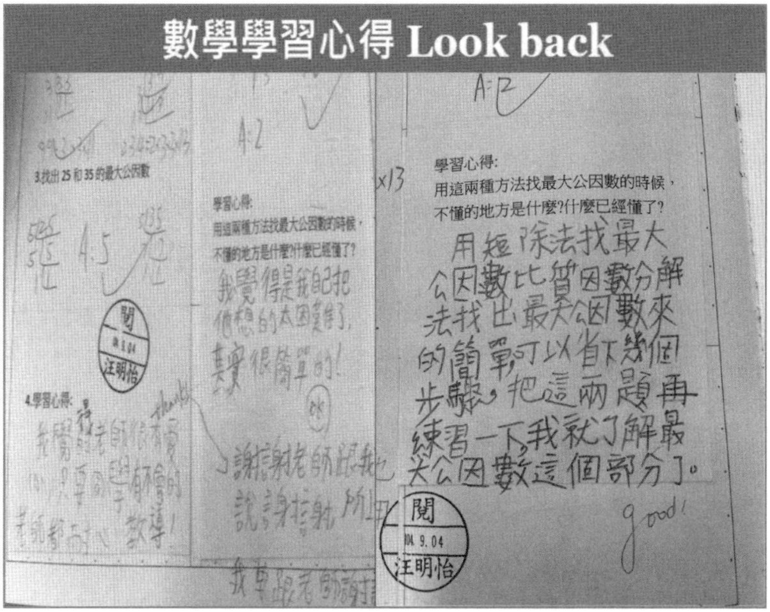

圖 2-17　數學學習心得示意圖

學習語錄 045　同一個學習題目，夥伴會有很多不同的看法和想法。

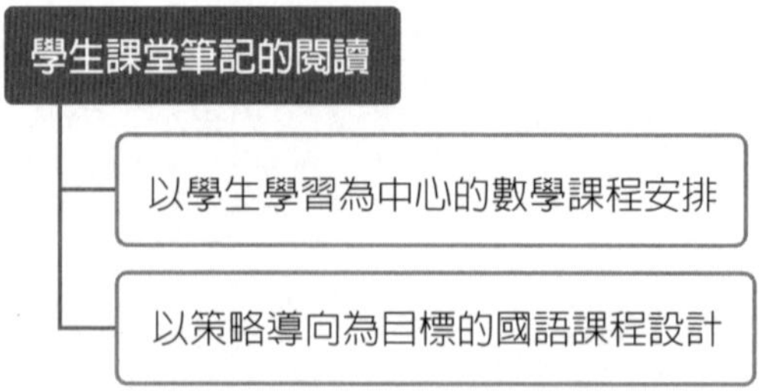

圖 2-18　學生課堂筆記的閱讀示意圖

二 從學生的學習中學到什麼

學生的思考與理解，有時甚至比教師的思路更廣闊，不可小看學生的學習力與思維方式，無論是「國語課聽」學生述說生活經驗，或是數學課的多元解題策略，研究者從中領略學生的情感、價值觀與可塑性，感受到學生的學習力非常驚人，看見教育的無限可能。

(一) 聆聽學生課堂學習的發言

在學習共同體的課堂教學中，「爲了促進學生的學習，教師可以做什麼努力呢？」答案是「傾聽！」一個沉穩的老師，帶給學生沉穩的課堂；一個很會聆聽的老師，帶出很會聆聽的學生。因爲有會聆聽的老師，才會有願意聆聽的學生。研究者每天專注聆聽學生的對話，這是每天的身教，也是形成學習共同體課堂最重要的第一步：學會聆聽。師生練習聆聽，找出與夥伴相同的頻率，將提高共鳴交響的學習機會。

(二) 觀察學生各種學習的反應

「傾聽」時除了學生發言內容，也要傾聽學生的「心情」，以及感受學生學習的眼神、表情等學習姿態，觀察學生遇到瓶頸時採取的策略或是習慣，以及與夥伴互動時的姿態、語氣，需要調整之處私下給予學習建議，可以成爲典範時在全班討論時給予口頭讚賞（圖 2-19）。

學習語錄 046　學習共同體的學習方式需要和傳統的學習方式有所改變。

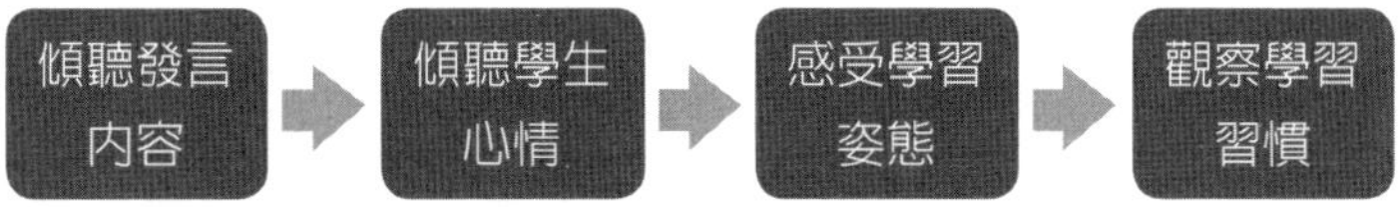

圖 2-19　觀察學生學習反應的流程圖

(三) 留意學習的各種關鍵細節

一位學力中等的學生，在練習學力測驗數學考古題的時候，分數極低，研究者請學生將計算過程書寫在試題卷上，分析後發現，該學生面對時間壓力，無法在第一時間找出相對應選項答案時，選擇的策略是任意猜一個答案，導致測驗分數極低。研究者發現學生作答問題後，給予解題策略及應答技巧的建議，果然在正式學力測驗的數學項目中，表現出應有水準。可見，教師若有心要成就每一位孩子，必須透過留意學生學習的各種關鍵細節，分析學生的學習脈絡，給予學習建議（圖 2-20）。

(四) 理解學生發言內容之原因

學生只要願意發言、願意提問，就有機會從學生學習反應判讀學生的

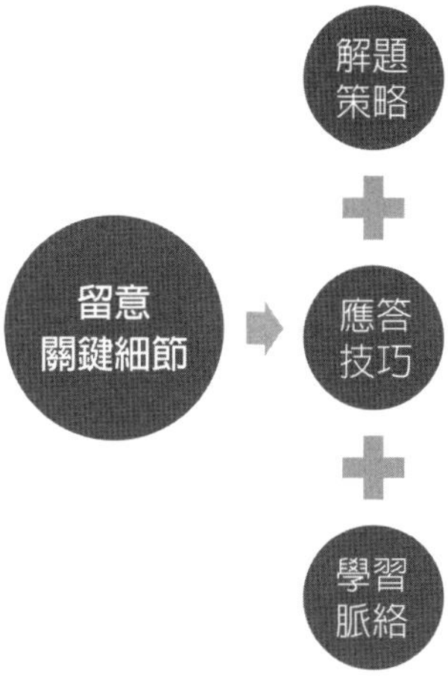

圖 2-20　留意關鍵細節的流程圖

學習語錄 047　學習當別人的好夥伴、分享想法，讓更多同學有不同的收穫。

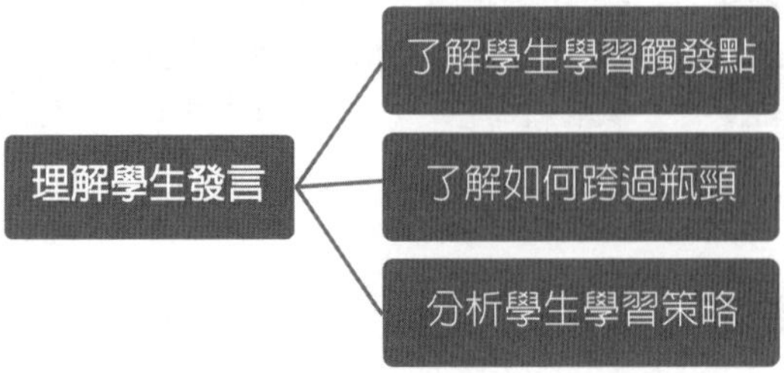

圖 2-21　理解學生發言的流程圖

學習現況。如果要進一步理解學生發言內容來源，可以提出疑問句：「我好奇你的想法是怎麼來的？」「是因爲聽見哪一位同學說了什麼話而讓你有這些想法嗎？」「是看見課文的哪一句話或是哪一段內容讓你有這樣的想法嗎？」「是看見了哪一位同學的算式或是課文的哪個部分讓你學會這件事？」以及時常關心「哪個地方還是不懂呢？」「遇到不懂的時候該怎麼辦呢？」並且訪問幾位學生，請學生公開分享遇到不懂題目時的解決策略，相互協助提供選擇。若是能夠理解學生學習的觸發點，或是理解學生遇到瓶頸時是如何跨過瓶頸，以及由學生發言內容分析學生學習策略，給予策略和學習過程的建議，將有助於理解學生的學習模式（圖 2-21）。

(五) 透過學習修正的課程設計

透過學生發言和課堂的學習反應，教師可以初步判斷課程設計是否使學生產生學習，然後反思提問是否精準？是否爲有效學習？在一個單元後的總結性評量，也能夠直接判斷學生是否達成學習，接續修正下一次的課程設計以達成目標。

研究者班上有一位融合 ADHD（注意力缺乏過動症候群）、自閉症、亞斯伯格症的學生，研究者發現該生在國語課堂的理解和對話總是在「狀況外」，因此研究者做了三個方向的修正：

學習語錄 048　鼓勵學生問問題，釐清自己的概念。

1. 閱讀的文本由抽象化具象

在〈宮崎駿的想像之泉〉課文提到「太空船裡的水滴，在沒有重力的狀態下，灑出來的水會慢慢的飄在空中；軟軟的、一坨一坨的，東凹一塊，西凸一角。所以，我推測蜜蜂眼中的雨，很可能就是這樣；而且，牠們只要找到雨滴的縫隙，就能穿梭其中，不會被淋濕。」在小組討論中，該生時常岔開話題，也無法投入夥伴的對話，因此我請了一位擅長繪畫的夥伴，到黑板上畫出課文表現的畫面，然後說明、解釋給全班聽，該生看見之後，恍然大悟說：「喔！我懂了。」

2. 連結文本內容與該生的生活經驗

研究者請全班比對自己在美術課時的繪畫技巧，與課文中提到的宮崎駿畫風比較類似，還是與宮崎駿的哥哥的畫風比較相像？當以美術課時創作的繪製獎盃作品為例時，該生直接回應：「我和宮崎駿的哥哥比較像」的時候，研究者再次重回文本，該生表現已理解文本。

3. 串聯該生與其他學生的學習

首先請小組夥伴說明教師提問後小組內的對話過程，教師可由此判斷特殊生與小組成員互動情形，選擇適當時機，蹲在該生後面聆聽夥伴互動及發言情形，在全班討論時鼓勵該生的想法，並將該生的想法串聯給其他學生，正向鼓勵該生說出心中想法。

學習共同體的課堂，教師也是學習者，透過學生的學習反應不斷修正與實踐、調整課程，達成學生有效學習。

第三節 學習共同體之建構雙向專業的課堂對話

建構雙向專業的課堂對話前，必須刻意安排全面的學習情境，包含小組成員、座位安排、協同學習策略指導、聆聽技巧與串聯對話。

一 專業對話的情境建置

(一) 小組學習的組成與實施

在學習共同體的班級當中，教師的主要責任，在於「實現每一位學生平等的學習權」，讓每一位學習者都可以擁有平等學習的權利，在班級的教學中擁有公平、公正的機會。

學習共同體的「協同學習」，能使研究者「實現每一位學生平等的學習權」的信念實踐於教室課堂，因此，構築適合協同學習環境的每一個環節，讓平等學習權得以在每一位學生身上實現。

在開展課堂課程後，老師如果想要面對學生的「學習」，協同學習可以讓教師看見學生的反應；相同的教案，在不同的教室開展「協同學習」後，學生將出現不同的學習反應與討論焦點，足以印證協同學習可以讓學生產生眞正的學習反應。由一對整體的教學模式轉換爲一對多的模式，讓教師眞正有機會看見學生如何學習（圖 2-22）。

1. 隨機分組。
2. 四人小組，二男二女。
3. 沒有任務型領導者、沒有任務型小老師，只有相互學習的關係。
4. 語文課不求小組共識。
5. 數學課能夠說出解題過程，比對相異解法的學習過程。
6. 個人作業的協同化，個別學習搭配主動求救，需要協同時再協同。
7. 教師聯繫學習弱勢生與小組成員互動。
8. 教師關注無法展開討論的小組。
9. 形成教學與學習模式。

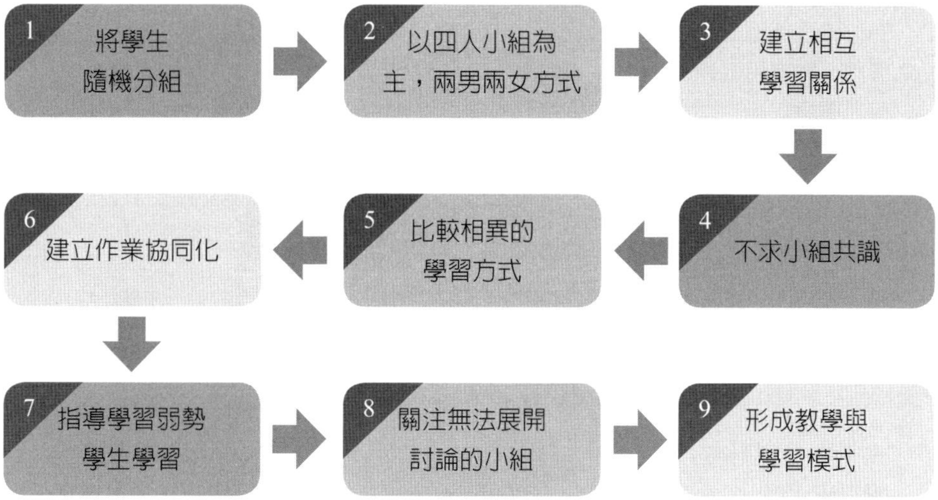

圖 2-22　學習共同體教室中小組學習的組成與實施

(二) 融入配對（pair）方式對話機會

設計提問後，研究者希望創造小組對話機會，以建立夥伴關係，形成相互學習的關係，因此，爲了創造這個機會，在教學時，研究者會嘗試說：「找出答案以後，在答案旁邊畫線，然後和夥伴一起看看找的答案一樣還是不一樣。」或是，「請將答案說給夥伴聽，要說到讓夥伴聽得懂爲止。」另外，「要溫柔的對待夥伴喔！」「遇到不懂的題目，要隨時請教夥伴喔！」如果可以創造小組對話機會，將有助於協同學習關係的建立。

(三) 融入學習共同體的對話

在學習共同體的教室願景爲「尊重、聆聽、夥伴、堅持」，與學生的第一次見面，研究者以「夥伴」爲始，接續介紹「聆聽」、「尊重」、「堅持」，期待在學校的生活和課堂中，夥伴們擁有相同的目標，朝向相同的方向前進（圖 2-23）。

學習語錄 051　建立學習夥伴關係，可以一起學習、一起挑戰未來。

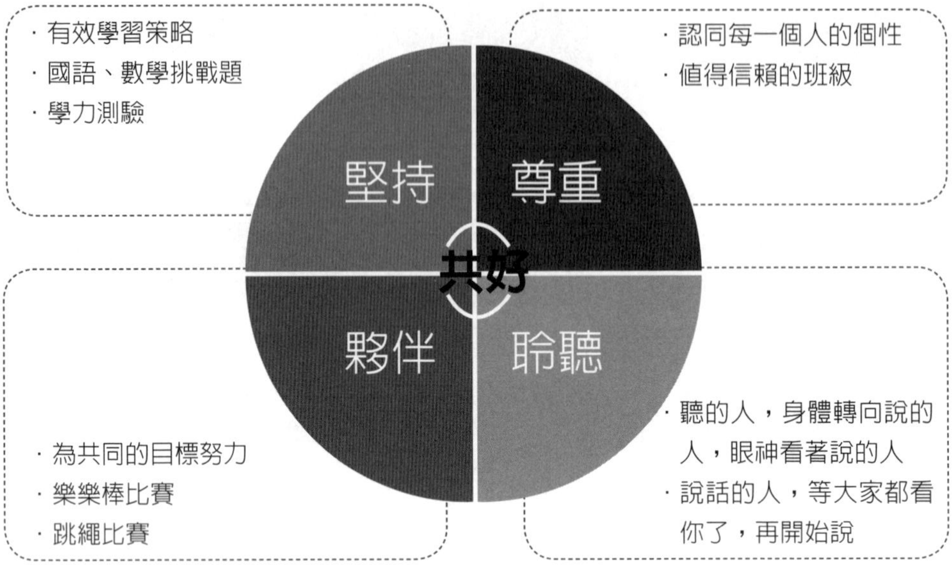

圖 2-23 教師對學生學習共同體的願景

1. 教師對學生的學習共同體對話

「眞正可以幫助你的人是身邊的夥伴。」「聆聽是學習的開始。」「老師也是要向各位夥伴學習。」「我們要成爲一個很會學習的人。」「我們要從課堂的第一分鐘努力到最後一分鐘。」「遇到不懂的地方要隨時向夥伴求救。」「當夥伴說話時，眼睛要看著說話的人。」「像彩虹一樣相互認同每一個顏色，我們也要認同每一個人的個性，相聚在一起成爲美麗的彩虹。」「不要只有一個人好，我們要每一個人都好，一起共學、共好。」

2. 學生對學生的學習共同體對話

「我這裡不懂，可以教我嗎？」「可不可以再講一次？」「我還要再思考一下。」「你的意思是不是這樣？」「我的想法和你的不一樣，我的想法是……」

二 建構相互聆聽的關係

由教師示範開始，觀察接近相互聆聽畫面的小組，讓小組示範，引導學生掌握聽的原則和說的原則，逐步練習，建構相互聆聽的關係，是指日可待的。

(一) 教師親自示範

一個很會聆聽學生的教師，學生也會成爲一個很會聆聽的人。教師在學生發言時的聆聽，除了聽出學生表達的「內容」，還要能夠聽出學生的「心情」，聽出學生當下有此體會的來源，師生的「共感」，由此而生；師生的聯繫，從此開始。一旦達成師生情感的連結，學生的安全感與投入學習的程度開始穩定發展；師生情感連結之後，學生在課堂上面對學習時的態度更加自在、對話語調更加自然。

(二) 掌握聽的原則

聆聽是學習的開始，聆聽是一個需要記憶力、專注力、判斷力等複合型的能力，因此除了聽出內容，研究者更期待學生可以聽出語氣、聽出意義、聽出弦外之音。聆聽，從調整姿態開始。聽的時候，眼神要看著說話的人，然後，一面聽、一面思考。思考時，對於仍在學習「複述」的學生，建議從「聽內容中的關鍵字詞」開始。例如：故事中的農人在一場火災中，發現「這隻母雞，本來可以自己逃生，卻情願犧牲自己，來保護這隻小雞」，讓學生練習專注聆「聽」句子、選取關鍵「記」憶、嘗試流暢「說」出，提醒學生從記憶人物、事件、時間、如何、爲何、感受、原因、經過、結果、句型（本來……卻）等關鍵字詞開始。最後，一定要給協同學習的小組和全班對話的時間，讓學生有機會說出記憶的內容，有助於提升學生「聽」的能力還有「說」的能力（圖 2-24）。

學習語錄 053 在學習共同體的課堂上，可以學到沉穩與夥伴關係的重要。

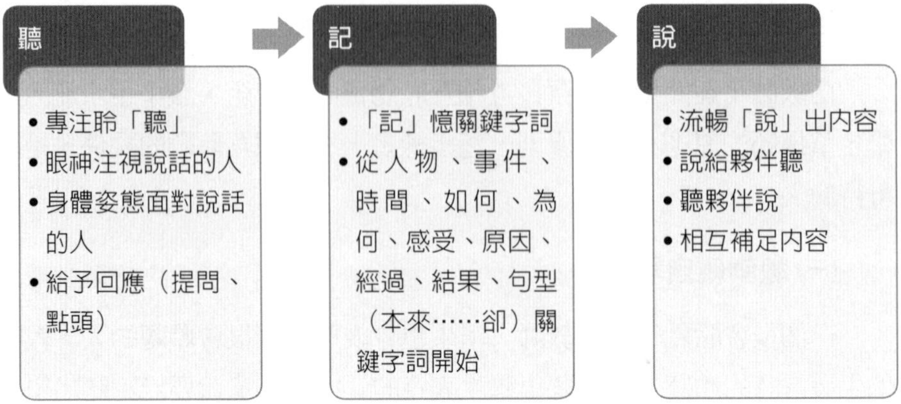

圖 2-24　建構互相聆聽的示意圖

(三) 掌握說的原則

「說話的人，等全班夥伴都看著你了，再開始說。」呈現的是「我準備好了，你們也準備好了嗎？」相互尊重的表現，由課堂生活開始練習。

說話者的姿態、表情和眼神可以由教師示範及持續提醒而轉變，當說話者的眼神可以環繞全班夥伴，說話的內容又能夠有邏輯的表達心中想法，將有助於聆聽者的理解，形成相互學習的氛圍。

在數學課堂「說數學」的時候，一開始學生往往只會讀出列式（3 乘 2 等於 6），而非解釋列式，面對這個狀況，教師應該要如何反應呢？研究者不會直接給說話的人建議（指導），研究者會積極鼓勵聽的人提出自己不理解的地方，透過研究者（授課者）「忍住」不指導，鼓勵卡住的學生主動提問的方式，說的人就有機會愈說愈清楚。例如：計算長方形面積時，學生以為只要說「3 乘 2 等於 6」全班都會懂，其實不然，教師必須鼓勵聽的人「勇敢說出不懂」；只要有人舉手詢問說話的人，除了協同學習迅速開展，說話的人更有機會練習表達，以及更有條理說出數學語言，轉變成「3 是長方形的長，2 是長方形的寬，長方形的面積公式是長乘以

學習語錄 054　學習聽夥伴說話的聲音，讓學習不再依賴手機。

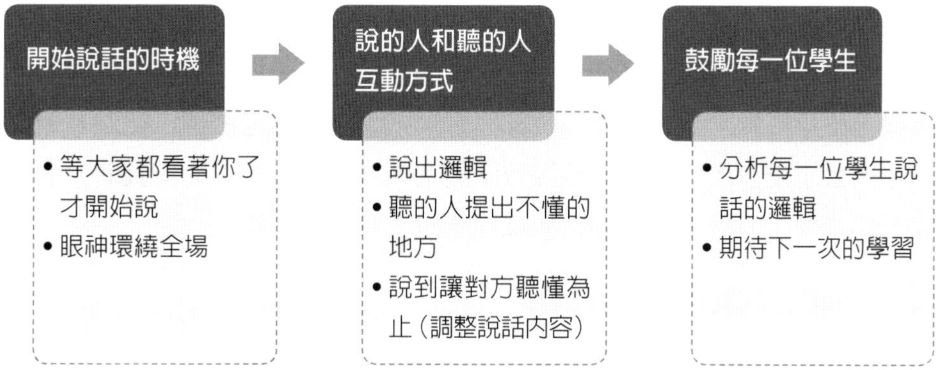

圖 2-25　掌握說話原則的流程圖

寬，所以面積是這樣計算……，還有誰不懂呢？」討論結束後，研究者開始分析說話的人與聽話的人一開始語言表達與聽懂的關聯，然後鼓勵每一位勇於發言的夥伴，並且期待下一次的「說數學」（圖 2-25）。

第四節　學習共同體教室教師學習社群的力量

學習共同體的教師社群，是重視課堂研究與反思的教師社群，自發性籌組與實踐的過程中，重視相互學習與課程探究，在計畫（plan）—實踐（do）—修正（see）的歷程中，讓教師課程討論關係緊密，使課程與教學研究及學生學習產生真正的連結。

一　重視研究與反思的教師社群

當資深的教師可以提供學生容易發生的迷思概念給即將進入課程的教師，以及各年段的教師可以分享多元的解構課程與教學模式給不同年級的授課者；當觀課和議課時，低年級和中年級學年教師看見昔日自己的學

學習語錄 055　多聽夥伴的建議，讓自己有更多的學習機會。

生成爲高年級生，看見昔日活潑逗趣的學生長大爲現在的沉穩成熟、投入思考的學習樣貌，親切感油然而生；當學生看見過去曾經是自己導師的低年級、中年級教師坐在身旁，也都興奮緊張不已。透過觀課，整個教室的師生融合感是多麼的特別，觀課教師們都因爲感受到學生的成長而表達讚美，爲了學生而努力，更加投入課程的研究與反思。

(一) 建立制度的公開觀議課

讓教師們快速成長的方式有二，一爲閱讀專書，自我成長；二爲透過學習其他教師，轉化爲自己的教學模式。研究者於 2018 年成立社群，爲的是讓教師們能有機會與學校其他教師交流學習經驗，相互學習，讓社群成爲支持教師持續探究課程核心概念，以及持續解構課程的力量。

從備課開始，期待教師們的關係也能夠成爲一個小型的學習共同體，資深的教師可以提供學生容易發生的迷思概念給即將進入課程的教師，各年段的教師可以分享多元的解構課程與教學模式給不同年級的授課者，串起低、中、高年級教師們的課程架構，最後回到全國五年級學力測驗的題目，檢視低、中、高年級學生必須學會的能力與課程的關聯。備課後的說課，授課者說明公開課的教學模式、學生的學習策略、特殊的關注焦點，以及預測學生迷思概念與鷹架。公開課時，教師們坐在學生身旁，關注小組學生之間的互動與學習方式。議課時，每一位參與觀課者都可以發言，發言時開頭以「謝謝○○老師給我學習的機會」爲開始，說明教師在課堂的教學模式中，學生的具體反應，以及小組互動的狀況。

建立觀議課制度後，教師們由相互了解到相互學習；讓教師們看見多元的課程設計和教學模式，然後，進入課堂時看見課程與班級經營結合，看見其他學年教師們班級經營的挑戰與突破；觀課和議課時，看見學生的學習策略和學生由低年級到高年級的成長軌跡。因此，社群能讓教師們看見一個計畫—實踐—修正的歷程，讓課程與教學研究及學生學習產生眞正的連結與反思（圖 2-26）。

(二) 重視相互學習與課程探究的社群

研究者自 104 至 108 年四次日本參訪時，抱持著「今天回去，我可以做什麼？」「我的教學模式是什麼？」「學生的學習策略是什麼？」這些與學習相關的課題，都可以在社群中相互探究與激盪。

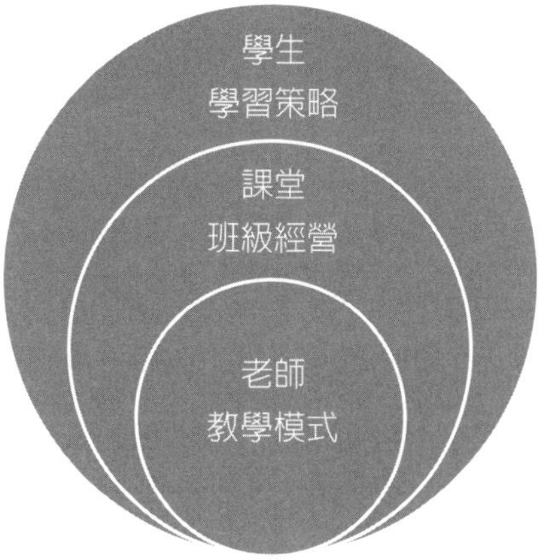

圖 2-26 教師與學生課堂生活的示意圖

1. 研究與實踐

社群中，要研究的是學生的「學」，學生卡在哪裡？學生卡住的時候，心裡在想什麼？（觀察學生筆記或列式、聆聽夥伴對話。）如何形成讓每一位學生都可以安心參與的環境？（觀察學生、支援孤立的學生。）如何讓學生從第一分鐘思考到最後一分鐘？（備課、小組夥伴支援。）如何追求高品質的學習？（深入咀嚼文字、教師串聯。）校內觀課後，校內教師進行相互研究（上述括號內爲社群討論課題），經過討論，有機會形成共同的願景。

研究者在 2018 年進行了一場校內觀課，觀議課後，研究者讓社群教師選擇自己最期待的課堂願景，形成教學實踐的願景後，形成風格。例如：「成爲一個很會學習的人」、「成爲一個很會聆聽的人」、「成爲一個願意幫助夥伴的人」。每一間教室有著教師的期待及獨特性，多數低年級教師選擇「成爲一個很會聆聽的人」，中年級教師選擇「成爲一個願意幫助夥伴的人」，高年級教師則選擇「成爲一個很會學習的人」，以及「成爲一個願意幫助夥伴的人」。

學習語錄 057 學習共同體讓學習有目標、有夢想。

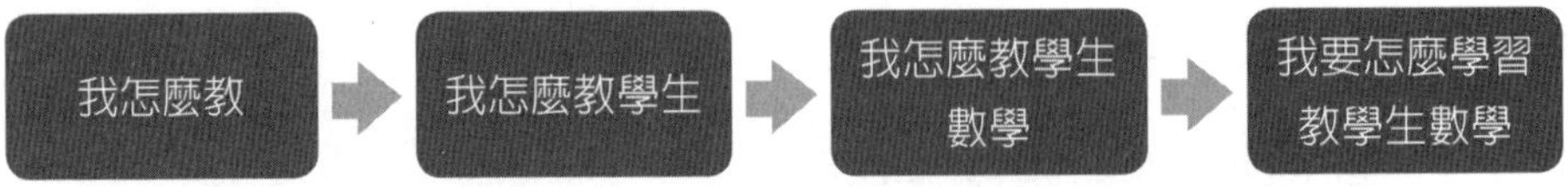

圖 2-27　教學反思與修正歷程

2. 反思與修正

備課時由「我怎麼教」—「我怎麼教學生」—「我怎麼教學生數學」爲方向，經歷關注教師的教學和學生的學習的公開觀課，以及之後議課時的共享，社群教師累積了見解、增強了使命感，一起進展到「我要怎麼學習教學生數學」。上述的社群運作模式，每一次的社群，由設計課程（備課）—進行實踐活動（觀課）—省思學生學習過程（議課），其實社群教師也進行了協同學習的共同體，並逐步朝向形成專家教師的學習共同體（圖 2-27）。

二 學習共同體觀課與議課實施

觀課時，觀察教師的教與學生的學、觀察學生的學習態度、觀察教師和學生的情感連結、觀察學生反應、觀察教師提問，也要觀察教室「氣息」。沉穩的教師帶來沉穩的學習氛圍；一個有難度的題目，帶來了屏息以待的氣息。

(一) 觀課的重點項目

透過觀課的實施，可以看見教師的個性特質，另外，從觀察每一位學生的坐姿、手擺放的位置，都可以判斷學生的狀態，是對夥伴有戒心，還是完全接受？還能夠從學生互動分析觀察出協同學習的關聯強弱。

觀課教師，可以嘗試觀察以下（圖 2-28）：

1. 觀課時，留意課程開始後學生對話時的音量：反映教材是否有思考性。

學習語錄 058　學習共同體沒有競爭，只有共好，我們有最支持自己的夥伴！

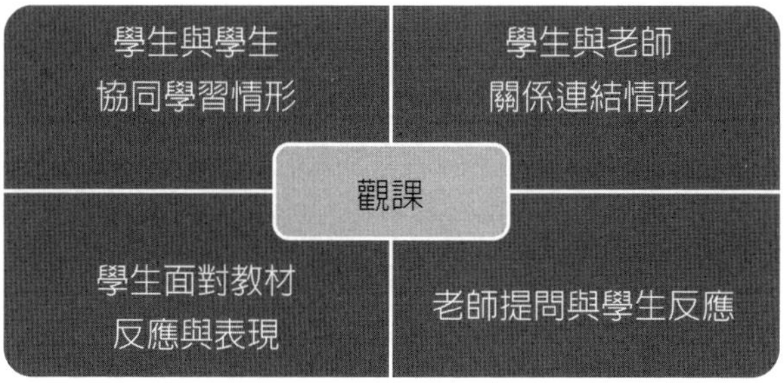

圖 2-28　學習共同體觀課概念圖

2. 學生面對授課者的眼神動作：反映學生對環境的安全感，以及學生對老師的信任、在乎教師的程度、師生關係的尊重，以及聆聽關係是否穩固。

3. 觀察學生與夥伴對話的意願：是否相互尊重與關照。

4. 學生面對教材時的反應與表現：判斷爲個人可完成的作業或是需要夥伴協助的作業。

5. 記錄教師提問後的學生反應：觀察教師提問連結學生反應，檢視是否達成課程設計成效。

(二) 議課的重點項目

相較於直接評判授課者的教學好或是不好，根據「課堂事件」的觀察與說明，可以直接讓授課者明白是否達成學習效果。議課時，可以嘗試觀察以下（圖 2-29）：

1. **教師發問的技術**：是否構築相互聆聽的關係？是否串聯學生與學生、學生與文本的深入思考？

2. **教學開展的方式**：是否一開始就端出最棒的菜？是否提供學生有難度的挑戰題？拿出鷹架的時間太快或是太慢？

學習語錄 059　學習需要持續練習聆聽，找出相同的頻率，提高夥伴共鳴的機會。

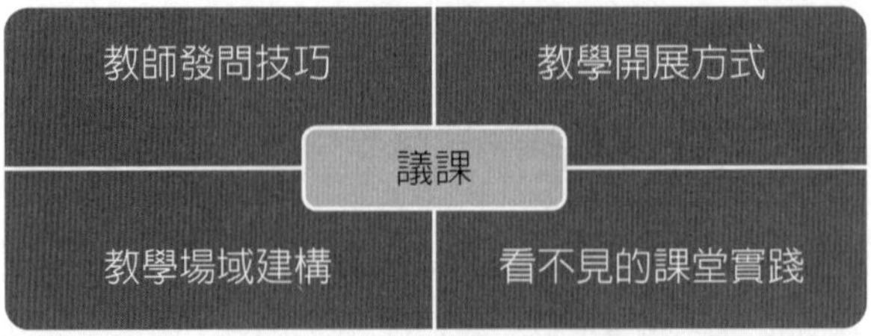

圖 2-29　學習共同體之議課概念圖

3. **教學場域的建構**：是否建置了有助於相互學習的座位？是否建置了整潔、沉穩、安寧的環境？老師是否有依據學生的學習狀況調整學習節奏？

4. **理解授課者「看不見」的課堂實踐**：觀課時除了看的見的課堂實踐（教學模式），研究者更好奇的是「看不見」的課堂實踐，例如：授課者課堂對學習模式的選擇（反思）、在面對學生反應當下選擇的回應（熟慮）、學生課堂協同學習中止或繼續的節奏（判斷）。在議課時，如果可以察覺授課教師「看不見」的課堂實踐，將更能夠了解教師對教學的投入程度。

教師不是跟在前面拉著學生走，而是跟在學生後面走，慢慢的走，踏實的走。要讓學生沉醉於學習，需要老師長期經營，期待學生在每一個生活瞬間，從打掃活動、下課時間到課堂探究，都有「善」的夥伴。然而，學習最終的目標仍必須聚焦在是否具有成效，藉由觀課教師的紀錄，以及議課教師們提出的回饋與疑問，讓授課者看見自己需要修正之處。

學習語錄 060　學習嘗試閱讀字裡行間的弦外之音，進行深度理解。

第 3 章

學習共同體的願景與教師信念

本章重點

本章重點在於探討學習共同體的願景與教師信念，透過學習共同體的理念探討，分析教師教學信念之間的關聯性，透過本章的分析，提供教師在學習共同體上的願景，並且說明在班級教學中如何運用學習共同體的策略與方法。

學習語錄 061 學習需要夥伴們努力不懈的精神，讓學習更有動力。

學習語錄 062 學習需要努力的學習思考。

第一節 學習共同體的願景

學習共同體的教育願景是「不放棄任何一個學生、保障學生都有夥伴、每一位教師都有夥伴；每一位教師都覺得在學校很幸福，很想再多學，再去實踐願景。」在學習共同體的教室中，每一位學生的學習都受到關照和得到尊重，夥伴之間相互支持彼此的成長，讓學生擁有堅強的心智去面對學習上的挑戰，化解無形的危機。

一 構建合作學習的課堂

在合作學習的課堂中，學生能夠學習重要的社會技能，也能發展學習技能，如果學生沒有合作經驗，教師必須幫助學生適應。由增加小組共學時間開始，鼓勵個人作業的協同化的同時，建立相互關照的夥伴關係，在學生積極參與小組活動之後，學生發揮自主性，構建出合作學習的課堂。學習共同體的合作學習屬於「協同學習」，在協同學習的過程中，和夥伴一起平等學習、一起挑戰困難的題目，從中產生學習的樂趣，不需要透過加分、獎勵就可以主動學習。夥伴學習之間沒有競爭關係，而是共學關係，而且，在需要夥伴協助時，夥伴永遠在身邊（圖 3-1）。

(一) 增加小組共學時間

在學習愈困難的教室，上課 5 分鐘內就要直接進入小組，讓低學力的學生一進入課程就能夠由夥伴支持學習。

增加小組共學的時間和機會，讓聽、說、讀、寫的能力在小組中有機會發展，但也要避免小組學習的三個陷阱，如下：

1. 不追求熱烈討論的小組

學習不是交流已經知道的事情，而是探究還不懂的事情；學生如果一

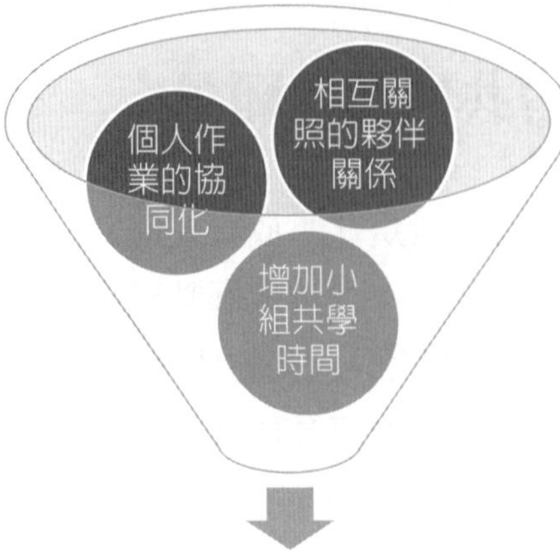

圖 3-1　構建合作學習的課堂

直講已經會的事情，熱烈發言卻沒有深化，不是眞正的學習。

2. 組內沒有領導者

組內學習模式由學生自然發展，不需要有代表全體的組長，因爲從小組長開始得到結論的時候，小組其他組員就會停止思考。每個人都要從第一分鐘努力到最後一分鐘，小組沒有領導者，小組是相互學習的關係。

3. 不需要小老師

學生要有自己脫離泥沼的能力和動力，遇到不懂的事情，要鼓勵學生嘗試求救、勇於求救。

(二) 實施個人作業的協同化

眞正的學習是發下學習單時，小組四人各寫各的，其中一人突然卡住，馬上主動問夥伴，這是個人作業的協同化，夥伴永遠在身邊，隨時可以求救。協同學習的夥伴學習理論基礎，是從杜威的對話溝通理論與 Vygotsky 的近側發展區理論（zone of proximal development，簡稱 ZPD）而來，希望可以透過教師和夥伴的鷹架，挑戰困難的題目，達成學習發展

學習語錄 064　「夥伴們在一起」的過程，讓學習得到了安全感。

可能性的最上緣。

(三) 建立相互關照的夥伴關係

學習共同體朝向「尊嚴、信賴、互惠、共好」的目標，期待教師尊重學生，學生也尊重教師，在相互尊重與信賴的關係中，形成相互學習的關係；在互惠學習、協同學習中，讓彼此成長，使學校成為教師和學生自在學習的場域。學習共同體沒有小老師的互教關係，沒有懂的人教不懂的人，只有不懂的人向懂的人求救，形成夥伴間的互學關係，以及「若無其事」的關心。

國小中、高年級的學生，有些人會習慣問教師問題，或是向教師詢問該如何訂正，此時，研究者會請這位學生先問問坐在隔壁的夥伴，如果是下課時間，研究者會請學生自己找想要詢問的夥伴，同時關心學生如果夥伴說的仍然無法理解，再來找研究者。研究者希望讓學生之間產生學習上的連結，問的人和說明的人都能從中學習，另外，往往在連結學習的同時，也連結了生活上的關照與人際關係的網絡。因此，在課堂上進行小組討論時，研究者會觀察小組內是否有被疏離的學生或是無法融入的學生，解決的方法並不是由教師一對一回答該生的問題，而是應該協助該生進入小組互動。

國小低年級的學生無法四人一組，但可以嘗試二人一組；由於國小低年級的學生非常不容易形成聽的關係，大多數低年級的學生仍停留在說的關係，因此教師要花更多的心力練習學生的聆聽。另外，低年級的學生與教師之間的聯繫必須非常緊密，因此教師必須在師生連結夠強，帶給學生極大的支持與信任時，低年級的學生才有機會與其他夥伴建立互學關係。

二 構築相互聯繫的教師群體

由於教師必須面對課堂的無邊界性及突發性，在單打獨鬥的工作場域

學習語錄 065 學習夥伴關係建立時要溫柔對待彼此，成為夥伴的力量。

久了，有時藉由課堂事件的傾聽，公開課堂的相互學習，能夠拉近教師之間的夥伴關係。教師們的關係由說話注視的關係轉變爲幫助，甚至共有、協同的相互依存關係，這一切由教師之間的傾聽、開放課堂相互公開觀課開始。

(一) 開放教室相互觀課

學習共同體的理念之中，學校從內部改變的最大動力在於以教師作爲專家，校內教師構築相互聯繫且互相提攜的「同僚性」關係後，將有助於學生伸展跳躍的「協同學習」。學校爲公共空間，研究者自 2015 年開始，每一年公開課堂，提供校內教師及校外研究者（師培機構、Teach For Taiwan）觀察，並從中提升自己教學品質的理念。研究者與現場教師交流的過程中，教師們提出最難克服之處在於缺乏有相同理念的教師夥伴，沒有共同備課、觀課和議課的夥伴。研究者最初是和一位同學年教師一起參加校外教師社群，有共同的理念、期待相互學習以後，看見共同備課後的教學現場學生學習樣態改變，然後持續的以課程案例、提升學生學習爲話題，與校內、外夥伴們相互分享學生生活上、學習上的狀況甚至瓶頸，以討論學生、分享經驗和感動爲話題連結，三年後，回到校內與相同理念的夥伴一起成立校內國語共備社群，透過持續的公開觀課，讓想要了解高年級課堂樣貌的教師們進到教室觀課。

研究者嘗試和同學年教師進行同一課程的公開觀課，讓觀課教師們發現就算是相同的課程，學生的迷思卻不同，學生的反應及討論的過程、風格也不同。

1. 同學年夥伴公開觀課後，觀課教師的回應

學生很專注、上課節奏流暢、教師話語精簡、教師行間巡視但不干擾學生學習、兩兩一組的夥伴關係。

2. 研究者公開觀課後，觀課教師的回應

組內學生會問：「為什麼你會這麼想？」小組分享回到全班分享時，學生會挺腰坐正；發下 jump 題後，學生自動標註自然段和歸併意義段；教師會等待學生發言；特殊生與旁邊的夥伴有若無其事的關照關係。

(二) 共同探究學習脈絡

根據公開觀課時課堂事件的事實，議課教師可以由「學生面對學習活動（作業）的反應、小組協同學習的狀況、學生分享表達的狀況」等三個方向，觀察學生在個人學習脈絡、小組學習脈絡、全班學習脈絡這三個方向的表現，直接說明自己在這一堂課的發現與學習（圖 3-2）。

當教師共同探究學習脈絡，或是學生因為教師共同設計課程而有很棒的回應，甚至發覺學生在人際互動中有所成長時，研究者會與一起備課、觀課或是曾擔任學生低、中年級的教師、輔導教師共享學生的轉變。當教師們的關係由相互傾聽到相互協助與共同探究課程、反思修正教學，構築相互聯繫的教師群體關係後，學生會是過程中看見與體現教師發展互學關係的最大受益者。

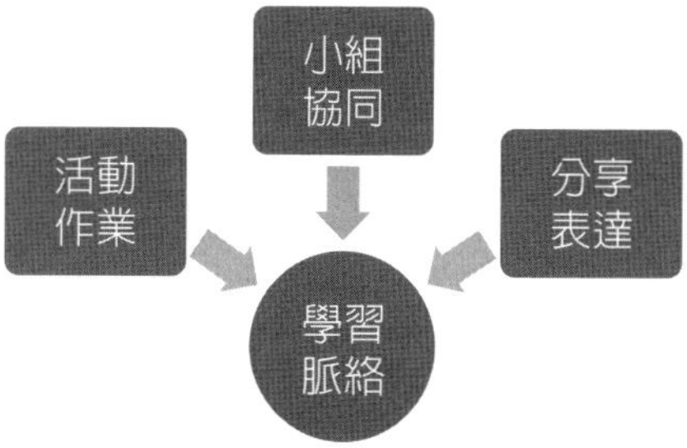

圖 3-2　共同探究學習脈絡的組成

第二節 訂定學習共同體教室願景

什麼是在國小課堂中最重要的事？教師的「選擇」，來自於教師的「信念」，教師教學信念影響著課堂的走向。第一屆學生畢業前，研究者將自己的班級命名爲「共鳴學堂」以傳承下一屆，第二屆班級學生討論出「教室的願景」（尊重、聆聽、夥伴、堅持），當每一位學生了解願景的重要，會願意爲了成爲更好的自己而努力實踐願景。

一 從民主到卓越的哲學思維選擇

教師的課堂挑戰，從傳統的如何「教」，轉移到尊重每位孩子如何「學」，此爲學習共同體所指的「民主性」；無論學習者的家庭背景或是學力高低，授課者設計高層次的挑戰（伸展跳躍題），兼顧教育的品質與平等，以達成卓越爲目標，這是學習共同體理念的「卓越性」。老師必須思考二年的課堂，要從生活上整體的調整師生互動的方式，以及如何將學習共同體展現於座位安排、學生發言、不以加分積點作爲學習獎懲、教師的期望、教師對學生言語行爲動作的感知等面向，以達成「尊嚴、互惠、自發、共好」的核心目標（圖 3-3）。

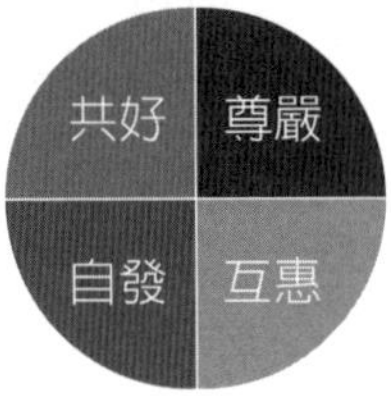

圖 3-3 學習共同體核心目標

(一) 尊嚴原則

師生對話時，以關懷和同理的正向表達，給予學生尊嚴；聆聽學生發言，聽見學生的心情，建立相互信賴關係。

學習語錄 068 學習共同體擁有溫柔對待的夥伴關係。

(二) 互惠原則

相互求救的對話關係，說的人可以練習「理解自己的懂，思考自己的不同」，問的人可以練習自我監控學習狀態，以及勇敢說出我不懂，彼此互惠。

(三) 自發原則

小組學習時，只要有一位學生進入學習，就有機會牽引著同組夥伴進入學習；看見同組夥伴努力學習、堅持不放棄，在擁有溫柔對待及關照的夥伴關係後，有了和夥伴一起學習的動機，期待自己成爲更好的人，開始願意自發性的學習。

(四) 共好原則

曾經有一位家長了解學習共同體「共好」原則後，對自己的孩子說：「一顆星星的夜空總是孤單，群星相聚才是最美的夜空。」不以競爭、擊敗同學爲學習目標，而是相互提攜、相互勉勵，一起挑戰更有難度的學習，相互支持鼓勵，成就彼此，達成共好。

二 從觀議課中覺察專業的課堂樣貌

研究者在四次參訪日本的經驗中，用「觀察」取代「觀摩」，用「學生學習樣貌」反推「教師如何推展此樣貌」的過程與步驟，在一次一次的修正與驗證中，研究者的學習共同體課堂樣貌逐漸成形。

(一) 教師成為一個很會學習的人

1. 教師的串聯技巧

研究者在 2015 年第一次參訪日本時，看見一位授課男教師將身體姿態壓低，嘗試與學生平行視線，同時，耐心等待學生，說著：「遇到困難，要記得尋求幫助，在別人問的時候也要幫助喔！」教師溫柔的眼神，傳遞「大家要一起努力」的訊息，即使每一小組旁都有一至二位校內的觀課教師，教室窗邊圍著滿滿的外觀教師，教師的語調沉穩、輕柔。從學生的小組對話與全班發表時分享的聲音，感受到學生學習狀態的穩定，研究者認爲此堂課的教師，構築了一個讓學生安心學習的環境。

另外，日本授課教師也持續提醒著學生：「如果你寫好了，請和同伴說明想法，思考要怎麼說出來，說到別人聽得懂。」教師鼓勵學生理解了自己的懂以後，要嘗試學會思考自己的不同，然後相互學習彼此的不同。

第一次參訪日本，研究者學到「串聯」，教師必須串聯學生與學生的學習、串聯學生與文本的學習、串聯學生與生活情境的學習。

2. 教師教學與學生學習的細膩

2017 年研究者第二次參訪日本，學習到「細膩」。當天在學校體育館畫展中看見繪畫的細膩度，學生作品愈細膩，代表學生思考和觀察愈細膩（圖 3-4）。

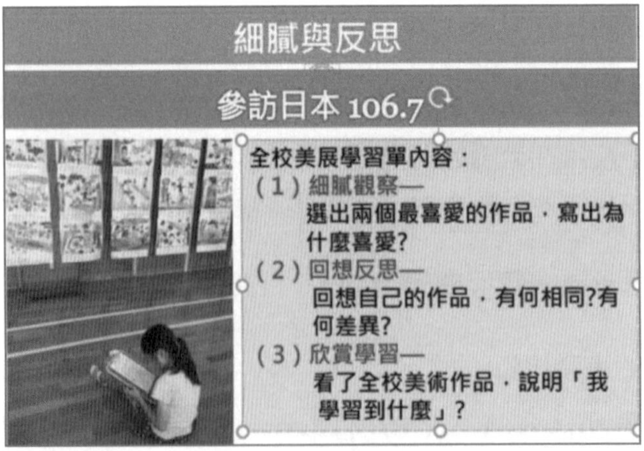

圖 3-4　細膩與學習反思

學習語錄 070　要有靠自己脫離泥沼的能力，還有向他人尋求援助的能力。

對照當天參觀的理科課堂，教師拿出一張胚胎照片，學生的觀察力敏銳，觀察到照片中間的小洞和其他的細節。由一個夥伴的觀察，連結了課程和其他夥伴的協同學習，展現學生觀察細膩對學習的助力。

3. 創建教室願景

2018 年參訪日本，研究者看見期待的課堂樣貌，學生面對教師的提問侃侃而談，透過翻閱講義（找課本）及小組對話（找夥伴），持續的探究社會課貨幣經濟相關的提問。學生炯炯有神，不停的探究、不停的學習，研究者看到自己的教室願景——尊重、聆聽、夥伴、堅持。

研究者看到一所幸福的學校，孩子幸福，教師幸福，因爲定位清楚，教師是「環境製造者」，不是主導者，孩子要爲自己的學習而努力。當研究者看到孩子炯炯有神的學習目光，那是自信的眼神，那是孩子的氣質，那是主體式對話學習；成就孩子對於學習的價値觀來自於——教師！

教師的沉穩，來自於學校教育願景清楚的定位，以及教師同僚的相互支持關係。學生在挑戰，教師也要面對挑戰。參訪學校的課程規劃，每學期有固定的公開授課合議會規劃，由於學生要完成畢業小論文，教師也必須相互協同，帶領學生從國高中 7-12 年級完成小論文，從基礎期一充實期一發展期，帶著學生階段性的探究學習、深化學習。當觀課者的焦點不自主的放在學生身上，而不是教師身上時，這是研究者嚮往的課堂。

4. 課堂節奏要兼顧學生反應

2019 年參訪日本，我看見學生學習引擎的開（on）和關（off），來自於教師對學生與教材連結的觀察與判斷，這是課堂「節奏」的掌握。

每一次參訪日本，會參訪三到四所國小、國中或是高中課堂，會入班觀一堂完整的課程，以及觀全校的班級。每進入一間教室，看見教師的面容、聽著教師與學生對話的語氣，然後看著學生面對教師時的身體姿態，每一次的觀課，每一次的觀察，都是學習。

學習語錄 071 任何一個夥伴的發言都是精彩的。

(二) 學校裡每個人都很幸福

在教室裡，研究者致力於讓每一位學生找到「自己的位置」，以及找到師生關係的「平衡點」。

1. 協助學生與其他夥伴產生穩定關係的連結

協助學生找到自己在教室位置的最有效方法，就是串聯學生之間的友好關係，在課堂學習時是最好的時機，運用協同學習的機會，相互需要彼此，形成信任感。

2. 找到師生關係的平衡點

首先，觀察與了解學生行爲背後的原因，給學生機會說出原因，傾聽學生想法，在教師心中必須一直懸著此想法，當下處理行爲或人際問題後，必須在平日找機會提點，讓學生知道老師的性格、期待與要求。

3. 完全接受學生的學習結果

如果學生答案錯誤，研究者回應「很好，你的理解到這裡。」不批評學生答案，但是立即詢問下一位夥伴的答案。以鼓勵發言爲主，研究者表現完全接受與學習相關的答案，雖然不是正確答案，但是勇敢表達，值得鼓勵。

4. 教師強調相互尊重與平等學習的重要

研究者如果發現學生之間有言語挑釁或是以粗俗語言對待夥伴，研究者會在全班面前暴怒，說明平等學習、相互尊重的價值觀。

在學校，面對職責相異的同事，除了透過相互關心的問候、同理心的關懷，與校內同事們一起合作，一起探究學生學習的困境，在交流中，同事的關照與支持成爲一股力量。另外，研究者也會積極與班級科任教師互動，聆聽科任教師說明學生學習情況，觀察學生在科任課與夥伴的互動，與科任教師合作，一切爲學生。

學習語錄 072 透過和夥伴的對話，讓我們重新編織知識的意義與關聯。

第三節 規劃符合學習共同體願景的教室布置

教師的期望與教室的願景、教師信念，影響著教師對學生的態度，激起學生回應教師的學習情節和表現；學習共同體的教師，對每一位學生都是高期待。

一 張貼學習共同體溫馨叮嚀

研究者在教室公布欄張貼由臺南教育產業工會夥伴們將日文翻譯成中文的「學習共同體學習須知」，以及讓每位學生擁有一個「學習共同體學習須知」的墊板，讓學生知道「聽的人」該怎麼做、「說的人」要說什麼、該怎麼說，以及遇到不懂的問題要主動求救的說明，然後每天練習、與夥伴相互觀察與持續修正（圖 3-5、圖 3-6）。

圖 3-5　研究者日本參訪與觀察

學習語錄 073　持續的探索學習、不間斷的課堂挑戰，是學習每一天要做的事。

(原創：日本茨木市立峻山小學校，中文翻譯：yilinteacher and 秀梅)

圖 3-6　學習共同體學習須知

(一) 每天練習的必要性

「示範、模仿、每天練習」學習共同體須知，讓身體記憶並成爲習慣。

(二) 相互觀察、提醒及修正

建立教室習慣，讓學生在聽到夥伴發言時能夠抬頭凝視，不只是在教室，課堂外也能夠朝向相同的目標與表現默契。

從頭開始，在教師與學生的刻意練習後，逐漸朝向主動相互聆聽的方向前進，期待結合力量，成就每一個人的學習。

二 協同學習的座位如何安排

學習共同體學習成立的三要素爲「符合學科本質的學習」、「伸展跳躍題的學習」及「協同學習」，在教師刻意安排與練習「協同學習」中，建立了溫柔關照和共學、共好的關係。

學習語錄 074　透過學習夥伴的溫和關心，讓學習再次打起精神！

(一) 二至四人一組的原則

初期或是低年級以二人小組爲開始，如果發現二人小組逐漸有出現轉頭或側身到其他二人小組求救時，可以開始醞釀成四人小組。如果因爲人數不足，三人小組也是可以接受的小組人數，但是座位安排不可排一直線，最左和最右的夥伴聯繫容易被切斷。小組座位安排要以看得到彼此、聽得到彼此爲原則，因此不建議五人小組，五人小組無論如何排列，總會有夥伴被孤立。三人小組答案的豐富與多元不及四人小組，四人小組可以帶給學生更多的安全感，更多元的思考。

(二) 男女座位交錯方式

四年級過後，女生在課堂上大多數的表現會是緘默不語，男生在課堂上大多數的表現會是天馬行空。爲了讓小組的互動可以避免同性流於聊天、偏離學習主題，建議小組男女數量各半、座位交錯，以產生互學關係。

(三) 隨機安排方式選擇

座位隨機安排，每二週至一個月調整一次座位，是爲了讓學生有機會向不同的夥伴學習，從差異中學習。爲了這個目標，必定有一些可能會發生的困難必須面對，例如：新班級接到家長電話、學生反應不想要和誰坐在一起，或是其他更棘手的原因。研究者會直接告訴學生，以及在班親會時告訴家長隨機安排座位的原因，主要是因爲學校如同小型社會，希望教育帶給學生的是適應與解決問題的能力，而不是預先安排一個大人以爲的好環境。如果教師的教室願景是期待每一位學生能夠成爲一個很會學習的人、每天要向夥伴學習，在教師的觀察與監督下，嘗試給彼此互動機會，或許比限制、強迫只能和誰坐在一起，以及變相懲罰安靜、聽話、守規矩的學生「照顧」特殊學生，更有機會讓每一位學生勉強自己收起個性，在團體中學習慢慢成長。

學習語錄 075 有了夥伴的加油和關心，使學習更有自信和鬥志！

第四節 發展符合願景的課堂教學風景

教師為了營造有利學習的環境，必須要成為一位兼具教的專家與學的專家，同時從公開觀議課中自我覺察與改變，持續修正與探究，朝向發展出符合願景的課堂教學風景。

一 兼具教的專家與學的專家

為讓學生達成高品質的學習，教師從修正與理解中實踐新的教學策略，包含減少課堂雜物及雜事干擾的策略與方法、教師放下權威的策略與方法、教師座位與學生平行視線的平等學習信念，嘗試與研究新的策略，有助於教師成為一位兼具教和學的專家。

(一) 應減少干擾的策略與方法

將書包、水壺等雜物分區置放，提醒孩子每天進教室後，將聯絡簿、回家作業和當天會使用到的課本放置在抽屜，不僅讓學生學習早上就先為一整天的學習預作準備，也讓學生座位保持最簡單狀態，沒有雜物干擾，也沒有水壺掉落翻倒的雜事，減少干擾，一切為學習而準備；甚至連鉛筆盒的擺放位置，也必須以不影響、不干擾夥伴對話或視線為原則，營造有利學習的環境。

(二) 宜放下權威的策略與方法——放下麥克風

如果一切的教學環境與氛圍是以學生學習為優先而設計，為了讓學生自在表達學習想法，研究者願意放下權威。教書前 10 年，研究者自認說話聲音柔弱，始終尋求著最符合音質的麥克風以便能在課堂上暢所欲言，直到 2015 年，接觸學習共同體後，研究者開始反思麥克風存在的意義為何。

學習語錄 076 學習夥伴的加油打氣，讓學習具有更強大的力量繼續下去！

研究者驚覺，研究者在課堂使用麥克風，竟是爲了管理課堂、控制課堂，讓最後一排的學生絕對可以聽見研究者說話的聲音。對研究者而言，麥克風代表權威，代表發言的控制權。

2015 年在一場研究者公開觀課中，有一位觀課教師問了課堂上坐在距離研究者最遠位置的小組：「你們聽得見老師說話的聲音嗎？」學生回答：「當然聽得見啊！因爲我們很專心。」議課時，這位教師回饋了教師上課音量與學生專注力的想法，振奮人心！反思教師需要麥克風的原因，或許可以剔除學生聽不見教師上課音量的擔憂，因此，研究者放下麥克風、放下權威，回歸原始的說話交流語調，研究者表現最大的誠意與學生平等互動，師生在相處與對話中感受眞實的一面，讓學生習慣教師的天生嗓音，從此，學生對教師的聲音及表情開始敏感，這是學習的一環。放下麥克風之後，研究者看見學生眼神、聲音、表情的關注和自在的師生對話。

1. 看見學生的專注

由於研究者說話音量輕柔，學生必須更專注於聆聽，一旦無法聽見研究者的聲音，學生必須練習舉手請研究者再說一次，過程中，研究者看見了學生的主動詢問、學生眼神投向研究者，由於研究者不會重複說、不會換句話說、不會自問自答，因此學生必須用盡全力聽出、聽懂、理解教師的語句，並主動發問無法理解之處。

2. 自在的師生對話

當研究者放下麥克風、由站改爲坐下之時，研究者發現師生對話變得像是平日下課時「眞正的對話」，研究者需要的不只是正確答案，更在意的是醞釀答案的過程、學生在思考上的轉變或是整合，因此，當教師開始願意表現對學生對話的好奇，又願意放下權威時，師生課堂對話顯得自然又自在。

學習語錄 077 學習夥伴要相互傳遞幸福的感覺！

3. 教師座位與學生平行視線

一個眼神、一個手勢、師生的默契不用言語，皆會出現在學習共同體的課堂。一個沒有麥克風的課堂，教師坐在學生正前方，與學生保持視線水平，貼近學生，師生縮短對話距離，讓課堂發問與回應顯得自然、靈活，教師的語調更為柔和，不需要刻意加大音量，學生能夠聽清楚教師的說話內容。如果學生因為突發干擾而聽不清楚，教師請鼓勵學生隨時舉手表達「可以請你再說一次嗎？」的學習主動性。教師不用多餘的話語、手勢、動作，用身體表現願意「傾聽」學生，精準話語「串聯」學生和學生之間的對話，聽到學生想法時提問：「這個想法很棒，是從哪裡發現的呢？」做足「回歸」文本的流程。經過一段時間，耳濡目染，學生開始學習教師的姿態，願意傾聽同學、願意主動發問，最後回歸文本；不僅建立了學習習慣，也形成了協同學習（圖 3-7、3-8）。

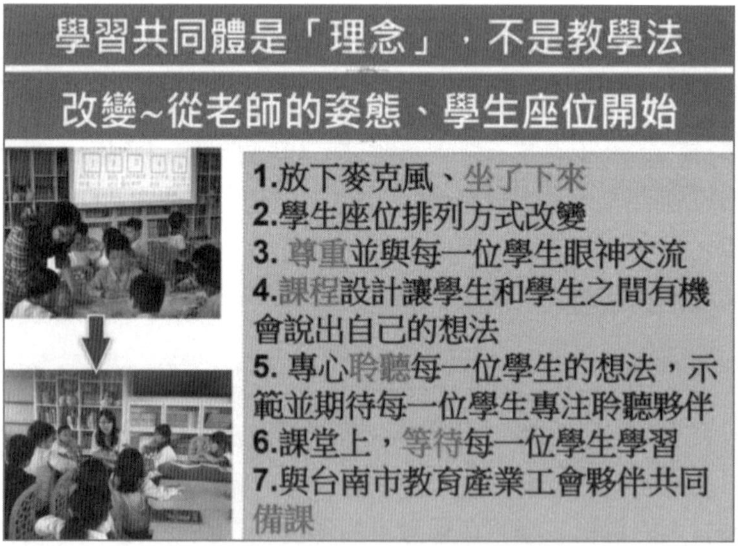

圖 3-7　研究者第一堂學習共同體座位調整

學習語錄 078　在教室上課要沉穩，聚精會神地面對一次次的學習挑戰。

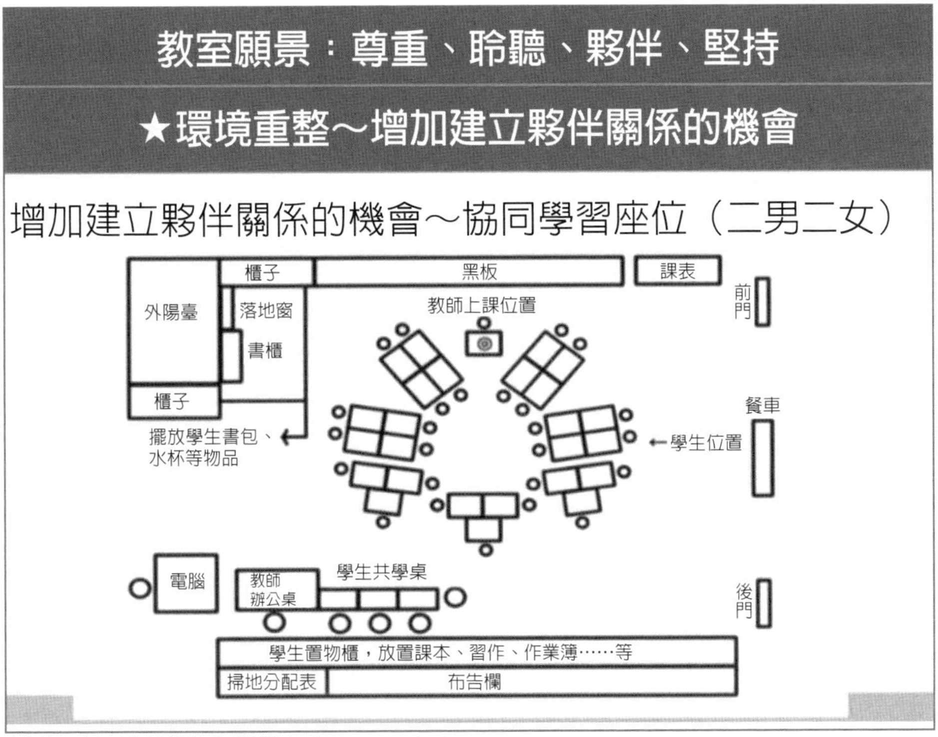

圖 3-8 研究者教室座位示意圖
（研究者公開觀課時，師培生繪製）

二 從公開觀議課中自我覺察與改變

觀課教師如同授課者的眼睛，記錄學生的學習反應，提供授課者評估課程設計的成效。議課後的課程設計修正，有助於修正提問和課程設計方式，進而在未來深化學生課內文本的理解。由學生的回應修正提問和課程設計方式，提高學習成效。

2015 年佐藤學教授到臺南市大光國小觀課，授課者為呂老師，課程為康軒五下《國語》之〈閃亮的山谷〉，共有課題設計為「從文中哪裡可以看出舅舅很關心螢火蟲？請找出兩個支持的理由並用筆畫線標記」，伸展跳躍題為「延伸閱讀陳美汀保育石虎的故事，並和課本內容比較（學習

學習語錄 079 學習夥伴的加油和鼓勵讓學習可以永續。

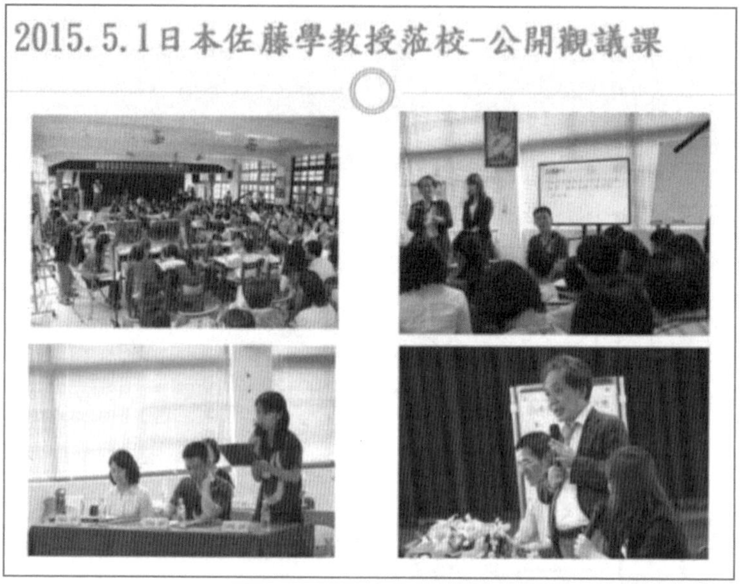

圖 3-9　佐藤學教授蒞臨臺南市大光國小觀議課

單請學生書寫、比較復育方式的不同）」。公開觀課結束後，佐藤學教授給了授課者一些回饋，包含教師發言精簡（只說課堂需要的話，讓學生專注學習）、學生與文本教材對話時間充足（給足時間閱讀文本）、學生針對文本發言（沒有天馬行空的語言）、觀察學生眼神給予發言機會（關注學生的身體語言，鼓勵和支持學生投入學習）、教師仔細觀察學生的學習狀況（教師守護學生的學習，給予安心學習環境，不隨意走動）、課程設計大膽 JUMP（前半段課內、後半段課外挑戰）。另外，佐藤學教授也從學生在學習單上的書寫內容，發現學生書寫在對照表上的方式以「語詞」爲主，少有陳述句。此外，座位的安排雖是ㄇ字型，中間的廣場區域顯得開闊，如果可以將座位距離拉近，學生學習關係與連結會更爲緊密（圖 3-9）。

議課後，授課者與研究者依據學生學習單的表現，嘗試修正二個方向（圖 3-10、3-11）：

學習語錄 080　學習要能勇敢的挑戰自己，永不放棄的堅持理想。

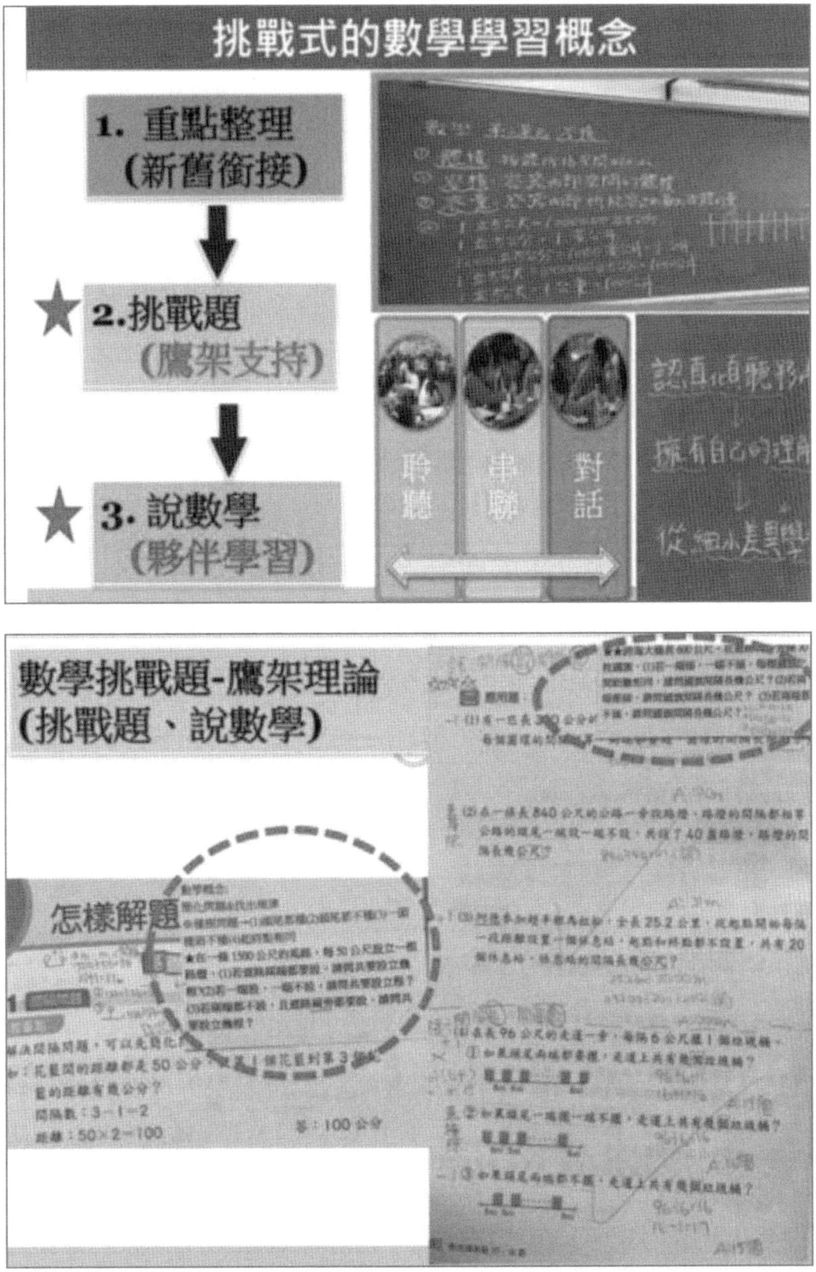

圖 3-10　研究者課堂觀議課後的課程設計修正示意圖

學習語錄 081　學習夥伴的建立，可以隨時傳送幸福的感覺。

圖 3-11　研究者課堂觀議課後的數學教學策略修正

(一) 深化學生課內文本的理解

透過提問與協同學習，增加學生對文本內容更加熟知的機會。另外，設計伸展跳躍題時，如果學生對課文或新文本內容不夠清楚，設計表格的方式反而會框住學生的書寫型態，因此，在設計伸展跳躍題的時候，給學生足夠的時間閱讀、教師針對新文本提問（鷹架），以及充足的夥伴對話時間，期待學生在聆聽夥伴對話以後，以完整句甚至小短文的陳述方式，書寫比對、分析、歸納或是整合的挑戰題。

(二) 由觀課協助理解學生學習脈絡與瓶頸

教師如何研究學生的學習脈絡？可透過學生的課堂表達、計算列式、筆記書寫、錄影等資料判讀學生的學習脈絡。而觀課可以補足以上資料形成的「過程」。研究者擔任教育部教師專業發展平台輔導諮詢委員入班觀課時，發現一位在課堂上沉默的學生在學習單上的列式呈現：學生書寫後，聽小組夥伴分享，發現自己和小組夥伴寫的不同，然後擦掉答案，讓學習單空白。導師聽到這位學生竟然有嘗試列式後，非常驚訝，因為在過去的上課經驗中，導師始終認爲這位學生每一次學習單空白的原因是上課不專心、無心學習。除了學生作業習寫和上課表現的呈現，透過觀課教師，可以補足授課者想要關注的特定學生學習脈絡，以及學生在學習過程中可能發生的學習狀況，以協助學生突破學習瓶頸。

在研究者的學校，學生會看見教師之間的協同學習關係，例如：研究者與學年教師一起備課、與專業輔導教師一起備課、觀議課、一起共享研究成果，或是與體育專長教師協同進行跳繩訓練、樂樂棒球技巧練習，研究者每天和其他教師們學習，所以時常鼓勵學生「我們要成爲一位很會學習的人」，每一天到學校要向每一位夥伴學習，每一位夥伴都有值得學習之處。

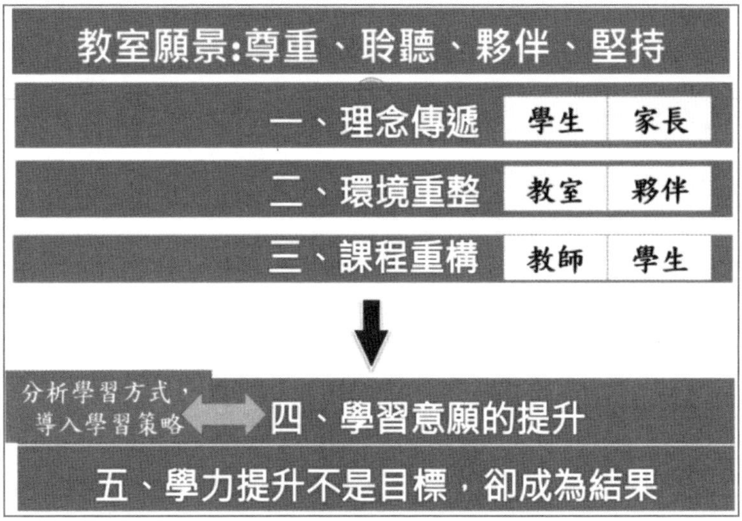

圖 3-12　發展符合願景的學習共同體課堂概念圖

學習語錄 083　建立學習夥伴關係，才能提升學習效能。

學習語錄 084 夥伴的溫和關心，讓學習再次延續！

第 4 章

如何成為學習共同體的課堂

本章重點

學習共同體的課堂從教師進行課堂串聯開始，觀察學生成長蛻變，鼓勵學生說出不懂之處，以協同學習的真善美，創造出和諧交響的學習共同體課堂。本章的重點在於說明如何成為學習共同體的課堂，內容包括進行三位一體的串聯、傾聽與共感的重要性、發展觀察兒童的二種視角、創造和諧交響的課堂關鍵，以及學習成立的三要素，希望可以提供中小學課堂教學的參考。

學習語錄 085 透過學習夥伴關係的建立，才能讓學習更爲完整。

學習語錄 086 學習的時候，夥伴應該要相互學習、相互指導。

第一節 進行三位一體的串聯

在學習共同體的課堂中，教師進行教案設計時預想如何順利推展教學，教師必須發展出一套提問策略，提升學生與自己、學生與同儕及教師、學生與教材及環境三位一體的關注；教師如果對教材瞭若指掌，更有助於提升串聯學生與學生、學生與教材的敏感度。本節的重點在於說明教師串聯的技巧、觀察學生學習反應的方式，以及教師在觀察學生學習過程中，教師應該要不斷思考學生可能會遇到的困難和產生的迷思概念，並且反思教師應該要如何支持學生的學習。

一 讓學生學會聆聽的串聯

由教師引導句的設計和教師專業鷹眼環伺的觀察力，每時每刻分析學生的學習狀態，進行差異化策略的布局，運用串聯技巧讓學生嘗試更高層次的聆聽練習（圖 4-1）。

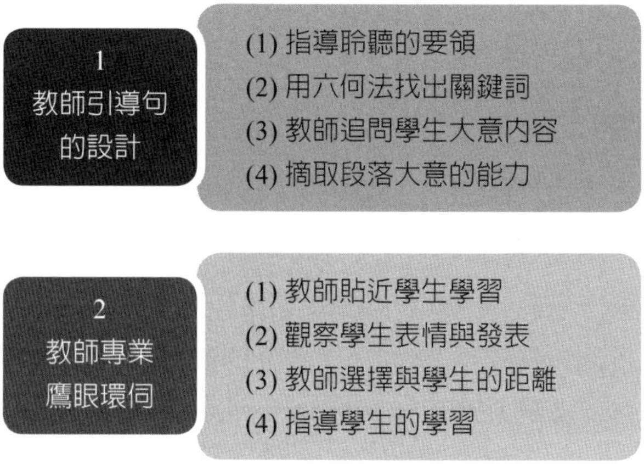
1
教師引導句
的設計
(1) 指導聆聽的要領
(2) 用六何法找出關鍵詞
(3) 教師追問學生大意內容
(4) 摘取段落大意的能力
2
教師專業
鷹眼環伺
(1) 教師貼近學生學習
(2) 觀察學生表情與發表
(3) 教師選擇與學生的距離
(4) 指導學生的學習

圖 4-1 讓學生學會聆聽的串聯

學習語錄 087 和夥伴一起學習，學習會比較快樂。

(一) 教師引導句的設計

依據學生學力程度不同，中年級學生應具備摘取段落大意的能力，即使高年級的學生，仍然需要繼續練習摘取段落大意。

1. 閱讀文本

學生閱讀翰林《國語》六下第五課〈留得枇杷聽鳥鳴〉自然段第六段。

2. 聆聽練習的引導句

爲了練習相互聆聽，研究者提問：「請告訴身邊夥伴，第六段內容寫了誰？發生什麼事？結果如何？」並且說：「等一下老師會問你，身邊夥伴說了什麼？」

3. 聆聽練習與口說表達之串聯句

接著，研究者問了一位低學力和一位高學力的學生：「剛剛第一位夥伴說了什麼？」（第二位低學力的夥伴遺漏了「鳥兒歌聲變化多端」的重點；第三位高學力的夥伴答案完整。）

4. 聆聽練習的從差異中學習之串聯句

研究者追問全班：「第二位夥伴和第三位夥伴說的內容有什麼不同？」一位個性文靜的學生主動回答「鳥兒歌聲變化多端」。

5. 回歸教材

研究者帶著學生回歸教材，請學生歸納課堂學習的重點，下課前，教師對全班說：「剛剛我們找段落大意的時候，運用了六何法和找關鍵字詞的策略，透過第一位夥伴、第二位夥伴、第三位夥伴的表達和第四位夥伴說出相異點，我們重複思考課文內容，並且練習用一句話歸納出段落大意的這個過程，是很棒的共學，謝謝四位夥伴給我們學習的機會。」

6. 串聯情感

這個時候，一位平日眼神不容易和研究者交流的學生，頭抬了起來，眼睛看著我，點點頭。這整個學習過程，教師不僅串聯了小組對話和全班對話，也串聯了情感。

學習共同體的教師不會強行進入學生的思考世界，透過提醒說話的人「當大家都看著你的時候，再開始說」取代「頭抬起來看著說話的同學」，透過眼神，開始進入彼此的世界。研究者給予學生鼓勵、尊重、不評價，營造安心學習氛圍，等待學生主動進入教師的思考世界。下課前，研究者告訴全班：「我們每天練習聆聽，我們要成爲一位很會聆聽的人，因爲聆聽是學習的開始，謝謝夥伴們給我們學習的機會，讓我們成爲一位很會學習的人。」

(二) 教師專業鷹眼環伺

從教師坐下開始貼近學生學習，除了可以更加柔和與靈活的運用串聯句，教師也能輕而易舉的看見學生的表情與肢體語言。透過觀察課堂學生與學生對話的臉部表情、眼神流動、肢體互動與傾聽樣貌，夥伴協同學習交流如絲線的交織，顯而易見。

研究者的座位與站位，會考慮學習狀態而調整，一般而言，說話的學生容易以教師爲目光焦點，因此說話的學生如果座位在教師旁，課堂易流於教師與單一說話學生的互動，研究者會移動站位至說話學生的對角線位置，意味包容了所有學生的學習。但是，面對不同學生、不同情境的發言，師生距離的選擇，願景是教師全然「接受」學生的發言，因此，面對不同的學生，研究者有時會側耳傾聽，不任意移動位置，讓說話的學生安心；有時會保持一定的距離去傾聽，是爲了要沉穩情境。距離是表現、判斷來自現場情境需求或是與學生的師生連結，面對不容易建立連結關係的學生，例如：過度膽怯、沒有自信的學生，什麼位置是最適切的位置？

學習語錄 089 隨機分組讓學生能認識更多新夥伴，聽到更多沒有聽過的想法。

「能夠表現出教師願意完全接受學生的位置」就是最好的位置。

二 讓學生有問必答的串聯

由教師串聯句的設計與運用，以及教師對課程教與學的掌握，能夠設計有效串聯的提問，再輔以教師的等待與溫柔關照的情感連結，使學生自在安心、有問必答。

(一) 教師串聯句的設計與運用

教師串聯教材與學生、串聯學生與學生之前，要先傾聽學生的對話。傾聽，是爲了聽出串聯前的三個線索：第一，學生說話內容與教材的關聯；第二，學生說話的內容與前一位學生的關聯；第三，學生第一次說話和後續說話內容的差異或是關聯。因此，教師串聯教材與學生、串聯學生與學生之前，必須先傾聽學生的說話內容，由學生說話內容判斷學生正處在什麼樣的學習狀態，依據這個學習狀態進行提問，然後串聯。學力低的學生，給予立即性的夥伴對話機會，讓學生不放棄。

國語課時，由練習傾聽小組內一位夥伴開始，「請告訴我身邊夥伴說了什麼？」接續練習傾聽小組內二位或以上夥伴的對話過程，「請告訴我小組內剛剛的對話過程中說了些什麼？」接續問「小組內夥伴表達的想法有什麼地方相同，或是不同？」在聆聽時，同時傳達尊重的理念給學生，「從理解自己的懂和思考自己的不同」爲學習目標，不是爲了批判而是爲了相互學習與交流想法。同樣的流程，可以擴大進行全班對話。數學課，透過老師觀察學生的解法推論學生目前的學習狀況，判斷學生的迷思概念，在全班討論時提出不同解法或是相異邏輯的解題過程，讓小組內仍然無法理解的學生有機會再一次共同學習。研究者示範對話「所以你的意思是？」重複確認或是「我不懂你的意思，可以再說一次嗎？」「我懂這個算式的意思，但是下一個算式我不懂，你可以再解釋一次嗎？」讓學生模

學習語錄 090 學習帶來的成就感，可以讓學生繼續努力的堅持下去。

仿，使用「我懂了」、「我不懂」或是「我好像懂又好像不懂」。

學生可以自主進行理解監控與提問，研究者也能夠透過整個學習過程，評估學生當下的學習狀態，如果學生仍陷入迷思，有必要再進行一次概念澄清。因此，設計串聯句之前，必須要先傾聽學生的發言。

(二) 教師對課程教與學的掌握

歐用生在〈日本小學教學觀摩——教師專業成長之意義〉指出，教師在進行有效教學之前，要先了解學生如何學習，因此教師要有「認知的同理心」，設身處地站在學生立場，從學生觀點來檢視自己的實踐情形，思考學生如何解釋教材，可能遇到哪些困難，可能產生哪些迷思概念，自己的教學如何支持或阻礙他們的學習、如何克服等，讓學生的思考、活動和學習被看見，而且成爲教師教學決定和專業判斷的重點（歐用生，2013）。教師在面對課程時，可以掌握知識、課程設計、環境，但是老師更需要坦誠、花時間的面對觀察學生、分析學生以改進自己的教學。研究者透過以下方式掌握教與學（圖 4-2）：

1. 建立教學模式

課堂上必須建立一套學生可遵循的教學模式，讓學生能夠習得學習策略後內化策略；以協同學習爲模式，先聆聽、再串聯、最後回歸文本，運用伸展跳躍題連貫課程節奏，當學生遇到挑戰時可以詢問鄰座夥伴，習慣說出自己的不懂。

2. 設計課程（授課者自己或是與其他老師）

依據課程目標設計教學活動，預想學生可能的反應、預想迷思概念與鷹架。

3. 實踐課程（觀察學生）

研究者從協同學習中的學生對話，掌握部分學生的學習現況。

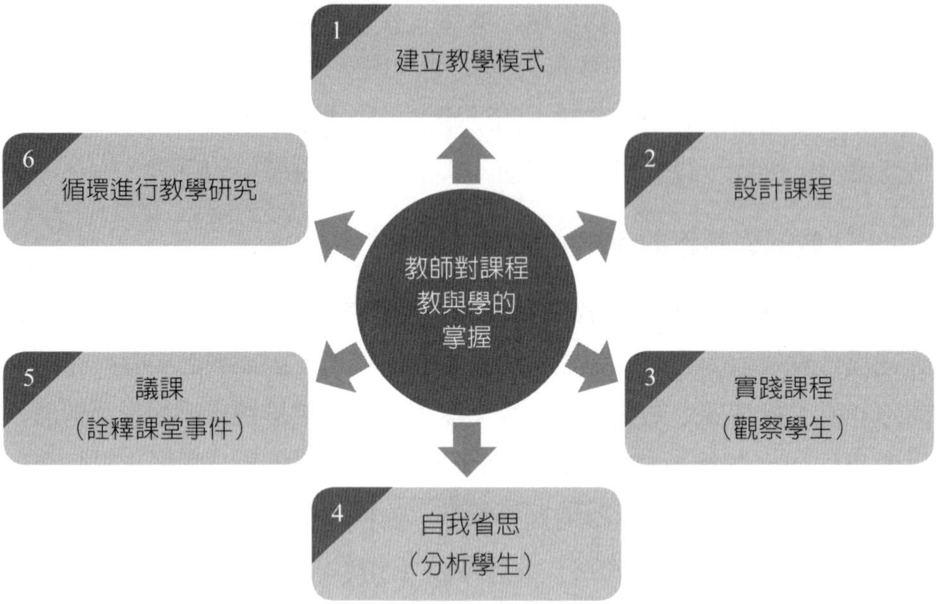

圖 4-2　教師對課程教與學的掌握內涵

4. 自我省思（分析學生）

從學生學習單或是課堂反應自省教學，分析學力低的學生是否達成學習效果。

5. 議課（詮釋課堂事件）

觀課教師說明課堂事件的觀察與疑惑，驗證教學設計時的推展是否流暢與達成學習效果。

6. 循環進行教學研究（教室如同實驗室）

研究者持續研究課程、長期觀察學生的生活作息、觀察與同學的應對、下課的習慣、上課的表情，以及分析學生的學習，嘗試用每一位學生能夠接受的語言或姿態陪伴學生學習。

第二節 傾聽與共感的重要性

一 傾聽的重要

願意傾聽代表接受彼此的情感，建立師生的信任關係後，教師串聯學生與學生的情感，讓每一位學生找到定位，有歸屬感，安心學習。

(一) 眼神與姿態的交流

研究者可以由眼神和姿態展現「我接受你原本的樣子、我接受你的全部」，真誠的和學生建立信賴關係以後，學生會願意在課堂展現真實的、自在的學習樣貌（圖 4-3）。

1. 教師願意傾聽學生、不評價學生答案、讚賞學習的勇氣

表現教師願意傾聽的眼神和姿態，是建立信任關係的第一步。

2. 教師珍視與學生眼神相對的瞬間

研究者喜歡在下課時間看學生在忙些什麼事，也喜歡在上課的時候看著學生注視研究者的眼神，透過眼神相互凝視，可以加深親近感，也可以辨別學生學習時困惑的眼神、不安的眼神、與夥伴對話雀躍的眼神、幸福的眼神。

3. 建立師生默契

透過觀察學生眼神，可以分析、判斷學生學習與心情狀況，讓教師能夠在課堂瞬間覺察學生願意發表的閃亮亮眼神、自信眼神，給予學習鼓勵；也能讓教師可以未雨綢繆學生的負向行爲表現和情緒，成爲一位與學生交心共享的教師。一位學生曾說研究者有讀心術，其實只是研究者擅長觀察學生眼神，總是在對的時機給予學生關心。

1 願意傾聽學生
1. 不評價學生答案
2. 讚賞學習的勇氣
3. 建立信任關係

2 珍視與學生眼神相對的瞬間
1. 下課時間教師關注學生的生活
2. 增加師生親近感
3. 辨別學生學習眼神

3 建立師生默契
1. 提前覺察負向行為和情緒
2. 成為師生交心共享的教師

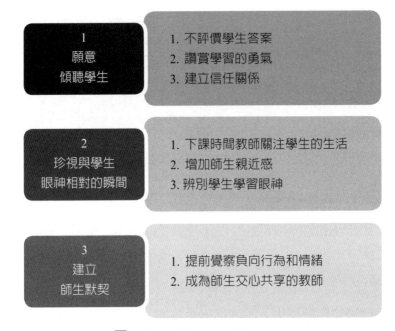

圖 4-3　師生互信關係的傾聽

(二) 探究式的學習應用

聆聽是學習共同體的核心元素，在聆聽、串聯、回歸的學習循環中，聆聽除了聆聽策略的聽而後說、聽而後寫、聽而後摘要筆記等聆聽技巧之外，還融入了「理解」的聆聽（理解夥伴想法）、「整合」的聆聽（比對自己和其他夥伴的想法）、「反思」的聆聽（自省想法），最後達成「共感」的聆聽（情感穩定）。

學習共同體的聆聽，是探究學習的聆聽、是主動理解的聆聽，隱含著看不見的知識建構。透過聆聽夥伴的想法，由能夠聽懂、確認夥伴的意思、能夠與自己的想法做比較、能夠反思自己的想法出了什麼差錯、能夠聽出夥伴的學習策略以擴展自己的學習視野，在聆聽的過程中領悟夥伴的心情，理解了自己的懂、思考了自己的不同，尊重表達，讓聆聽不只是一個外在姿態的表現，也是重新認識夥伴的一種交流。當聆聽時能夠體悟夥伴的心情，當看見夥伴由眉頭深鎖轉爲笑顏逐開、聽見夥伴開心的說出「我懂了！」「喔！原來是這樣！」傾聽的理解交流傳遞了情感，聽的人和說的人互惠得到學習的滿足（圖 4-4）。

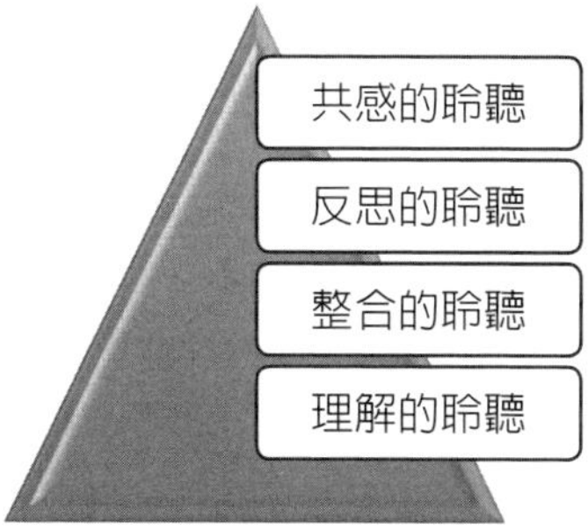

圖 4-4　探究式的學習應用

二 共感的重要

傾聽、理解、欣賞，是共感。共感可以讓教師重新認識自己與學生的互動，確認自己的教育哲學，營造課堂文化並聚焦學生的學習，進而思考具體行動，在持續反思和修正後，再一次找到課堂的節奏。

(一) 聆聽技巧設計實施

聆聽時，教師運用技巧，搭鷹架讓學生達成國語領綱在聆聽和口語表達的學習表現，如圖 4-5。

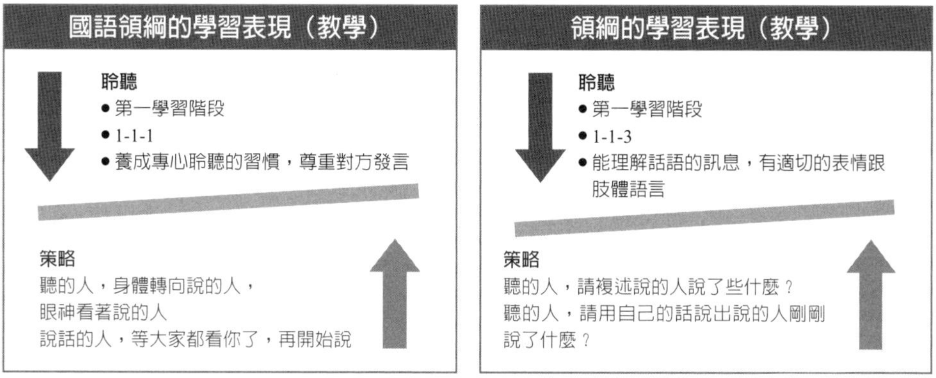

圖 4-5　學生的學習表現 (1)

學習語錄 095　學習共同體的國語課堂，尊重每一位學生的想法！

領綱的學習表現（教學）

聆聽
- 第二階段
- 1-2-1
- 聆聽時能讓對方充分表達意見

策略
老師串聯：我好奇他的想法，我們先聽他說完

領綱的學習表現（教學）

聆聽
- 第二學習階段
- 1-2-3
- 說出聆聽內容的要點

策略
老師串聯：聽到什麼關鍵字詞？
老師串聯：用你的話說出剛剛聽到的重點可能會是？

領綱的學習表現（教學）

聆聽
- 第二學習階段
- 1-2-4
- 根據話語情境，分辨內容是否切題，理解主要內容和情感並與對方互動

策略
老師示範：所以你的意思是說……
老師串聯：我好奇你會這麼說的原因來自於……

領綱的學習表現（教學）

聆聽
- 第三學習階段
- 1-3-1
- 能夠聆聽他人發言，並簡要記錄

策略
老師示範：用不同顏色的筆記錄關鍵字詞或是聯想、感受

領綱的學習表現（教學）

聆聽
- 第三學習階段
- 1-3-2
- 聽出不同語氣，理解對方所傳達的情意，並與對方互動

策略
老師示範：你的意思是……，我的想法和你相同或不同，因為……

領綱的學習表現（教學）

口語表達
- 第一學習階段
- 2-2-5
- 與他人溝通時能注意禮貌，並養成說話負責的態度

策略
老師示範：眼神、姿態、給予同學回應與認同，或是再次提問，以確認彼此想法的關聯

圖 4-5　學生的學習表現 (2)

學習語錄 096　學習要從互相建立的學習情感，到互相信賴獲得了成就感。

(二) 掌握原則與價值觀

研究者109年4月擔任Teach For Taiwan線上培訓課程「國語科差異化教學策略案例分享」講師，有一位TFT教師提到，嘗試在課堂上運用提問讓學生回答想法、確認學習狀態以後，要如何進一步達到學生和學生的共鳴交流？原則上，建議教師先做示範：「我的想法和○○同學一樣，是因爲……」或「我的想法和○○同學不同，是因爲……」，示範後，學生必須以辨別自己與前一位發言者的想法相同或是不同爲開始，進一步達成學生與學生的基本串聯，教師的心，此時務必要「懸」而不答、不做評價，只需要觀察與聆聽，觀察學生有沒有將此技巧運用在小組對話，等待學生習慣此種回應的方式，掌握「教師示範串聯－學生運用－學生轉化－學生內化」原則。

一般而言，課堂上的理解有二種層面，一種是「明白」，另一種爲「心領神會」。教師在傾聽學生表達後，常以「我明白你的意思」爲理解；欣賞、品味學生發言的理解脈絡，是共感的傾聽，是教師發自內心的情感表現；共感的理解，是在傾聽時，體會說話的人表達想法背後複雜思緒的「心領神會」。例如：「原來如此！」「說得眞好！」「你的想法好有趣！」透過「明白－心領神會」將共感融入師生對話互動，提升學生在對話時的共感情緒，師生共感油然而生！（圖4-6）

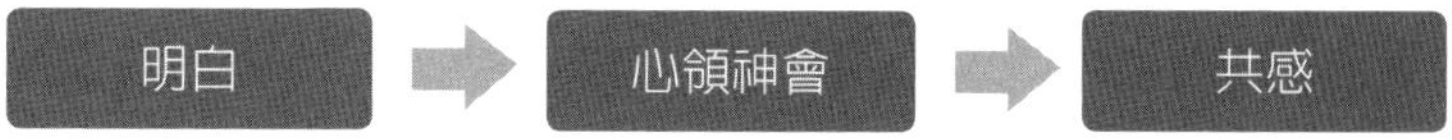

圖4-6　課堂理解的流程圖

學習語錄097　學習共同體用對話的方式學習，讓學生思考以前沒有想過的問題。

第三節　發展觀察兒童的二種視角

教師應發展出觀察兒童的二種視角，一種爲觀察成長蛻變的視角，另一種爲觀察夥伴關係的視角，觀察此二種視角，有助於了解學生每一天的學習狀況及生活全貌。

一 觀察學生成長蛻變的視角

學習共同體教室中交響的課堂，像是將一顆石子投入水中泛起的漣漪，反映著課堂中學習生成的過程。這個過程，需要藉由教師的串聯使學生的學習擴展，產生連續不停歇的漣漪，因此，教師必須持續的關注學生，以及傾聽學生。

(一) 教師夥伴長期觀課記錄學習方法

學習共同體的理念之中，學校從內部改變最大動力在於以教師作爲專家，校內教師構築相互聯繫且互相提攜的「同僚性」（collegiality）關係後，將有助於學生伸展跳躍的「協同學習」。學習共同體重視教師的同僚性，教師之間也可以構築相互學習的氛圍。

1. 每一天放學後和教師夥伴的回饋與檢討

研究者在放學後，常將自己的感動與體悟記錄在手機備忘錄中，哪怕只有一點點的空餘時間，總會與夥伴教師談談學生今天的狀況，以及教學後學生的反應，給予相互修正的空間。研究者進行的教學實踐，在每個細節的反思中，琢磨值得保留價值之處，然後溫柔的堅持。例如：是否給予學生最大程度的尊重，與家長對話時反應學生行爲狀況的話語拿捏是否準確？在與夥伴教師長期相互分享班級學生的感動與艱辛後，教師彼此的信任及對願景的認同，有助於未來觀課後修正檢討的聚焦，例如：授課中，研究者時常蹲在學生小組對話的側邊傾聽，或是站在特殊生身後給予支持，在每一學期公開課後的議課回饋，總能讓研究者更清楚看見學生的學習軌跡和學習策略。

2. 每一次觀課後的課程慎思時間

歐用生（2013）提出課程慎思應該以學習爲中心，由教師、學生、課程設計、知識、環境爲構成，老師們針對一個單元，一起備課、教學，並於共同觀課後，一起進行課程慎思和檢討，檢討學生反應、檢討教師教學模式、檢討課程設計內容、檢討知識和學科本質的方向、檢討教師是否營造安心學習的環境，進行理解的對話與溫柔的交流。如果有固定的教師夥伴觀察課堂事件、呈現課堂事實，提供課堂事實給授課老師、校準課程設計、知識、環境是否以學習者爲中心，透過長期的觀課和觀察記錄，針對同一學生，或是相同課題面對不同學生的反應，必定有助於授課者檢視課程設計與學生學習的成效（圖 4-7）。

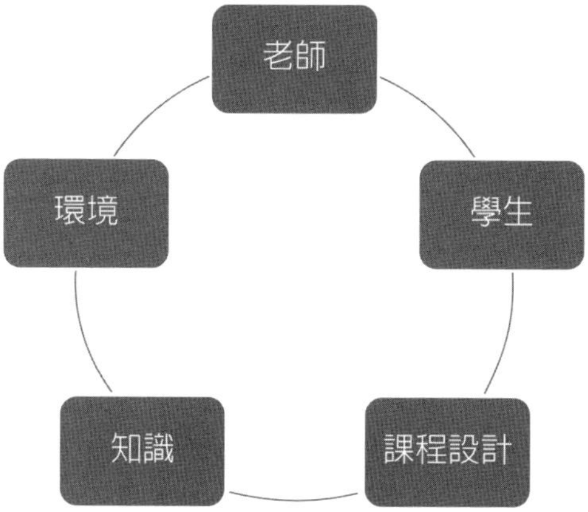

圖 4-7　課程慎思示意圖

學習語錄 099　學習共同體的每個學生都受到夥伴的關照，安心的學習。

(二) 透過不同層次提問確認學習進展

由課堂提問確認學生學習狀態，可以將因材施教的願景實現在日常。提問過程以終爲始，由教師主導提問五層次（圖 4-8）：

1. 爲了學會「複述」夥伴的想法

每一天讓學生在課堂小組和全班面前練習表達和聆聽，並且說出聆聽的內容。

2. 爲了學會「解釋」夥伴的想法

每一天讓學生在課堂小組和全班面前練習並確認「你的意思是不是…？」

3. 爲了學會「比對」夥伴和自己的想法

每一天讓學生在全班面前練習說出自己的想法和夥伴想法相同和不同之處。

4. 爲了學會「整合」所有夥伴的想法

每一天讓學生在聆聽發言夥伴想法以後，說出比對歸納後所有夥伴的想法。

5. 爲了學會「反思」

整合夥伴想法後，最重要的是釐清自己想法的正確度還有延伸性思考，如果學生表現出透過觀察、聆聽、接收訊息、建構意義、最後釐清與創造意義，則已達成國語領綱的聆聽與口語表達國小高年級的學習表現。

每一天讓學生在小組和全班表現聆聽與口語表達的能力，研究者必須

圖 4-8　課堂提問概念流程圖

學習語錄 100　學習共同體的願景是不放棄任何一個學生。

專心聆聽，然後辨認每一位學生的學習進展，察言觀色地點名提問，會是確認學生學習進展的一種策略，研究者可藉此確認學生的學習狀況。

透過將以下的課程提問設計結合上述提問五層次，依據每一階段希望學生表現的指標，教師設計適合的提問，使學生達到國語領綱其他各項學習表現（識字與寫字、標音符號與運用、閱讀、寫作等）。

(三) 學習共同體的課程提問

學習共同體的課程提問分爲三層次（文本結構的提問、共有課題的提問、伸展跳躍題的提問）（圖 4-9、4-10）：

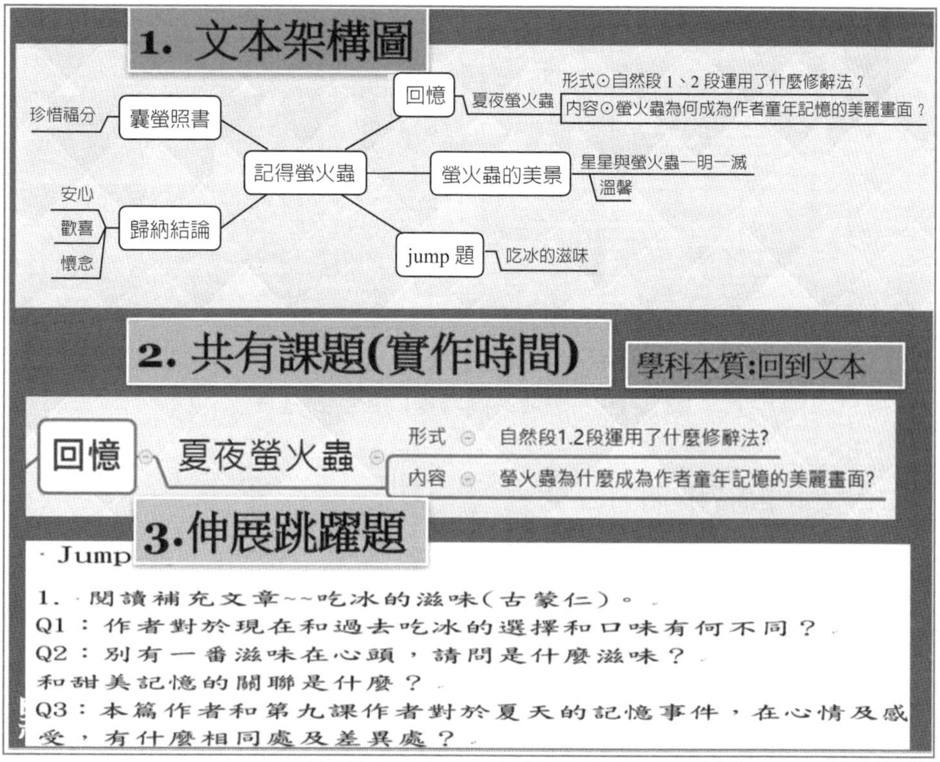

圖 4-9　學習共同體提問層次

學習語錄 101　努力不懈是學習的武器，夥伴是學習的靠山。

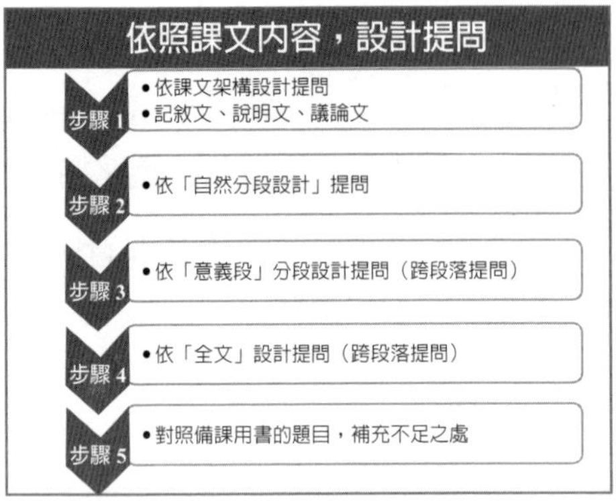

學習共同體提問設計流程圖

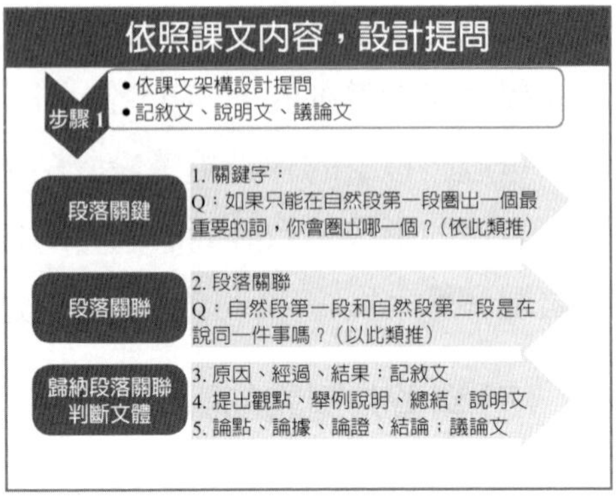

步驟 1

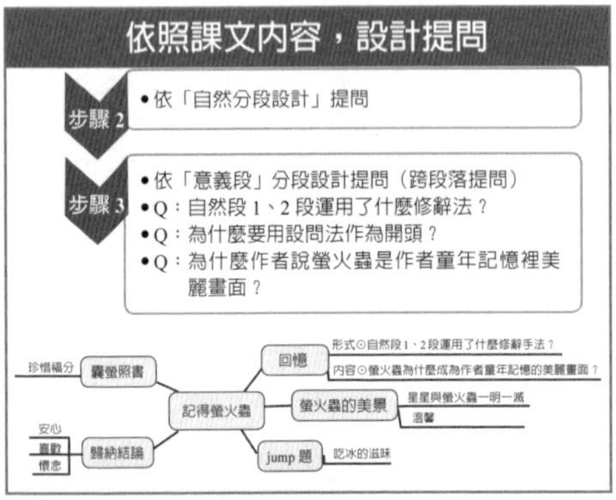

步驟 2、3

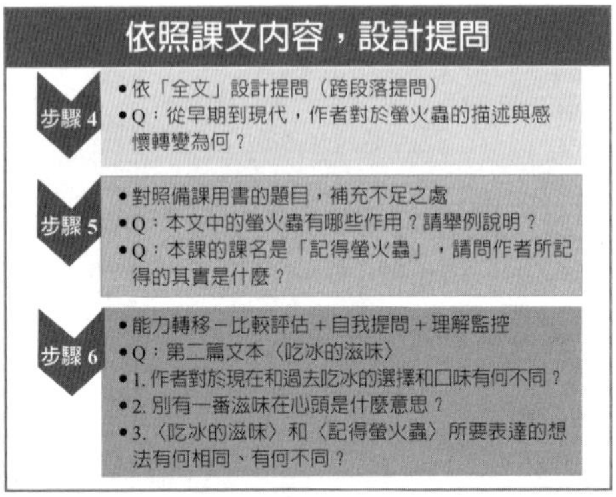

步驟 4、5、6

圖 4-10　學習共同體提問設計流程圖

1. 文本架構的提問

國小低年級學生要有「重述故事」的能力：配合故事體的結構（起因、經過、結果），以及六何法（人、事、時、地、物、爲何、如何）提問課文內容，讓學生可以學會重述故事的方法。

國小中年級學生要有「段落大意」的能力：透過歸納主題句、刪除法等閱讀理解策略完成段落大意。配合文體的結構，提問偏重「歸納」段落中「相同型態」的敘述句，以呈現內容大意。

學習語錄 102　學習共同體的美，是學習過程中發現遍地開花的美好。

國小高年級學生要有「課文大意」的能力：有能力摘要段落大意後，開始練習自然段歸併意義段，完成全文大意。

2. 共有課題的提問

將文本內容選取合適的提問層次（直接提取訊息、推論、詮釋整合、比較評估層次），可以嘗試跨段落的提問設計，讓學生可以理解課文的形式與內容；也可以讓六年級學生嘗試「自我提問」（事實性自我提問、推論性自我提問、整合性自我提問）。

3. 伸展跳躍題的提問

伸展跳躍題是鷹架，也是在認知結構理論中有助於提升認知發展層次最重要的部分，透過教師提問設計和夥伴協同學習，有助於學力提升。

二 觀察彼此夥伴關係的視角

學生有安穩的夥伴關係，有助於學習的穩定；有了相互關照協同學習的關係，學生會勇於求救、勇於說出自己不懂之處，在伸展跳躍題上才能有所突破與成長；有了夥伴的支持，就能擁有堅持到底、永不放棄的決心和毅力。

(一) 上課觀察夥伴對話樣貌

在學習共同體的理念中，教師在課堂前的備課準備度愈高，課堂上搭建學生鷹架的有效串聯也愈高，在協同學習和學習策略引導下，教師可以觀察夥伴之間對話的樣貌，讓學習由一對整體的學習方式，轉變爲一對多的學習方式，達成差異化教學的效果。

(二) 下課觀察夥伴活動脈絡

下課時間是研究者看見學生眞正個性的時間，包含學生對夥伴說話的語氣、動作、脾氣和情緒表現，研究者時常在不同階段比對學生上課和下

學習語錄 103 討論時每一個人的意見都很重要，要尊重每一個人的想法。

課的差別。運用學習共同體的協同學習，教師將會看見不再有學生下課時間落單；觀察學生下課時間的互動狀態，教師可以看見學生的人際關係群聚網絡。一旦研究者發現網絡出現改變，研究者會開始友善的關心學生之間的交友狀態，生活中微妙的關係將會影響學生學習上的穩定度及行為問題的產生，在下課觀察夥伴活動脈絡，使教師能夠適時預防學生互動的衝突與行為問題的產生。

第四節 創造和諧交響的課堂關鍵

教師的鼓勵與讚美，可以讓學生自在的說出不懂之處；教師的以身作則，給予學生全面的尊重，可以讓學生尊重彼此的發言，創造出和諧交響的課堂。

一 鼓勵學生說出不懂之處

教師在課堂營造出讓學生安心的學習氛圍，夥伴之間溫柔關照不懂的夥伴；教師的接納示範，讓夥伴願意接納彼此；教師適時的讚美，能鼓勵學生願意說出不懂之處，教師更要讚美無法表達正確答案卻「勇於表達、願意發言」的學生。

(一) 讚美學生的表達內容

研究者在接觸學習共同體之前，認為教師本來就會時常讚美學生的表達，接觸學習共同體之後，才驚覺，讚美學生表達的目的，除了讚美說出正確答案的學生，更應該要讚美無法表達正確答案卻「勇於表達、願意發言」的學生。因此，學習共同體的讚美，是「全面性的讚美」，意思是即使學生無法回答正確答案，研究者也要給予讚美。每一個人的答案都值得我們聆聽和學習，用「你的理解到這裡」，以及「我很好奇你的答案來自

學習語錄 104 學習聆聽在課堂上是重要的一件事，因為聆聽是學習的開始。

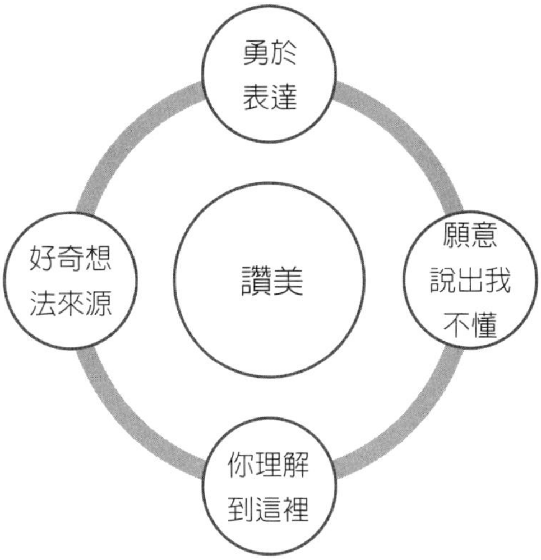

圖 4-11　讚美學生的方式

於課本上的哪個部分呢？我們還想要多聽一些」、「謝謝你給我們學習的機會」等，讚美的方式是「不帶評價」的鼓勵，達成相互聆聽與尊重相異答案的修養學習（圖 4-11）。

(二) 溫柔關照不懂的夥伴

「若無其事」的關心，是最溫柔的關心，搭配學習共同體的「個人作業的協同化」（意思是可以個人思考就直接個人思考，需要求救的時候，夥伴永遠在你身邊），達成溫柔陪伴相互關照的學習氛圍，支持彼此的成長。研究者在課堂上的引導流程如下（圖 4-12）：

1. 鼓勵說出不懂的地方

研究者說明學校是相互學習的地方，所以「不懂」是非常正常的狀況，只有自己主動說出不懂的地方，才會對學習有幫助，因爲沒有人知道你卡住的地方，所以主動求救會讓自己進步。

學習語錄 105　建立「你可以教我嗎？」的相互請教學習關係。

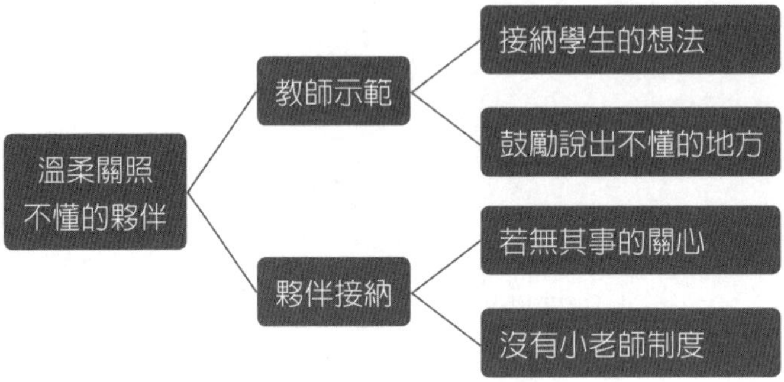

圖 4-12　溫柔關照不懂的夥伴的方法與策略

2. 沒有小老師的制度

要有自己可以脫離泥沼的能力，所以遇到不會的地方要直接尋求夥伴協助，如果有學生詢問研究者問題，研究者會先請學生嘗試去找其他夥伴求救，如果真的無法理解可以回來找研究者。研究者發覺在學生主動求救夥伴的過程中，練習了主動學習能力、表達能力、澄清能力、聆聽能力，以及人際關係的建立，透過課堂上和生活中主動求救的練習，讓夥伴重新認識彼此。

3. 教師也會有不懂的地方

教師有時候要示弱，讓學生知道教師也是每天學習，每天向學生學習、每天向學校的其他老師學習，這是我們每一天在學校的原因，每一天都要向他人學習。

4. 數學課觀察學生面對不懂時的反應

一般而言，研究者點名上臺「說數學」是爲了呈現答案相同但是列式不同以刺激思考，但是在一開始要讓學生用平常心練習面對「大家都有不懂的時候、大家都會有說錯的時候」。研究者先挑選了一位列式有誤的學

學習語錄 106　小組學習是爲了探究未知，不是講大家都已經知道的知識。

生上臺說數學，預期中的事情發生了，說數學到一半，有夥伴發覺臺上同學寫錯了（題目是計算一個正方形內扇形的周長，該生計算扇形弧長後忘記加上二條半徑），於是該生發現後說出「喔！我忘記了」在臺上直接更正。面對此種預期中狀況，研究者的應對是「謝謝夥伴給了我們學習的機會，今天明怡老師學到很多，謝謝！」

5. 國語課接納學生的想法

「你的理解到這裡，很棒！」「我好奇你的想法是來自於？」「還有其他的想法嗎？」「你的想法和上一位同學的想法一樣還是不一樣呢？」重視想法過程產生的原因、重視由不懂到懂的過程轉變，鼓勵學生思考與全面接受學生的一切。

6. 教師的接納示範，讓夥伴願意接納彼此

教師在課堂上經歷 1. 到 5. 的流程後，接下來就是以身作則溫柔對待的示範，從教師接納的語氣與態度中，讓全班夥伴安心說出不懂，貼心相互關照的氛圍出現，成爲「自在且若無其事的關心」。

二 尊重每位學生的發言權

教師全面的尊重每一位學生的發言權，給予平等的學習權，在相互關照、尊重的學習氛圍中，一切以專注聆聽、眼神聚焦開展學習，自在的提出自己的想法與觀點，有助於達成交織、共鳴和交響的學習。

(一) 眼神聚焦

「說的人，等聽的人都看你了，再說」是研究者練習學生眼神聚焦的第一步，也是尊重他人發言表現的第一步。佐藤學教授提到「在教學過程中，每個學生是否得到了尊重，只需在教室裡聽聽他們的聲音就能馬上判斷出來。在每個學生的個性都受到尊重、每個學生的學習都受到鼓勵、產

學習語錄 107 小組對話中，不是進行相互教的關係，而是進行相互學的關係。

生了相互學習氛圍的教室裡，學生的身體都很放鬆，大家都能溫和的、誠懇地進行交談。」由教師示範，教師必須專注的、鄭重的聆聽學生發言，等全班都能夠有意識的轉向發言的人以後，研究者轉而在意的是當有人在說話時，其他同學的反應是什麼。例如：全班縱使眼神聚焦在說的人，研究者可以由眼神判斷聽的人有沒有在思考，如果發現只是外顯的眼神聚焦，在下一次有夥伴發言時，研究者會提醒聽話的人要抓取說話的人內容的關鍵字，然後提醒我們要尊重每一位夥伴，而且要持續向每一位夥伴學習，「尊重、聆聽、夥伴、堅持」是我們的教室願景。

(二) 聆聽想法

要達成「探究」的學習，不能只有「說的關係」，必須要有「聽的關係」，如果只有單方面的單向講述，或是相互說出已經懂的地方，是無法達成探究。研究者會對學生說：「理解自己的懂，思考自己的不同，我們要從差異中學習。」因此研究者期待看到的課堂，是聆聽差異性內容、相互尊重，教師要以身作則，聆聽學生與教師言語脈絡有所差異的語言，教師以身作則的接納與尊重，尊重每個學生的差異，讓學生也會開始相互尊重些微差異的表達，讓學生在安心學習與願意說出不懂的環境中學習。

(三) 提出觀點

科任課教師們時常選擇研究者班級作爲公開觀課的班級，研究者好奇科任教師的想法，得知原來是因爲研究者班級學生不會擔心說錯，所以課堂發言踴躍，面對說錯答案的時候，也不會有其他夥伴給予任何評價，另外，在班上說話的人表達精彩時，全班夥伴不約而同一面讚嘆「哇！你的想法好棒」一面拍手給予鼓勵。

當學生在安心和放心而且遇到大家都不懂的難題的時候，進行意見交流時易於一面思考一面說出自己的心裡想法。在一個柔軟、相互關照、

學習語錄 108 小組對話中，要一起探究新知識。

尊重的學習氛圍中，大家沒有二心、不多想，一切以專注聆聽、眼神聚焦開展學習，自在的提出自己的想法與觀點，激盪彼此的學習想法，達成交織、共鳴和交響的學習。

第五節 學習成立的三要素

佐藤學教授提出學習成立的三要素，包含符合學科本質的學習、建立學習共同體協同的學習關係，以及設計難度伸展跳躍題。其中，協同學習將學生與課程、學生與學生串聯得愈緊密，學習的效果愈顯著。

一 符合學科本質的學習

(一) 語文領域的學科本質

語文領域的學科本質是「回到文本」，必須要讓學生一再咀嚼、持續品味文章中作者想要表達的想法，透過協同學習「深入」學科的本質，讓學生有機會從中領略作者的立意。接續，將文章的理解與策略運用在其他文本，進行挑戰，也就是將概念與能力結合，成功進行學習遷移，達成自學。

當教師設計提問後（課程設計），務必要熟知課程的內容及提問要達成的目標（教室實踐），在協同學習的過程中，聆聽與表達搭配老師的有效串聯，達成共有課題的學習，最後進入伸展跳躍題，再一次的調整課堂節奏與學習強度，讓老師與夥伴助學習一臂之力，教師則藉此過程反思（圖 4-13）。

(二) 數理科的學科本質

數學科的學科本質是「說出數學概念、運用策略與解決問題」，教師

學習語錄 109 在安心的教室裡，每一個人都可以安心的問不懂的問題。

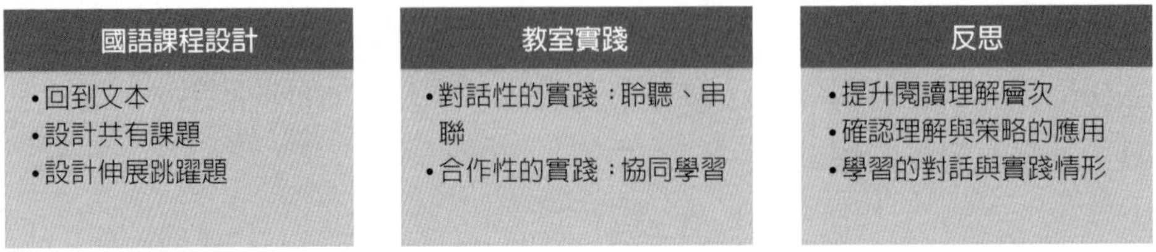
國語課程設計
•回到文本
•設計共有課題
•設計伸展跳躍題
教室實踐
•對話性的實踐：聆聽、串聯
•合作性的實踐：協同學習
反思
•提升閱讀理解層次
•確認理解與策略的應用
•學習的對話與實踐情形

圖 4-13　語文領域的課程設計與教學實踐

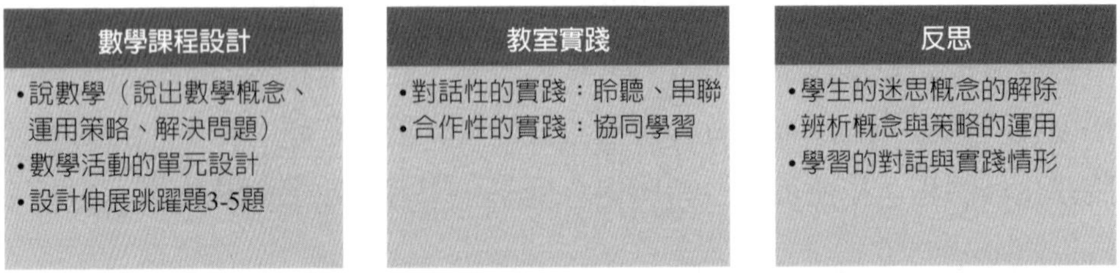
數學課程設計
•說數學（說出數學概念、運用策略、解決問題）
•數學活動的單元設計
•設計伸展跳躍題3-5題
教室實踐
•對話性的實踐：聆聽、串聯
•合作性的實踐：協同學習
反思
•學生的迷思概念的解除
•辨析概念與策略的運用
•學習的對話與實踐情形

圖 4-14　數學課程設計與教學實踐

設計伸展跳躍題以後，經過小組協同學習，讓原本不會而最後學會的學生在課堂上「說數學」，或是讓不同解法的學生上臺「說數學」，說出數學概念、說出迷思、說出策略及解題法，過程中可以隨時發問，釐清細節，相互關照彼此的學習，在等待和支持中，進行全班協同學習（圖 4-14）。

二 建立學習共同體協同的學習關係

(一) 聆聽要領與方法

學生在聆聽夥伴說話時能夠「聽出差異」，從「差異」中學習，帶來多樣性及更爲豐富的課堂。在此之前，必須要先掌握聆聽的要領，意即在同一主題的討論之中，能夠聽出語音、語氣、語意、立場；以及運用記錄、記憶、歸納、比對、架構分析、推論、評價等方法進行聆聽；最後，每一次的課堂，透過四層次的聆聽策略「理解」的聆聽（理解夥伴想法）、「整合」的聆聽（比對自己和其他夥伴的想法）、「反思」的聆聽

學習語錄 110　夥伴相互支持彼此的成長，讓學習變得不再困難。

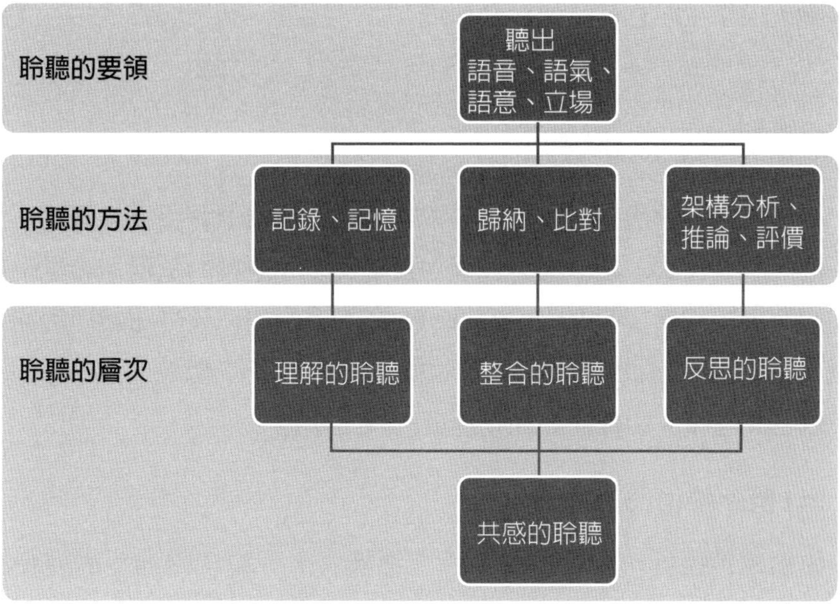

圖 4-15　聆聽的三個階段

（自省想法），最後達成「共感」的聆聽（情感穩定），達成由「差異中學習」、「擴展學習視野」的目標（圖 4-15）。

(二) 接受要領與方法

從聆聽開始的課堂、教師串聯、師生對話、回歸文本的流程，運用個人學習與協同學習（小組學習、全班學習）相互交叉，透過「主體式的對話學習」（active learn）主動建構知識的過程，讓學生主動學習。此課堂由以「教」的學習方式轉變爲以「學習者」爲中心的方式，將自主學習、協同學習運用在課程中，呈現問題解決能力、溝通能力、邏輯推理能力等，達成眞實性的學習樣貌。在課堂中，或許不會在每一堂課都出現火花式的交響學習，但是由「聆聽是學習的開始」，讓學生接受彼此原本的眼神、聲音、語氣，透過記憶性、思考性、概念解構的課程設計與教師課堂

學習語錄 111　和夥伴一起討論的時候，就算沒有辦法解出答案也沒有關係，因爲我們一起努力的學習。

的串聯，讓學生願意嘗試與接受似懂非懂、差異、衝突與夥伴相互學習的樂趣。

三 設計難度伸展跳躍題

學習共同體解構教材、分析文本時，必須將概念轉化為挑戰題，然後運用協同學習方式，讓教師看見學生對話與多元思維的呈現、看見學生相互回應與思辨和學習的聚焦、看見學力高的學生如何詮釋閱讀理解或是數學概念給學力中低的夥伴、看見學力低的學生願意學習是來自於夥伴的支持與學習的趣味，由此達成深化理解的課堂學習。

(一) 概念轉化為挑戰題

佐藤學教授提出課程組織分為二種樣式，一種為階梯型的課程，由老師決定學習的路徑與方法，以攻頂為目標；一種為登山型的課程，在多樣性的路徑中愉快的享受學習的經驗，即使最後無法登峰造極，學習的經驗本身就是價值。在現場教與學的經驗中，研究者以固定的解題方式與課本流程完成課程後，學力高的學生認為題目過於簡單而無興趣、學力中等學生認眞解題、學力低的學生因聽不懂而模仿解題或是直接離開學習。加入協同學習之後，學力中等的學生開始請教學力高的學生，以及回應學力低的學生問題，但仍無法解決學力高學生的無趣感，以及部分學力低學生的無力感。當研究者開始轉換模式，備課時釐清單元主要概念後，設計有難度的挑戰題（伸展跳躍題），在課堂上說明或操作具體物讓學生理解數學概念後，發下一題有難度的數學題目，讓學力高的學生動起來、讓學力中的學生絞盡腦汁、讓學力低的學生嘗試進行登山挑戰。將概念、探究、表達的課程結合活動與協同學習，學習經驗是登山中不期而遇的相遇與對話，價值在於聚焦學習（圖 4-16）。

學習語錄 112 讓學生有著「擁有夥伴的眞」、「尊重和聆聽的善」、「永不放棄之美」。

階梯型課程	登山型課程
• 由教師決定學習路徑與方法 • 以攻頂為目標	• 在多樣性路徑中享受學習經驗 • 學習經驗本身即為價值

圖 4-16 階梯型課程與登山型課程
資料來源：鍾啟泉（2004）。

(二) 運用協同學習方式

兒童的學習樣態分爲個人學習、協同學習、個人化協同學習（同步學習）。協同學習是達成課堂對話實踐的重要方式，理念爲主動學習（沒有獎懲）、互惠學習（沒有小組長）、隨機學習（隨機分組）、平等學習（沒有任務分組）；方法爲調整適合學生面對面的對話座位、從給予充足的時間、給予有難度的挑戰題，有助於形成對話式的課堂。過程中，教師要特別關注行爲上無法參與協同學習、情感上無法進入協同學習，或是認知上無法進入學習的學生，教師要做的不是直接介入小組，如此會直接切斷該生與小組夥伴的聯繫，教師必須運用策略串起該生與小組的連結，例如：站在該生的後面給予支持，以及在課後了解該生不參與的原因，以確認運用何種方式協助該生進入小組對話（圖 4-17）。

在聆聽、串聯、回歸的策略中，透過協同學習達成以下學習樣貌：（圖 4-18）：

1. 教學模式的轉換

讓教師由「說爲主、聽爲輔」的教學模式，轉變成「聽爲主、說爲輔」的教學模式，依據學習金字塔顯示，學習者透過將知識轉教給別人，在二週後仍會記得 95% 的知識內容。在數學六下「雞兔同籠」的問題，研究者曾經詢問過一位學生，有三位夥伴向他求救，這三位夥伴無法理解之處是否相同？該生回答都不相同，然後我和該生討論這三位同學迷思之處，

學習語錄 113 有了夥伴關係，讓學生願意問到懂爲止，聽到會爲止。

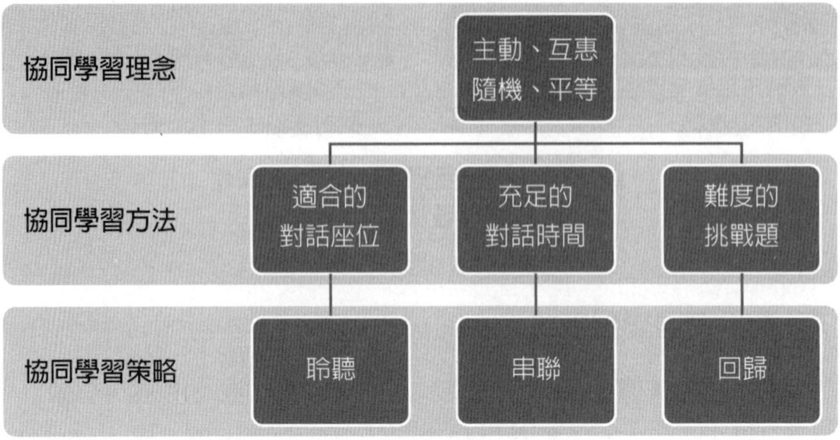

圖 4-17　協同學習的理念

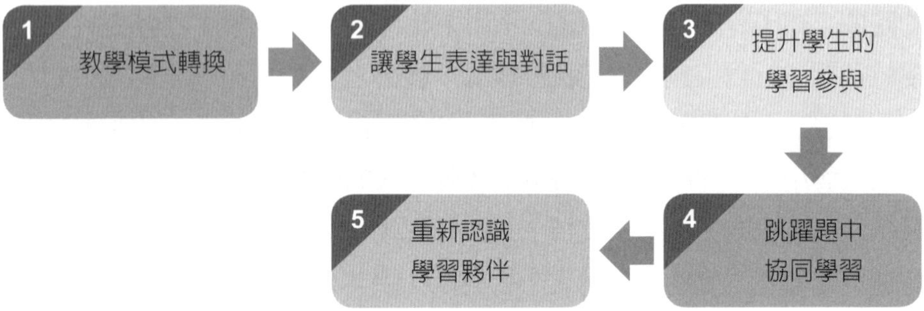

圖 4-18　協同學習實施示意圖

最後，研究者問他在這個過程中有什麼想法？該生回答必須要一直嘗試不同的敘述和表達，甚至舉例以協助夥伴理解，最後該生說學習最多的是自己。

2. 讓學生表達與對話

讓學生有更多的對話與表達的機會，透過夥伴相互學習，先解決部分不懂的問題。由於教師無法一一詢問學生想法，因此透過觀察小組協同學

學習語錄 114　建立學習夥伴關係，讓夥伴溫柔有耐心的聽學習者說話。

習的對話狀況，可以先就基礎的題型進行夥伴協同解題；對於非常主動一直想要舉手回答的學生，也鼓勵他先說給小組內的夥伴聽，相互學習。

3. 提升學生的學習參與

在共有課題中，協同學習提升學生的學習參與度。在講述型的教室，學生眼神時而看著教師、時而看著教材，教師無法確認學生的學習參與度，但是以協同學習的方式，四人以下的小組，在教師的關注及夥伴的發問下，可提升學生的學習參與度。

4. 跳躍題中協同學習

在伸展跳躍題中，協同學習讓學力低的學生得到學習平等權。有一位學力低的學生始終無法進入學習，當研究者第一次發下一張只有一題的學習單——數學的伸展跳躍題時，這位學生的表情愣住，因爲她發現連班上的第一名都說不會這一題。研究者記得很清楚，那一天是 2016 年 10 月 18 日，從這一天開始，這位學生明顯的開始願意問問題，連課後的永齡希望小學輔導教師也從這一天「發現」這位學生開始發問，從此以後，每一天，這位學生即使上課聽不懂，也不會放棄自己、放棄學習。

協同學習有機會在課堂上看見學生對話與多元思維的呈現、看見學生相互回應與思辨和學習的聚焦、看見學力高的學生如何詮釋閱讀理解或是數學概念給學力中低的夥伴、看見學力低的學生願意學習是來自於夥伴的支持與學習的趣味，由此達成深化理解的課堂學習。

5. 重新認識學習夥伴

在學習的語言中，協同學習讓學生重新認識夥伴的樣子，弭平先入爲主的觀念。希望每一位學生都可以放下以前的學習包袱、人際包袱，在學習共同體的教室讓夥伴重新認識彼此；希望每一位學生在課堂學習時，教師不須辨別學生是屬於家庭弱勢或高社經背景，而是平等對待每一位想要學習的學生。研究者在 2015 年重回導師身分，接了一個六年級班級，一年後，學生說很捨不得和這一群相互扶持的夥伴分離；夥伴之間，不因爲夥伴身上有異味、不因爲身體不完整、不因爲夥伴個性而放棄與夥伴學習；在學習的語言中，每一位學生都是平等的個體，教師和學生尊重教室的每一位學習者，只要勇於嘗試、努力學習與挑戰，不放棄身邊夥伴，教師和夥伴總會給予大大的鼓勵與支持。

學習語錄 116 非常會聆聽的學生，在夥伴上臺解題時會注視著對方。

第 5 章

學習共同體的班級特色

本章重點

本章內容包括家長和班級科任教師將會看見學生學習態度的轉變，以及學生學習成效的展現；長期實踐學習共同體以後，將會看見學習共同體師生個性與特質鮮明的展現，以及實踐過程理念之共通性與因人而異的特殊性。

學習語錄 117 學習共同體「關照」的價值觀，讓學生未來也會繼續關照其他弱勢的孩子。

學習語錄 118 學習共同體讓學生在每一個生活瞬間都有夥伴的陪伴。

第一節 學習態度的轉變

實踐學習共同體的初期，會由家長回饋孩子面對學習的態度更加積極與投入，教師接續看見教室學習氣氛逐漸和諧；夥伴關係融合後，導師與科任教師的互動與分析學生學習脈絡的對話，讓科任教師發現學習共同體班級教師引導學生刻意練習夥伴關係，以創造學生各方面的高峰經驗，會是學生學習態度轉變的主因。

一 讓家長看見孩子學習態度的轉變

小學中、高年級會面臨重新編班的問題，在編班後的第一次班親會，會是一個和家長交流教育理念的好時機。學生如果願意直接告訴父母親每天的學校生活點滴，家長可以體會到學生眞實的感受，家長必定會在班親會上回饋給教師；如果是比較少與父母談心的學生，研究者藉由學生親自寫一封信給家長，讓家長知道開學後三週的時間中，學生和夥伴們的相處情形，以及一起為了什麼而努力的過程，將會有助於家長對學生學校生活的理解。

學習共同體的班級，在經過研究者的規劃，二年共四次班親會傳達給家長的想法分別是：家長看見孩子的努力、家長感謝孩子身邊夥伴願意一起共學共好、家長了解國語及數學課的進行流程與學習目標（課堂影片）、家長看見孩子課堂表現的進步（課堂影片）。

(一) 第一次班親會活動流程

1. 學生寫信給家長

班親會前一週，學生寫信告訴家長開學第一個月的學校生活，於班親會當天放在座位上（圖 5-1）。

學習語錄 119 國語和數學難度題的挑戰，可以透過學習夥伴一起挑戰。

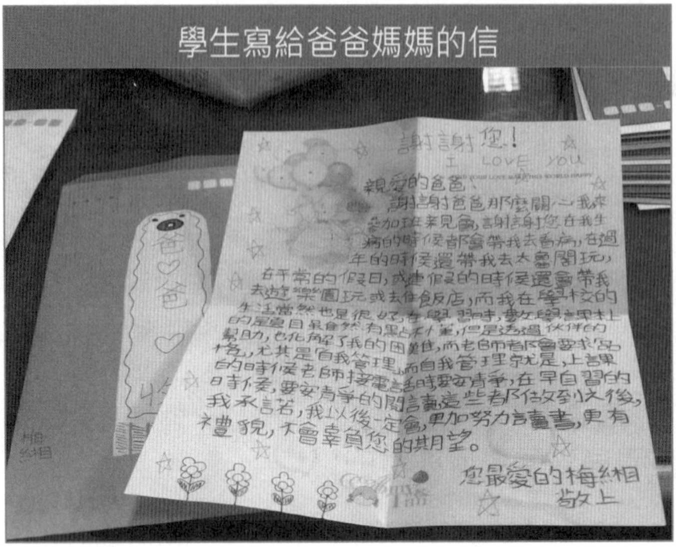

（照片說明：透過夥伴的幫助，化解了我的困難）

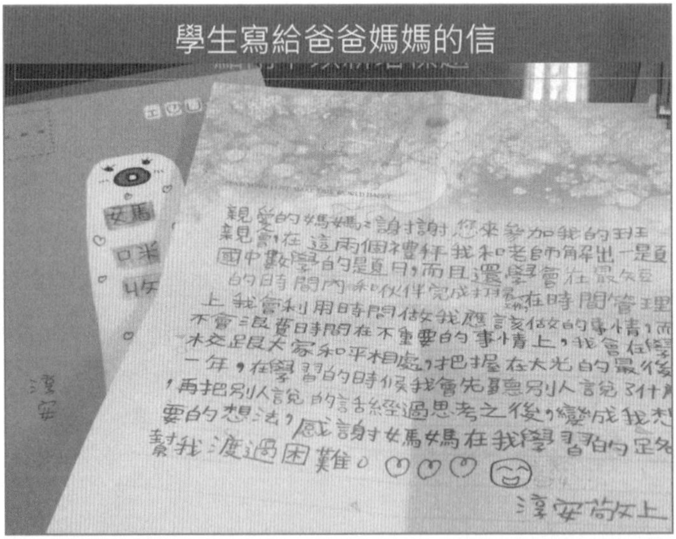

（照片說明：在學習的時候，我會先聽別人說了什麼，再把別人說過的話經過思考之後變成我的想法）

圖 5-1　學生寫給爸爸媽媽的信示意圖

學習語錄 120　教室座位愈緊密連結，學生學習的心就愈安定。

2. 家長回信給學生

鼓勵自己的孩子要繼續和夥伴一起學習、一起努力（圖 5-2）。

3. 教育理念溝通（圖 5-3）

(1) 說明研究者的教室願景（尊重、聆聽、夥伴、堅持），尊重每一位學生的個性與學習，在「和而不同」的和諧課堂支持平等的學習，期待學生畢業時可以擁有適應未來的能力。

(2) 國語課程和數學課程的教學模式與策略（傳遞夥伴關係、練習聆聽能力、國語提問設計與伸展跳躍題、數學概念推展與伸展跳躍題）。

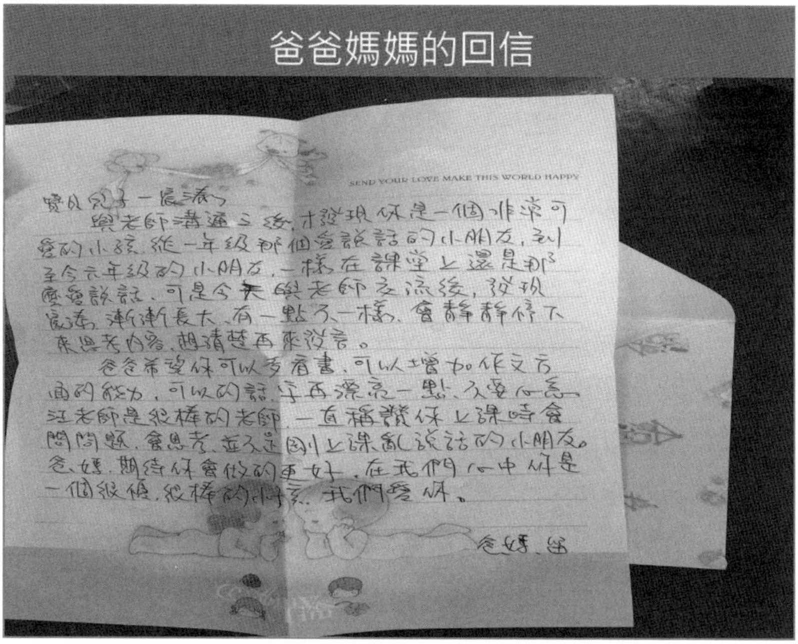

寶貝兒子—宸濠

與老師溝通之後，才發現你是一個非常可愛的小孩，從一年級那個愛說話的小朋友，到至今六年級的小朋友，一樣在課堂上還是那麼愛說話，可是今天與老師交流後，發現宸濠漸漸長大、有一點不一樣，會靜靜停下來思考內容，想清楚再來發言。

爸爸希望你可以多看書，可以增加作文方面的能力，可以的話字再漂亮一點、不要忘記江老師是很棒的老師，一直稱讚你上課時會問問題、會思考、並不是剛上課亂說話的小朋友。爸、媽，期待你會做的更好，在我們心中你是一個很棒、很棒的小孩，我們愛你。

爸媽 留

（照片說明：今天與老師交流後，發現你漸漸長大，會靜靜停下來思考內容，想清楚再發言）

圖 5-2　爸爸媽媽回信給孩子示意圖

學習語錄 121　每一節課的學習都必須和夥伴一起學習。

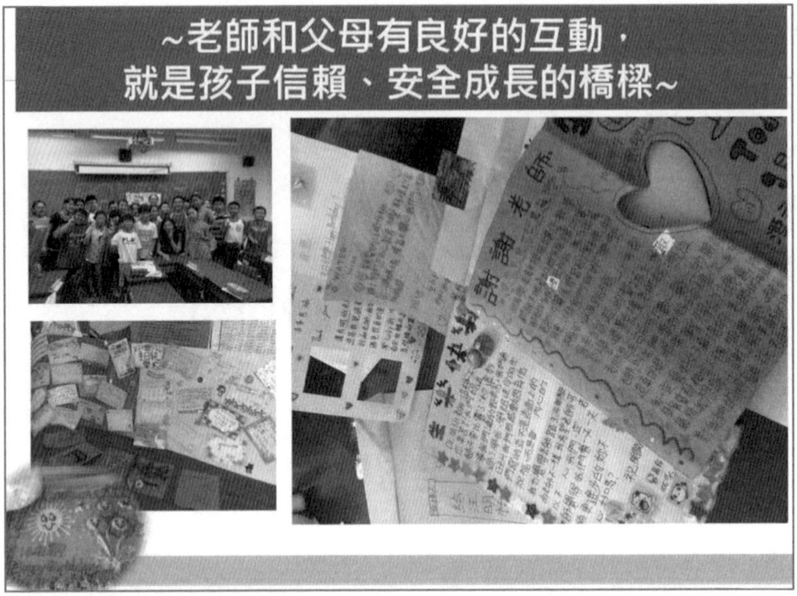

（照片說明：讓家長理解教師教學策略、學生學習策略以提升學生有效學習）

圖 5-3　親師生互動示意圖

4. 家長回饋

家長看見孩子學習變得更主動，孩子說要和夥伴一起努力的主動學習、說要去和同學一樣的補習班、說好喜歡上學。開學第一個月舉辦的班親會，一位家長告訴研究者：「我的孩子說要和全班夥伴一起努力！」另一位家長眼眶含淚的告訴研究者，她的孩子愈來愈喜歡上學，還有，她的孩子平時非常安靜，上了五年級，逐漸開朗有自信，爸媽以孩子為榮；還有一位家長，班親會過後說要親自來學校看看研究者，表示原本自己孩子每天都睡到上學遲到，現在每一天都主動起床說上學很快樂（圖 5-4）。

5. 學生回饋

夥伴很用心的教我，告訴我很多細節；我要努力成為別人的夥伴，讓夥伴說到我懂為止、我要聽到會為止（圖 5-5、5-6）。

學習語錄 122　主動在課堂上說：「可不可以再講一次？我想要再聽一次。」

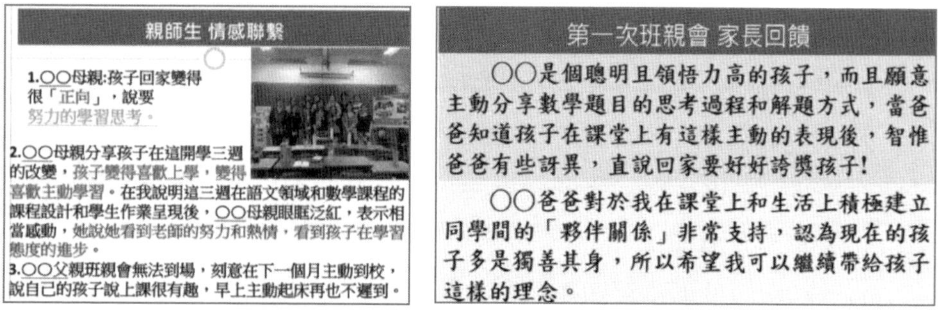
親師生 情感聯繫
1.○○母親:孩子回家變得很「正向」，說要努力的學習思考。
2.○○母親分享孩子在這開學三週的改變，孩子變得喜歡上學，變得喜歡主動學習。在我說明這三週在語文領域和數學課程的課程設計和學生作業呈現後，○○母親眼眶泛紅，表示相當感動，她說她看到老師的努力和熱情，看到孩子在學習態度的進步。
3.○○父親班親會無法到場，刻意在下一個月主動到校，說自己的孩子說上課很有趣，早上主動起床再也不遲到。
第一次班親會 家長回饋
○○是個聰明且領悟力高的孩子，而且願意主動分享數學題目的思考過程和解題方式，當爸爸知道孩子在課堂上有這樣主動的表現後，智惟爸爸有些訝異，直說回家要好好誇獎孩子!
○○爸爸對於我在課堂上和生活上積極建立同學間的「夥伴關係」非常支持，認為現在的孩子多是獨善其身，所以希望我可以繼續帶給孩子這樣的理念。

圖 5-4　第一次班親會家長的說明與回饋

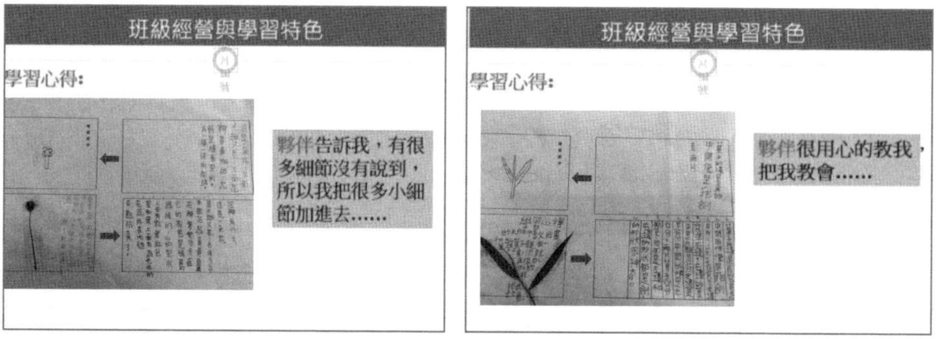
班級經營與學習特色
學習心得:
夥伴告訴我，有很多細節沒有說到，所以我把很多小細節加進去......
班級經營與學習特色
學習心得:
夥伴很用心的教我，把我教會......

圖 5-5　夥伴協同學習心得示意圖

班級經營與學習特色:向夥伴學習

圖 5-6　協同學習示意圖

學習語錄 123　學習「擁有自己的理解，從細小差異中學習」。

(二) 第二次班親會活動流程（圖 5-7 至 5-9）

1. 學生寫信給家長：參加全市樂樂棒比賽和夥伴的努力過程與體會。

2. 家長回信給學生：家長告訴自己的孩子，要好好珍惜這一群照顧彼此的夥伴，一起共學、共好。

3. 教育理念溝通：

(1) 介紹國語伸展跳躍題學習單、數學伸展跳躍題型。

(2) 印證學習模式與策略：全班學生上課影片（國語課、數學課）。

(3) 共學、共好理念。

4. 家長回饋：「一顆星星的夜晚總是孤單，群星相聚才會是最美的夜空。」共學達成共好。

5. 學生回饋：學習共同體讓每個人擁有夥伴。

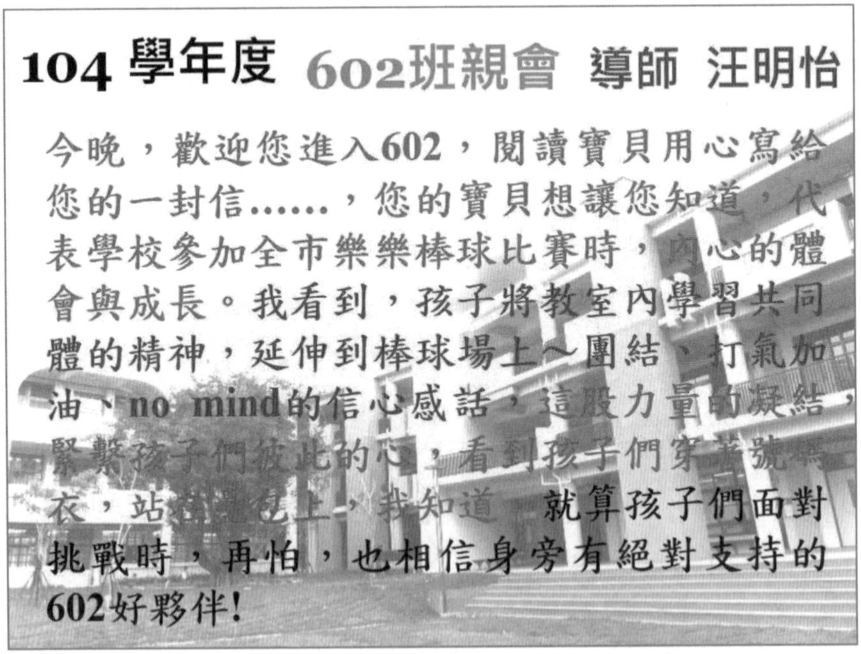

圖 5-7 研究者班親會「開場說明」簡報照片

學習語錄 124 學習是否能夠豐富的展開，要看夥伴是否可以對話和關照彼此。

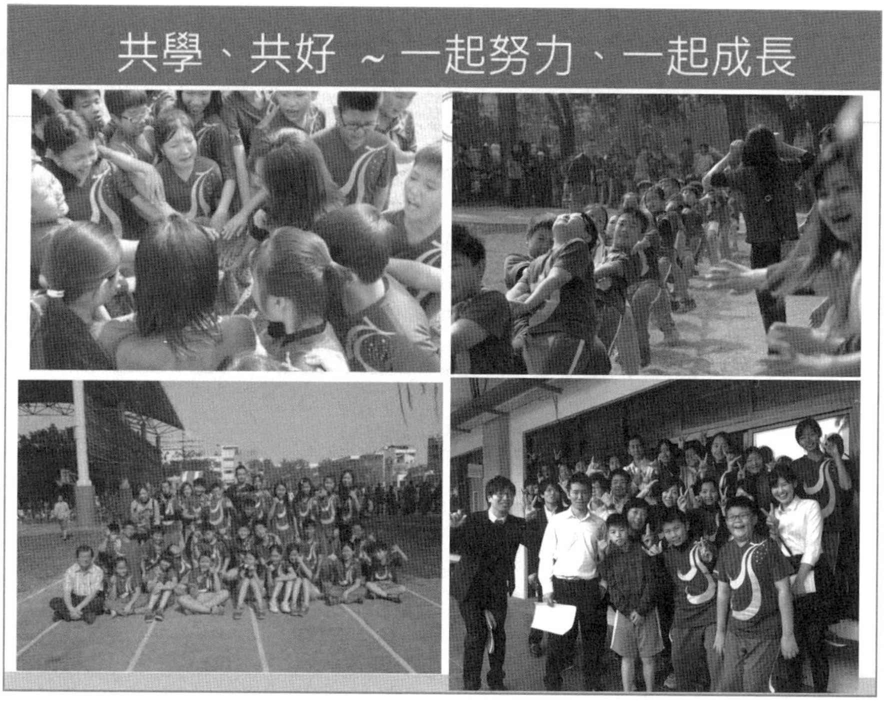

圖 5-8　研究者班親會介紹「學習共同體理念」

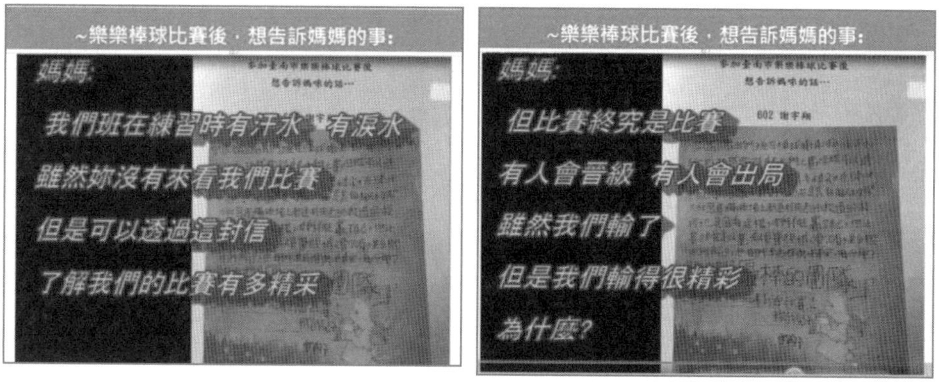

圖 5-9　研究者班親會說明「夥伴關係」(1)

學習語錄 125　學習共同體的課堂，夥伴的陪伴讓學生找到願意努力的理由。

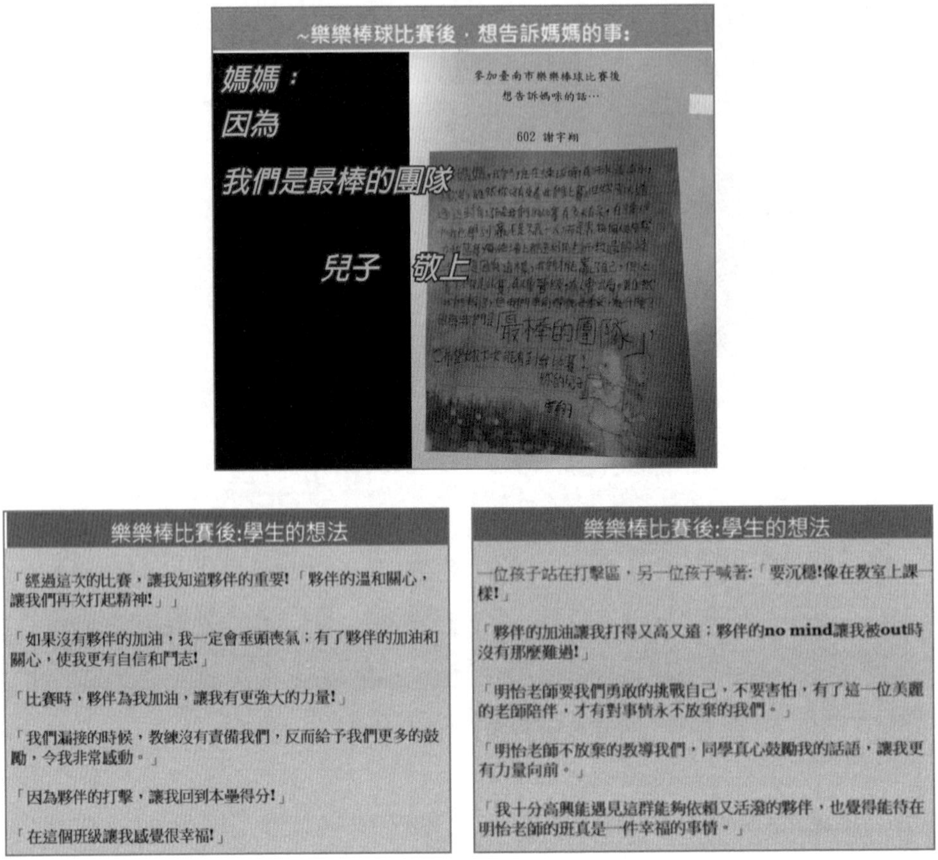

圖 5-9　研究者班親會說明「夥伴關係」(2)

(三) 第三次班親會活動流程

主要活動：請家長觀看上課影片，特別是學生「說數學」（在黑板前說明解題流程）的影片，讓家長看見學生在課堂上的表現與學習現況。

(四) 第四次班親會活動流程

主要活動：再次請家長觀看學生課堂「說數學」影片，讓家長看見學生表達力、思考力的進展。

學習語錄 126　夥伴之間不僅是交織學習，更要如交響般的學習。

二 夥伴關係的形成

(一) 夥伴陪伴方式

教師對於課堂走向的主導性，對夥伴關係的形成有絕對影響力。教師在課堂上的傾聽與對話，讓學生建立相互信賴、構築情感傳遞的機會；以語言爲媒介，課堂解題爲串聯，讓學生在學校擁有安穩的人際關係、穩定的情緒與學習依賴感，形成安定學習的力量和歸屬感。

1. 人際關係的穩定與夥伴的陪伴

課堂上的陪伴、團隊活動上的陪伴、下課共學時間的陪伴，學習共同體的夥伴是生活上全面的關照。當課堂相互傾聽關係與關照互惠關係連結後，到了學習共同體運用的中期，學生會開始習慣此種生活應對方式，擴大了最初只是學習上夥伴的意義，成爲生活上全面關照的夥伴。

2. 教師不在身邊時夥伴的陪伴

就算教師不在身邊，夥伴仍然相互砥礪、相互關照，是由於夥伴有著共同的初衷：「共好」。

(二) 感受式成就感

1. 被需要的感受

在課堂上的協同學習（從差異中學習、從聆聽中學習）是由「不懂的人」發起，由「不懂的人」請教「懂的人」；不懂的人提出疑問時，懂的人溫柔關照，不懂的人安心求助，得到學習的安全感；懂的人不是因爲任務而協助夥伴，是因爲「被夥伴需要」而協助，當不懂的人親口說出：「我終於懂了！謝謝你！」的時候，懂的人感受到的是成就感與滿足感。

2. 被重視的感受

當教師在課堂的對話由一對整體轉變爲一對多的時候，當學生發現大

學習語錄 127 從夥伴的回答中反思自己的理解狀況，回應想法給夥伴。

家都專注聽我說話時，被尊重、被重視的感受激勵了每一位學習者。

三 讓科任教師看見學生學習態度的轉變

科任教師對於學習共同體班級學生的轉變與成績的突破，總是非常訝異，特別是研究者課堂的學生願意表現自然的學習反應與主動的表達，即使說錯也沒有關係的學習態度，讓科任教師時常選擇研究者班級進行公開觀課。

(一) 持續修正的勇氣

在研究者引導、實踐傾聽—串聯—回歸技巧、學生互學關係建立、相互請教的關係萌芽後，期待導引學生在科任課堂也能和在導師課堂一樣能相互關照、支持，然後持續修正、突破學習瓶頸。記得在畢業前最後一次的美勞作品，是難度極高的雕刻鏤空畫作，學生必須在細小的線條中，用雕刻刀刻畫出連續不可斷裂的線條。在美術教師的指導、學生一步一步反覆的修正與磨練下，歷經了四節課的時光，美術教師讚嘆的說著：「看著學生們持續修正、改變不足、專注投入的程度，完全看不出是即將在下週畢業的學生，令人非常驚訝！」學生們不怕失敗、不怕挑戰，持續修正，以達到教師的期待，完成自己的期許。

(二) 夥伴學習的力量

夥伴安穩了學習，給了彼此前進的力量。一位學生在畢業前國語習作最後一課寫出：「在遇到汪老師之前，我是一個手機女孩，不讀書，上課不認眞；但在遇到汪老師時，我們上課是用學習共同體，讓我愈來愈會聽夥伴說話的聲音，讓我不再依賴手機，謝謝老師給了我夥伴以及希望。」（圖 5-10）

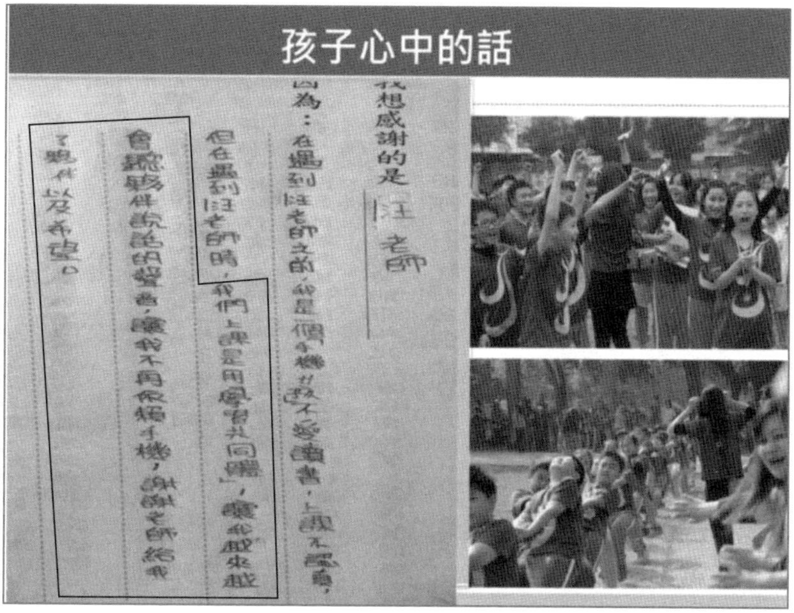

（說明：「我們上課是用學習共同體，讓我越來越會聽夥伴說話的聲音，讓我不再依賴手機，謝謝老師給了我夥伴以及希望。」）

圖 5-10　學生珍惜夥伴關係

【藝術與人文郭老師的觀察】

第一次踏入明怡老師的班級準備上美術課，迎面而來的是一位長相清秀美麗的氣質老師，老師說話聲音輕柔、快速清晰、眼神堅定有禮，略略彼此自我介紹聊聊之後，發覺明怡老師似乎有著很不一樣的看法，在教育理念和班級經營中，這引起我想要更認識和更多了解的興趣。接著她拿出一本《親子天下雜誌（翻轉教育特刊）》，裡面居然有一張她的照片，是關於「學習共同體」的介紹。當明怡老師熱切的分享「學習共同體』的理念時，眼中閃著亮光，我驚奇的看著她心裡想：「可以被這樣的老師帶到，實在是太幸運了！」

果然在接下來的整個學年裡，一次次進入班級上美術課，都讓我更

學習語錄 129　聽完夥伴的想法以後，會嘗試將不錯的想法寫下來。

加確信我的看見及感受是真實的，孩子們上課時積極投入，自律性極高，偶而或有漸漸的吵雜聲音，老師一句簡單的：「注意！」全班立即鴉雀無聲，停下所有的事情眼睛望著老師，彷彿女神開口，一片靜寂，這位帶班老師確實令我佩服。

在教室公布欄常常發現孩子們和家長寫的感謝卡，孩子們在學習中不斷成長進步的喜悅躍然紙上，家長感受到孩子們的改變進步，喜樂感激的心情一張一張布滿教室，我心裡又想～明怡老師是真正用心、用生命，並且有策略、有方法帶孩子的，孩子們喜歡她、愛她，所以才能帶出改變，令人好感動！

明怡老師二年前接手的這一班，這裡面聚集了一些在中年級我便已經教過的學生，這些孩子裡有許許多多難解的學習狀況，和背後的家庭混亂狀態，導致感覺這些學生特別的棘手。但是開學沒有多久，她快速的了解其家庭狀況，和家長有大量的溝通，認識孩子，並以一種堅定穩重、溫和不怒而威的特質迅速的建立教室秩序，進而掌握每一個學生的狀況。更神奇的是她靈敏又敏銳的觀察力，洞察了孩子隱藏在內的心理狀況，智商與情商並重的她大膽探索，果真一一發現其中的問題，並給予適切的幫助和改善方法，果然看見孩子們很快地步入穩定的學習狀況，接下來的二年，只見孩子們個個愈來愈積極學習，叛逆頂嘴的愈來愈順服，以前坐不住的，因為共同學習也能長時間投入學習，成績低落的也在激勵當中突飛猛進，還有願意服務人的心也被激發，臉上帶著甘心樂意的微笑，不怕辛苦的做事，我心裡又想～明怡老師真的好強大。

每天早晨踏入學校校門，會經過操場，會看見纖細的明怡老師早已經帶著學生們在操場訓練、陪伴他們打樂樂棒，她不是運動健將型的老師，這同樣讓我驚奇，在靜態的課程學習裡她絕對是一級棒，但是打樂樂棒卻是超乎想像的事，看見與平時在教室裡截然不同的學生面貌，他們擲球、接球專注的神情，還有跑壘時的爆發力，都讓我心中微微一震，我心裡又

學習語錄 130 學習夥伴一起進入課堂、進入文本，一起和夥伴探究學習。

想～是什麼樣的力量，讓明怡老師願意花時間陪伴他們找到自己生命中潛在的能力，看見亮點？有人說～教師的價值在點亮、喚醒一個個鮮活的生命，是幫助他們跨越的橋，是燈塔，也是遮蔽的大樹。在她的身上確實如此力行。

這幾年，我非常幸運能夠進入明怡老師的班級教授美術課程，這當中我感受到她是一個自身不斷積極學習提升自己的老師，我相信這也帶給學生一個提升，因為她在為自己學習的同時也在為學生學習，她帶給孩子的是超越課本知識的學習，是一個高貴的靈魂喚醒許許多多的小靈魂的生命故事。

科任教師觀察研究者的班級學生因爲「共同學習」而願意長時間、積極投入學習，以及自律性極高、願意服務人的心、成績在激勵當中突飛猛進、臉上帶著甘心樂意的微笑、不怕辛苦的做事。研究者運用「協同學習」，串聯了夥伴間相互溫柔關照的「夥伴關係」，讓學生「有了夥伴，多了勇敢！」創造了無限可能。

第二節 學習成效的展現

讓學生找到學習定位，能夠讓學生安穩學習；讓學生看見學習方向，能讓學生學習突飛猛進。經由研究者分析學生學習軌跡與學習的習慣，給予學習策略的多元選擇與建議，有機會提升學生的學習成效。

一 讓學生找到學習定位

學習共同體協助學生在團體中找到定位，給予學生安心學習的學習氛圍，沒有競爭、沒有領導者，只有相互關照的協同學習。

學習語錄 131 在學習共同體的班級中，夥伴是成就學習最大的力量。

(一) 沒有領導者的學習

學習共同體希望學生擁有平等學習的機會，因此班級沒有掌管權力或是任務型的發言代表，例如：有班長，但是不需要在生活上或是學習上管理同學、指揮同學或是擔任指導者（小老師），只需要帶隊升旗或是協助科任老師；小組中，沒有掌握發言權或是任務型發言的小組長，只有班級事務的分工，沒有權力階級的職務。沒有領導者，意味著每一位學生都有平等的發言權，要相互尊重彼此的發言；沒有相互管理的關係，只有相互學習的關係，讓每一位學生能夠以平等的生活姿態學習。基於此平等權，在小組對話時擁有平等的學習關係、相互聆聽的學習關係，在對話聆聽的過程中，學生開始需要「夥伴」，擁有了從差異中相互學習的「夥伴關係」後，小組與小組的座位分開，同組夥伴成爲如同「孤島」中的「學習共同體」，有了相互關照的夥伴，每一個人都有安全感，這是一種被夥伴關心的安全感、被夥伴溫柔關照的幸福感，安穩了每一個人的心，找到了自己在團體中的定位（圖 5-11）。

(二) 協同學習理念實施

協同學習可以達成「以學生爲中心的學習」，並且「實現每一位學生平等的學習權」的信念。

圖 5-11 讓學生找到學習定位理念圖

學習語錄 132 學習共同體保障每一位學生的學習權與主體性。

協同學習以對話爲中心，目標爲探究課程，在座位安排與導入課程設計後，任務是與夥伴建立說的關係與聽的關係，還有從差異中學習的探究式學習。

1. 課堂協同學習的準備

(1) 國小低年級爲二人小組，中年級以上逐漸由二人小組過渡到四人小組。

(2) 向學生說明分小組的原因是爲了向夥伴學習，小組夥伴像是在一座孤島，要相互關照夥伴，要聆聽夥伴。

(3) 在黑板寫上分組的流程，或是畫出隨機分組的撲克牌對應位置。撲克牌的 A 爲第一組，抽到 2 是第二組，以此類推；四個花色對應小組的四個座位，男生抽黑桃、梅花，女生抽紅心、菱形；男女座位交叉。

(4) 在抽籤之前，和學生約定下一次抽籤分組的時間。

(5) 沒有小組長，沒有小老師，小組內要建立的是相互學習的關係和相互聆聽的關係。

(6) 沒有加分、積點的獎勵制度。

2. 協同學習的理論基礎

相互尊重與關照的協同學習，可以讓課堂達成杜威所言課堂的民主性和以學生爲中心的目標。課堂如同一個小社會，學校如同微型民主社會的體驗場域，讓學生有機會體現尊重和民主。學生將學習的主動性表現於課堂上，是教師樂見的自發學習；學生親身參與合作學習，從過程中改變思維與互動方式，讓更多學生透過協同學習而投入學習，最後提升學習成效，是教師期待的課堂樣貌。

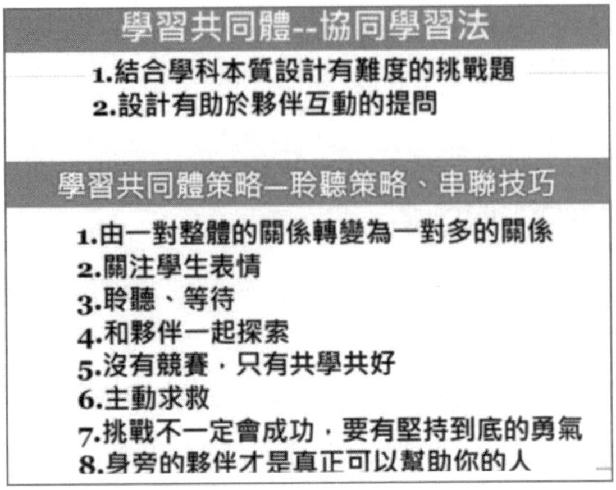

圖 5-12　學習共同體聆聽與串聯技巧

3. 協同學習的方法運用

(1) 一開始的關注焦點放在是否建立聆聽的關係。

(2) 設計適合兩兩學習或是增進互動的課程題目。

(3) 老師持續鼓勵遇到不會題目的時候可以直接問夥伴。

(4) 面對難度的挑戰題時，重視過程的對話與探究。

(5) 鼓勵學生「理解自己的懂，思考自己的不同」和「從差異中學習」。

(6) 老師關注學生的表情，以及觀察是否在小組中找到定位。

二 讓學生看見學習方向

學習共同體的課堂上，透過協同學習的教學策略，教師能夠直接觀察學生學習軌跡與分析學生學習習慣，讓學生看見學習方向。

(一) 觀察學生學習軌跡

在國語課有層次的提問中，最容易辨別出學生的學習狀態，長期的提問與辨別，有助於梳理學生的學習軌跡；數學課中，透過閱讀學生在伸展跳躍題上書寫的筆記，也能夠辨別學生的迷思概念，或是掌握學生已學會

學習語錄 134　在學習策略和難度挑戰題的共構下，爲成爲一位很會學習的人而努力。

的概念。協同學習的小組對話中，曾經在研究者課堂觀課的教師以下列敘述形容小組對話：「小組對話中，沒有固定的發起者，只要有學生發言，其他小組學生會專注聆聽，第一位發言的學生像是拋出一個主要的枝幹，其他學生補說明後讓枝葉茂盛，發言內容在一來一往中，彷彿一棵大樹的成型。」在翰林版《國語》六下第十課〈撐起你的傘〉，一位觀課老師說：「A 生說，看到課文，我想到這班級的人數一定很少。B 生說，對（翻課文，指出有『山坳』的句子），學生要走到山坳的家，他們是山區裡的學校，山裡的學校班級人數可能很少。C 生說，而且老師都知道誰要跨過乾水溝才能到家（翻課文，指著課文），老師都知道學生住在哪裡，人數一定不會太多（笑）。A 生說，學校是不是在比較高的地方，這樣才能看得見學生家『燈火乍現』？C 生說，學校在最高的地方，遠遠可以看見學生在山坳的家，放學以後，老師看見學生家的燈亮了，知道學生到家了，就放心了。」

觀課教師描述，在學生的對話中，觀課教師看見學生融入文本的情境，層層分析課文的脈絡，由近拉遠、由遠而近，最後學生自己歸納文本的表述。這一組四位學生，由一位普通生、一位 ADHD、一位智力檢測低、一位亞斯柏格的組成，可以這麼投入學習，令人驚訝！」除了觀課老師描述學生課堂對話以外，也可以透過前測、後測評量來判斷學生學習軌跡。在一次聆聽策略引導前後，讓學生以克漏字的方式完成課文內容，也可以辨別學生在經歷協同學習、講述式學習後的學習在聽、說、讀、寫哪一個部分比較缺乏連結，以理解學生學習狀況（圖 5-13）。

(二) 分析學生學習習慣

在觀察學生學習軌跡以後，可以分析學生學習習慣，提供學習策略建議，達成有效學習（圖 5-14）。

面對一對多的課堂，達成因材施教之目的，成就每一個學生最有效率

學習語錄 135 由夥伴對話觸發聽、說、讀、寫、探究、思辨的能力，讓學習進步。

觀察學生學習軌跡	國語提問 應答內容
	公開觀課 課堂表現
	前後測評量 解題列式
	數學筆記 書寫紀錄

圖 5-13　觀察學生學習軌跡

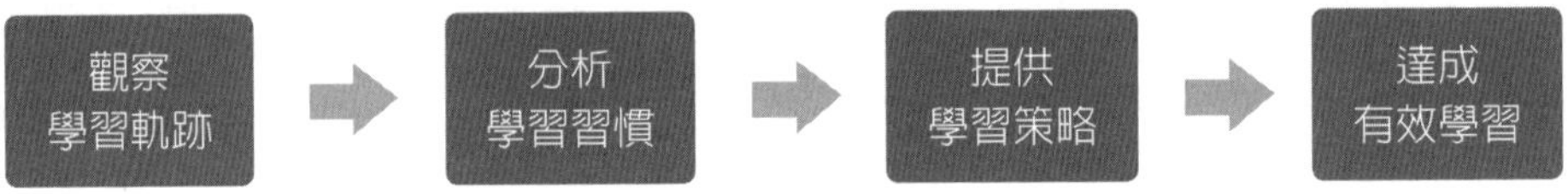

圖 5-14　分析學生學習習慣示意圖

的方法，是在課堂上提問「這個答案是從哪裡發現的？」教師接續分析該生的邏輯與解題技巧，找出讓學生可以相互學習的學習法，說給學生聽，除此之外，也給學生機會分析彼此學習的邏輯還有規律練習的機會，甚至請學生分享考前複習功課的方法。

曾經有一次，在五年級數學學力測驗前，研究者請學生練習了第一份考古題，學生常會因爲忽略細節，或是選擇了誘答選項，在模擬考成績表現不佳；研究者請學生留下解題過程，以利測驗後分析。在第二份和第三份模擬考題測驗以後，研究者開始針對模擬考與平日表現落差懸殊的學生進行分析，分析後發現有一位學生在面對學力測驗的選擇題選項與時間壓力下，一旦無法在第一次列式計算後找到相符選項的答案，便直接猜答案，導致成績與程度差異極大，因此，研究者加強了該生的解題速度與自

學習語錄 136　學習共同體構築了夥伴間的「協同學習」和「相互聆聽」的關係。

信心。另一種分析後的狀況是，學生對於某一種題型持續重複的錯誤，此種狀況必須重新個別指導解題策略與步驟，引導後澄清迷思、熟記公式，達到第一次高峰經驗（答對）以後，學生會更有信心面對數學。

第三節 師生的個性與特質

教師建構專業的教室願景，師生共同落實身教與言教理念，尊重和接受每一位學生的多元與特質，透過尊重和傾聽，爲實踐教室願景而努力。

一 教師的理念與實施

教師信念影響課堂願景的選取，研究者將學習共同體元素和教學模式結合，建構師生共同朝向教室願景而努力的學習之路。

(一) 建構專業的教室願景

1. 選取學習共同體元素

學習共同體課堂的基本元素有「聆聽是學習的開始」，結合「向夥伴學習」（眞正可以幫助你的是身邊的夥伴），「尊重每一位同學」（接納每一個人的個性），最後同心協力「堅持不放棄」的完成每一個目標。因此，研究者將自己的教室願景訂爲「尊重」、「聆聽」、「夥伴」、「堅持」，實踐於每日課堂與全面的生活中。

2. 教學模式結合願景

協同學習的教學模式重視「從差異中學習」，小組活動中有非常多的時間需要學生相互聆聽，還有，在理解高難度伸展跳躍題的過程中，會有很多需要向夥伴求救或是關照的機會，整體而言，協同學習讓學生重新認識夥伴、重新理解夥伴，練習尊重和接納教室的每一個人。因此，教學模式結合的教室願景，老師的身教和言教對學生而言也具有示範的意義，每天讓學生在課堂練習和修正，一步步將願景實現。

(二) 落實身教與言教理念

1. 實踐願景的身教和言教

與學生談話時，研究者必定放下手邊的事情，眼神聚焦、專心聆聽，除了示範聆聽，也是把握與學生交心的每一刻。研究者在意學生的一切反應，因此除了傾聽學生的想法，也會留意學生言語之外的聲音，一個表情、一個動作、一個眼神，長期下來，研究者發現學生也常關注研究者的眼神、表情等無聲語言。研究者說話聲音小，學生對研究者說話的聲音卻很敏感，因此不需要大聲疾呼，學生也可以判斷研究者的意念。這默契來自於國語課、數學課的對話與生活上的關照，由願景中相互聆聽表現尊重，由夥伴的關照表現尊重，教師本身對聆聽學生、尊重學生，以及與教師夥伴的相互關照等自我要求，成為學生的典範，學生的學習與模仿才會成功，關鍵在於教師必須要是言行合一的人，必須是發自眞心要實踐願景的人。

2. 在教學中完成班級經營

在學習共同體的教室裡沒有班級規定，只有班級習慣，這個習慣就是自我管理的習慣。在一個沒有班長、沒有風紀股長的教室裡，每一位學生必須要清楚知道何時能做什麼事、不能做什麼事。研究者尊重個別差異，讓學生用自己的速度學習並且嘗試自我管理，研究者只要確定每一位學生都在往自我管理的路途上。人性化的養成自我習慣，不用任務性質的幹部以上對下的不平等姿態管理同學，雖然自我管理的養成速度相對於權威式的處罰成效較慢，但是每一位學生再也不會出現相互監督或是告狀的事情，成為學習夥伴的速度會更快，會更快形成溫柔關照的關係。只要在國語課和數學課串聯學生之間的連結，用課程上的協同學習建立了「**尊重、**

學習語錄 138 學習擁有堅強的心智去面對學習上的挑戰。

聆聽、夥伴、堅持」之相互關照的夥伴關係，沒有上下階層幹部管理的不平等關係，即能在課堂教學中實踐願景。

二 學生的多元與特質

(一) 尊重每一位學生的不同

1. 傾聽

研究者常用「我好奇你的想法是什麼？」作爲與學生對談的開始句，也常用「你今天還好嗎？」關心學生的一切，爲的是讓學生感受到研究者關心學生的學習，也關注學生的生活和情緒、同儕互動甚至家庭問題。面對特殊的學生，研究者會主動傳達「老師是爲了幫助學生解決問題，所以老師願意聽你說話，幫你解決問題。」在傾聽時，不立即評價，有時懸而不決，間接運用其他方式引導，效果反而顯著。成爲一位讓學生信任的教師，要先成爲一位願意傾聽、願意理解學生的教師。

2. 等待

以「等待」學生成長的心，代替「評價」。學生無法說出正確答案時，研究者回應「很好，你的理解到這裡。」爲了鼓勵學生下一次願意發言，研究者願意先給鼓勵，不評價答案，以等待學生在聆聽下一位學生發言後，自覺想法的落差，向夥伴學習。如果在過程中教師直接給予評價，例如：「你說錯了。」試想，在一場會議的發表中，發言人被主持人或是上級長官直接回應「你說錯了」，發言人當下的感受五味雜陳，會削弱下一次發言的積極度，學生也是如此，學習是對話與相遇，如果學生再也不願意說話，要如何相互學習？如何從差異中學習呢？因此，以等待學生學習的心情，不評價，每一位學生在課堂的學習永遠在「過程中」，尊重每一位學生的發言內容，以傾聽、理解、等待表達教師對學生的尊重。

學習語錄 139 從學習中產生樂趣，不需要透過加分、獎勵就可以主動學習。

(二)進行差異化學習的落實

1. 國語課堂的差異化學習

國語課堂中進行差異化學習的方式是提問（共有課題的提問），由提問可以「判斷」學生學習理解現況，判斷學生是否有複述的能力，是否能夠解釋文意或是解釋夥伴的想法，是否能夠比對自己的想法與夥伴想法的差異？教師經由學生回答的情況，然後給予「重複練習」的機會，長期的練習複述後，給予解釋的機會；有能力解釋夥伴想法後，給予比對的機會，此爲「進階層次的提問」；最後，無論進行到哪一種的能力階段，在每一次的伸展跳躍題進行「整合能力」的練習（透過協同學習搭鷹架，提升近側發展區的潛力）（圖 5-15）。

2. 數學課堂的差異化學習：由協同學習判斷學生學習

在伸展跳躍題時間，可以從學生列式、學生詢問夥伴的問題反應、夥伴「說數學」時臺下夥伴對臺上夥伴的提問內容，判斷學生對於概念的理解程度；接著觀察學生在數學課本的解題列式後，教師可以做該堂課最後的學習診斷。因此，一堂課中運用的協同學習時間，可以協助教師直接觀察學生的學習狀況，教師只要串起同組夥伴的學習，學生的迷思和瓶頸會更有機會解決；運用相互關照的夥伴關係，就能夠直接形成學生與學生的差異化學習，夥伴可以直接進行差異化學習，教師也可以在每堂課掌握學

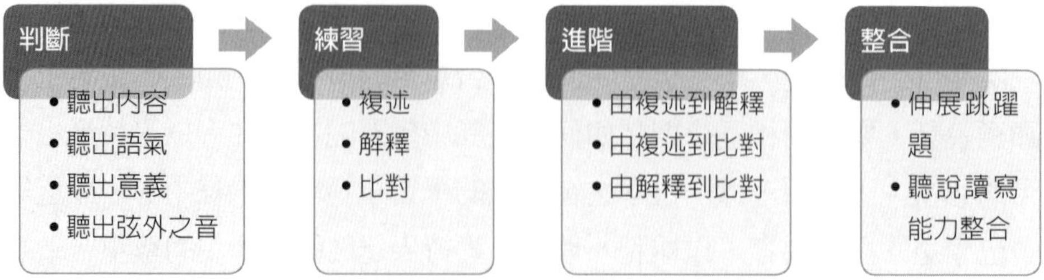

圖 5-15 國語課堂的差異化學習示意圖

學習語錄 140 夥伴學習是共學關係：在需要夥伴協助時，夥伴永遠在身邊。

伸展跳躍題時間	課本習題時間
□	□
□ 觀察伸展跳躍題的初步列式	□ 觀察課本練習題的列式
□ 觀察學生詢問夥伴的問題與反應	□ 觀察學生詢問夥伴的問題與反應
□ 說數學時對臺上夥伴的提問與反應	□ 診斷學習並澄清迷思

圖 5-16 數學課堂的差異化學習：由協同學習判斷學生學習

生的學習現況，判讀協助學生跨越迷思的策略（圖 5-16）。

第四節 學習共同體的共通性

研究者在日本課堂觀察時持續反思，將觀課時符合研究者教學信念與策略運用在課堂，建構一個朝向共學、共好的學習共同體課堂。

一 因地制宜的學習共同體

(一) 日本教室的學習共同體

研究者在 2015 至 2018 年參訪日本四次，包含 6 所國小、3 所國中、1 所高中，每一所學校都有其特殊性，因此以四次參訪日本課堂的學習觀察與研究者教學信念契合之處說明：

1. **串聯**：研究者看見日本教師會關注學生反應，或是好奇學生的想法來源，同時對於無法跟上進度的學生，給予課前準備好的操作型學具協助。

學習語錄 141 學習夥伴在相互尊重與信賴中，形成相互學習的關係。

圖 5-17　數學課堂的差異化學習：由協同學習判斷學生學習

2. **個人化的協同學習**：研究者看見學生相互等待和溫柔回應的畫面，感受共好的學習氛圍。

3. **主體式的對話學習**：日本教師設計難度挑戰題，過程中給予學生非常多的對話時間與機會。

4. **願景和學習目標**：研究者發現日本教師輕聲細語說出鼓勵的話語，以及教師和學生對話時溫和的語調，傳遞大家要一起努力的想法。教室中張貼教室願景和學期學習目標（圖 5-17）。

(二) 臺灣教室的學習共同體

研究者於日本課堂觀察後，將觀課時符合研究者教學信念與策略運用在課堂，建構一個朝向共學、共好的學習共同體課堂（圖 5-18）。

1. **教室願景**：師生共同朝向尊重、聆聽、夥伴、堅持的四大目標前進。

2. **教室環境**：小組最多四人，男女對半，隨機分組，以形成交織學

學習語錄 142　學習的夥伴關係在互惠學習、協同學習中，讓彼此成長。

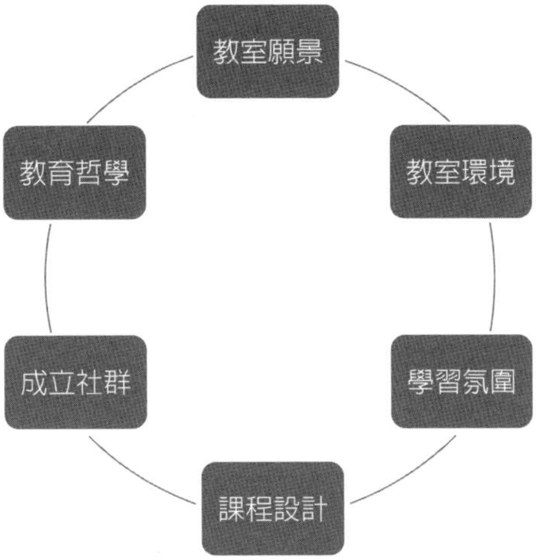

圖 5-18　研究者教室學習共同體示意圖

習為目標。

3. **學習氛圍**：由講述法、小組討論轉換為協同學習法，學生的學習由被動轉為主動。

4. **課程設計**：國語課程結合閱讀理解策略、協同學習法，設計共有課題、伸展跳躍題；數學課以伸展跳躍題開始，強調先學後教，過程為協同學習，夥伴相互支持。

5. **成立社群**：自主成立社群，進行備課、觀課與議課，教師夥伴無私分享，相互學習，串起低、中、高年級的課程連結。

6. **教育哲學**：尊重每一位學生，提升學生學習意願，帶動了學生學習效果的提升。

二 因人而異的學習共同體

學習共同體的哲學觀，給予實踐者因人而異的發揮空間，掌握以學生為中心的學習信念、尊重每一位學生的學習、平等的學習機會，有機會呈

學習語錄 143　學習共同體沒有小老師的互教關係，只有不懂的人向懂的人求救。

現共學、共好的課堂樣貌。

(一) 學習的走向

在提問後，有孩子懂了，研究者說：「懂了的同學要告訴其他孩子，讓其他孩子也能理解你說的意思。」所以，已經懂了的孩子，正準備開始進行「理解自己的懂，思考自己的不同」，繼續探索和擴展思考。但這時，仍有孩子不懂，該怎麼辦？研究者可以繼續說：「要記得求救。」求救以後，有的孩子懂了，有的孩子仍然不懂，小組內，找資源或求救過後懂了的孩子，有自信開始試圖讓仍然不懂的孩子有機會理解，這些孩子在不斷的表達中，試圖將心中所想的說出口，在說的過程，架構自己的學習經驗，並歸納新概念。此時，終究還是有孩子不懂，給予向全班求救機會，最後，進入老師在課堂上的補救教學。

已經懂的孩子，正經歷著教師透過提問架構出的學習經驗，像是旅行跟團和自助的差異，講述式課堂給的是學習結果，但卻是斷裂式的、破碎的，甚至片段的結果；而學習共同體的提問後，給孩子探究文本（給地圖）、給夥伴（問路）的機會，透過架構自己的學習經驗，達成完整的學習脈絡，孩子架構出學習思考的邏輯，歸納形成學習概念，並試圖一再探究新挑戰。

此時，仍然不懂的孩子，當你問他不懂在哪裡的時候，他也一定不會說「不知道」，因為經歷過上述的學習過程，孩子會很清楚自己卡在何處，只要知道自己卡住的地方，就有機會產生新的學習。

順向看著以上的發展，可以看見學習共同體如何鋪陳出讓課程進行更為順利的方式；逆向反推，孩子會清楚的看見與感受自己如何學會課程。不懂的解套來自於聽到夥伴的對話或是在文本上發現的線索，最後內化說給夥伴聽，更想盡辦法用不同的方式使夥伴更理解，夥伴共學由此產生；過程中，也展現了課綱中的學習表現（聆聽、口語表達）。課堂上，教師透過備課，清楚地透過提問呈現「學習內容」，最後經由學習共同體的夥伴學習，展現「學習表現」和「共學、共好」。

(二) 學生的需要

1. 需要同學的重視

課堂是小社會，學生在學校生活中希望得到同學的重視與認同，課堂上如果讓學生之間的連結更爲緊密，成爲相互支持的力量，將會減少發生誤解或是糾紛的狀況。學習共同體課堂上的協同學習，不需要加分、不需要物品獎勵，學生也能夠有學習意願，原因來自於和夥伴一起學習。課堂對話時，說和學習有關的話，全班同學表現專注聆聽，說話的人得到同學重視；遇到難題時，相互關照、相互鼓勵，學習過程中得到信任、支持、滿足感和成就感。

2. 需要教師的關心

學生需要教師的關心，讓學生在教室可以安心學習。學習共同體的課堂中，教師串聯學生與學生相互支持的關係，重新認識夥伴，讓學生之間的糾紛減少，教師開始有更多的時間關懷學生、觀察學生。

3. 學習的成就感

學生學習的成就感來自於挑戰難題後，得到教師的稱讚、同學的佩服，擁有了自信心；過程中，教師給予一個具備挑戰和正向關懷的學習環境，讓學生從中獲得自信心和成就感（圖 5-19、5-20）。

(三) 觀課者的觀察

在一次臺南大學師培中心的分享課程中，研究者帶著四位師培生以現場授課的方式，將課堂分爲六階段進行授課與討論，師培生的回饋如下：

1. 看見沒有獎勵，學生可以主動學習的課堂。

學習語錄 145 教師的課堂挑戰，從傳統的如何「教」，轉移到尊重每位孩子如何「學」。

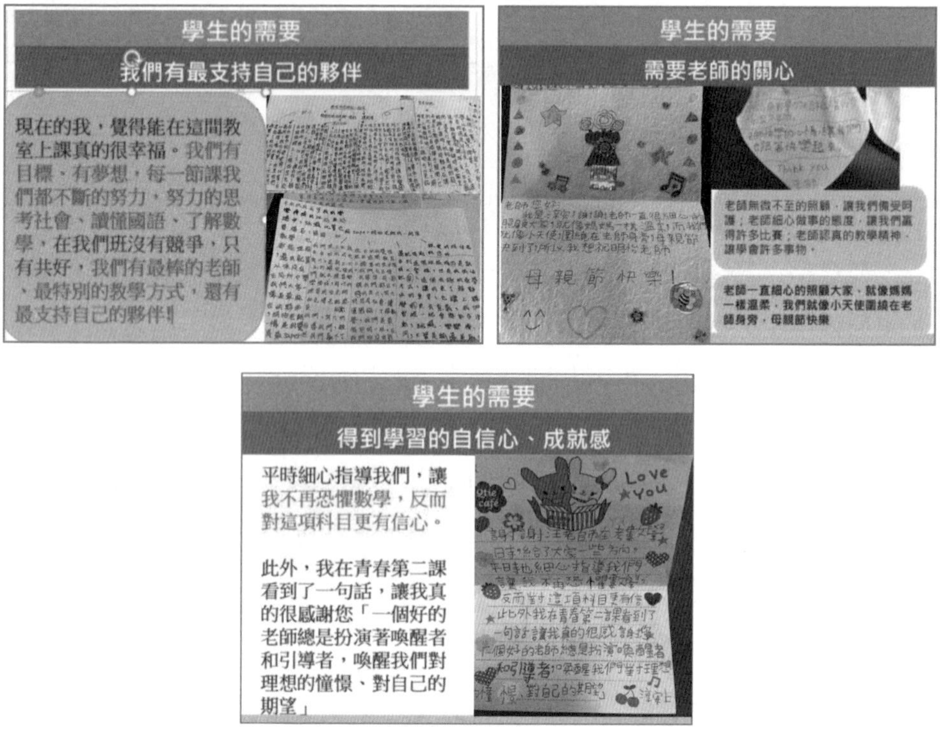

圖 5-19 學生對於學習共同體的感受示意圖

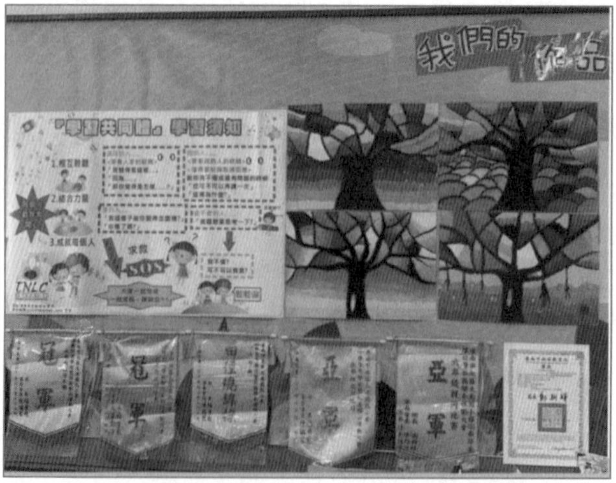

圖 5-20 和夥伴共同奪得錦標的幸福感

學習語錄 146 對話的時候，以關懷和同理的正向表達，聽見夥伴的心情，建立相互信賴的夥伴關係。

2. 看見學生會主動幫忙彼此。

3. 學生自律、主動，在聆聽夥伴想法以後，不會只是附和別人想法，而是會擁有自己的想法。

4. 教師設計課程時推想學生的答案，課堂上，學生竟然能說出更棒的答案。

5. 前一位學生說出了和自己相同的想法，下一位學生仍然會有自信地說出自己的想法，聆聽夥伴想法歸納成自己的學習。

6. 學生擁有獨立思考的能力，想法相同時，學生會說出「我的答案和他類似，因爲……」，學生也會主動找出段落敘述去證明想法的來源。

7. 教師提問新的生字新詞「純粹」的意思，小組學生輪流發言後，一位女學生統整，學生對詞語的理解精確，看見學生不斷的向前推論，學生更能掌握字詞的理解。

8. 教師願意聆聽每一位學生的想法，站在正向鼓勵的角度去看學生的成長。從學生回答中，感受到學生強烈的學習動機，學生在文學上有一定的成就感，勇於表達自己的想法，不會堅持自己的想法，接受自己想法不足之處，就算是成績最優異的學生，也會願意接受夥伴的想法而不評價。

9. 學生互動平等，落實學習共同體的精神，教師將學生的學習權還給學生，學生擁有自己的思考脈絡，更難能可貴的是學生可以去欣賞和接受每一位夥伴的觀點。

10. 看見學生平等互動、欣賞彼此的觀點。

11.「溫柔」、「尊重」、「聆聽」，教師的身教讓學生也表現出溫柔、尊重、聆聽；建構「不會也沒有關係」的學習氛圍，不是用競爭關係，而是用聆聽不同的想法去學習，豐富了學習。

回歸學習共同體的哲學觀，研究者師生共創的「尊重、聆聽、夥伴、堅持」的教室願景，繼續朝向「自發、互動、共學、共好」的方向實踐。

學習語錄 147 對話的時候，勇敢說出我不懂的地方。

學習語錄 148 看見同組夥伴努力學習、堅持不放棄，開始願意自發性的學習。

第 6 章

學習共同體的實施與挑戰

本章重點

學習共同體的學校教育理念是一門哲學，教師將學習共同體的民主性、卓越性、公開性依據信念實踐與反思修正於課堂中。因此，學校教育中實踐學習共同體最大的挑戰，是要全面的尊重學生、全面的以學生學習為中心、全面的感受學生的情緒與分析學生認知發展，同時觀察學生在團體中的社會性發展，並且給予學生最真實、自然的回應。本章的重點，在於說明學校教育與班級生活中，實施學習共同體的挑戰有哪些。透過這些挑戰的說明，提供教師在實施學習共同體的參考。

學習語錄 149 「一顆星星的夜空總是孤單，群星相聚才是最美的夜空。」夥伴們支持鼓勵成就彼此，達成共好。

學習語錄 150 在群體比賽中，夥伴們都是身負重任的螺絲釘。

第一節 教室是課堂研究的最佳場域

研究者喜愛在上課和下課時觀察學生的一切，觀察學生的下課狀態有助於判斷學生上課是否自在與安心，一旦無法安心，學生的學習將受限。因此，把握所有可以觀察與聆聽學生的機會，有助於教師更了解學生學習的全貌。

一 細膩地觀察學生行為

爲了解學生對文本或概念的理解狀態（認知發展）、夥伴協同學習關係（社會性發展）和學生個性特質、表達能力（個體性發展），在提問後的細膩聆聽與觀察，將有助於教師理解學生狀態。

(一) 聆聽要領與實施

「聆聽是學習的開始」，課堂上的聆聽，要如何開始呢？（圖 6-1）

步驟一：教師示範聆聽表現

教師站在可環伺全班之處，在專注聆聽說話的學生發言時，眼神也要觀察全班聆聽狀況，察覺每一位學生的眼神是否有朝向說話的學生。如果有學生無法配合，不使用責備、限制、強迫的方式，而是告訴發言的同學「等全班夥伴都看著你了，再說」的方式，間接提醒要專注聆聽。

步驟二：教師示範聆聽後的回應

教師聆聽學生發言後，可以用「你說得很棒！」（讚賞式回應）、「我好奇你的想法來自於？」（互動式回應）、「所以你的意思是不是？」（溝通式回應）、「你的理解到這裡，很棒！」（理解式回應），讓學生在小組對話時，也可以練習、嘗試回應夥伴。

學習語錄 151 在團體比賽中，夥伴們擁有絕佳的默契和呼吸一致的節奏感。

步驟三：小組練習

給予小組練習聆聽與對話的時間，教師同時觀察學生的聆聽情況，觀察表情、姿態、回應等，爲下一階段的串聯而準備。

步驟四：評量（提問串聯）

串聯可以作爲課堂中的形成性評量，評量學生聆聽與表達的能力；串聯也可作爲差異化教學的實踐技巧，教師運用複述、解釋、比對、整合的提問層次，讓學生持續的練習與挑戰更高階的能力。

步驟五：確認達成目標

在聆聽、串聯、回歸的學習循環中，達成課綱中聆聽表現的階段能力，透過提問、聆聽、回應、串聯的步驟，教師可以在課堂中直接進行差異化學習、直接評量學生學習表現，從理解夥伴想法開始，比對自己和其他夥伴想法的差異，由差異中學習自省，最後達成認知、技能與情意「共感」的聆聽目標。

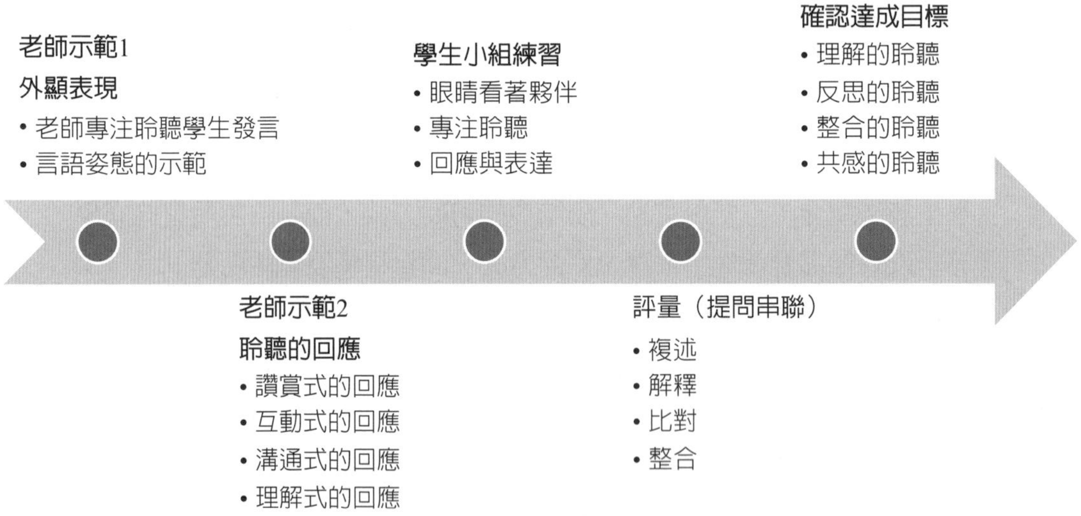

圖 6-1　聆聽要領與實施流程圖

學習語錄 152 以「我們要成爲一位很會學習的人」爲目標。

(二) 等待時刻的運用

「等待」是研究者實踐學習共同體過程中，最需要刻意練習的一個環節；等待學生思考和發言的時機及時間的判斷，對教師是一種考驗。

1. 等待時刻

透過觀察學生互動時的聆聽和表達樣貌，以及建立全面的安心感與創建歸屬感的學習氛圍，以教師與夥伴的真心等待，支持著每一位學生的成長。

(1) 由學生互動觀察個別學生聆聽和表達的能力

學習共同體的教室中，教師可以透過下課及小組對話時，觀察每一位學生的語言發展狀態及表達的積極度，作爲判斷等待學生的時機。例如：有些學生非常會說，但是從不聽別人說話；有些學生雖然不說話，但是非常會聽別人說話；有些學生下課活潑，上課卻安靜；有些學生內向害羞，必須要給予非常大的鼓勵或是安全感，才可能有機會讓他在全班面前發言；有些學生擔心說錯被取笑，所以選擇沉默。教師必須在下課和上課時間關注學生學習時的表現，以及與同儕互動的表達，以作爲判斷等待學生的時機和時間長度。

(2) 建立全面鼓勵的學習環境

曾經有一位非常內向、安靜、連下課時間都沉默寡言的女生，在研究者等待約 5 分鐘時，第一次願意在全班面前說話的瞬間，全班同學非常驚訝，當場響起如雷的掌聲。學期末，家長在聯絡簿上書寫「內向被動的孩子，升至高年級後不但學習態度變積極主動，個性也更活潑有自信，我和爸爸眞的以她爲榮。」（圖 6-2）過程中，研究者做的努力，包括讓學生知道回答問題時不需要擔心答案錯誤，以及教師完全接納學生的想法。教師讓全班學生在面對同學錯誤答案時，以「從差異中學習」取代嘲笑錯誤，並且願意「等待」學生，讓學生安心地說出自己的想法。

學習語錄 153 在聆聽的過程中理解的自己的懂，思考他人的不同。

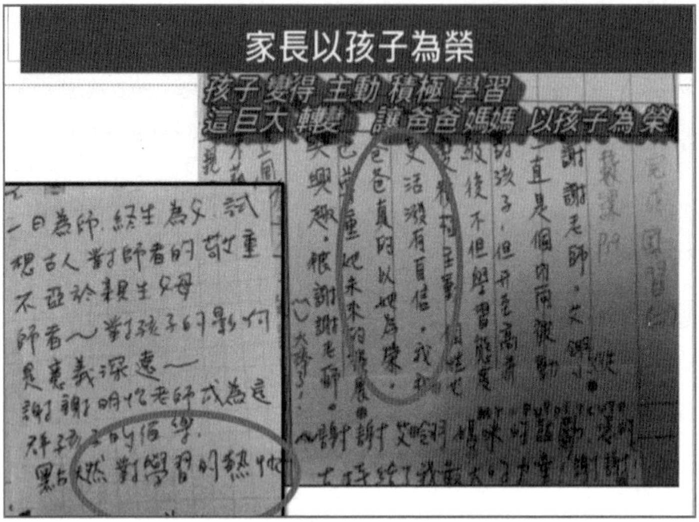

（家長回饋感想於聯絡簿）

圖 6-2　家長以孩子為榮

(3) 等待時刻的判斷

每一位學生在課堂學習時的自信心與安心度，可由表情、眼神、聆聽表現、語言表達等線索察覺，教師必須耐心等待學生自信心強化的瞬間，判斷點名的順序與時機。因此，教師如果察覺平日內向學生開始在小組由聆聽者轉變爲說話者，教師可以先走到學生身旁，小聲說「你說得很棒，等一下我會請你說給全班聽」，讓學生有心理準備，然後等待。

研究者通常會觀察小組對話中眼神表情產生疑惑、不解的學生，在全班討論時，以「好奇的語氣」詢問剛剛小組內的交流，讓學生說出彼此的差異或交流狀態。研究者有時也會點到不說話的學生，此時必須判斷學生不說話的原因爲何，如果是不專心，研究者會在等待 5 分鐘時生氣以對；如果是因爲內向害羞而不說話，但是在小組對話中明顯看出有答案者，研究者會願意長時間等待。

學習語錄 154　學習的聆聽，是探究學習的聆聽，是主動理解的聆聽。

全班等待時，在 30 秒到 1 分鐘內鴉雀無聲是常發生的，特別是實踐學習共同體初期，在等待的過程中，為了預防全班同學有「他以前就不會說話」、「為什麼不點我回答」、「他不可能知道答案」等話語出現，在進行點名前，老師必須要「先表達自己的教學信念」，例如「我們要向每一位夥伴學習。」「老師也要像每一位學生學習。」「不要只有一個人好，要全班一起好。」「連教師都要向每一位學生學習，所以每一位學生都要向夥伴學習。」「為了要讓每一位學生都可以練習表達，所以我們必須有耐心的等待同學，給他最大的支持。」

2. 回應使用的方式

學生發言後，教師給予的回應會影響下一次學生發言的動機與意願，最重要的關鍵在於「不帶評價的欣賞每一位學生的發言」（圖 6-3）。

(1) 讚賞式回應

只要學生發言，無論說得是否完整，教師要給予高度的肯定與讚賞，用「你說得眞好！」「你好棒！」「我好喜歡你的想法！」鼓勵學生勇敢發言、再次發言，同時也要特別讚賞勇敢說出不懂地方的學生。

(2) 互動式回應

如果學生的回答有進一步探究文本的必要，教師可以用「我好奇，你的想法來自於文本的哪一個部分？」延伸學生與文本的互動，為後續的串聯（串聯學生與學生）做準備。

(3) 溝通式回應

聆聽學生發言後，教師用「你的意思是不是……」來確認是否理解發言學生的想法，讓學生可以在小組對話時，運用這個回應來確認和溝通相互理解的程度。

(4) 理解式回應

當學生的答案不盡理想甚至是錯誤的答

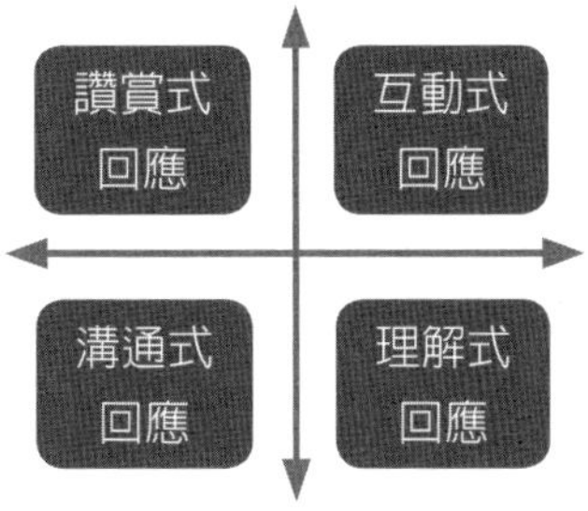

圖 6-3　回應使用方式

學習語錄 155　在聆聽的過程中領悟夥伴的心情，思考了自己的不同。

案，教師只需要用「很好，你理解到這裡」回應，不帶任何批評，鼓勵學生下一次繼續勇於發言。

二 大膽地端出專業的菜

學習共同體課堂一開始 5 分鐘內就要端出最好的菜，讓學生眼睛爲之一亮，接續在課程中的伸展跳躍題會是第二波的高潮，也是讓學生在課堂 15 分鐘後重回課堂的關鍵。大膽的端出專業的菜，讓學生的學習引擎持續運轉，過程中，教師每多說一句與學習無關的話，或是讓學生不需要探究就直接得到答案的話語，學生的引擎將開始空轉。

(一) 完整課前的教學設計

課前的教學設計愈完整，教師授課時愈有信心；教師課前準備愈充足，面對課堂串聯時的效果愈顯著。

1. 課前準備愈充足，教師授課時愈有自信心

課堂上，教師將自己的準備完整呈現時，在適當時機可以告訴學生設計此課程的想法緣由，讓學生知道題目所代表的理解層次、難度、欲達成的能力，讓學生明瞭教師的用心，以及讓學生思維成熟並向前推展。

(1) 國語課

左手攤開文本，右手開啟閱讀理解策略成分與年級對照表，將七項策略（識字、流暢、詞彙、課文大意、推論、自我提問、理解監控）融入課程設計。每一堂國語課按照固定的教學模式，讓學生習慣老師的模式；更要在模式中運用「策略」，讓學生習慣拿到文本後嘗試主動運用策略，自主進行初步文本分析（圖 6-4）。

例如：研究者在一次公開觀課時，發下伸展跳躍題，這是一篇學生未讀過的文本。在面對新文本的時候，觀課老師說明學生反應：「學生在閱讀一次文章內容後，開始將自然段切分意義段，接著，學生在意義段旁邊

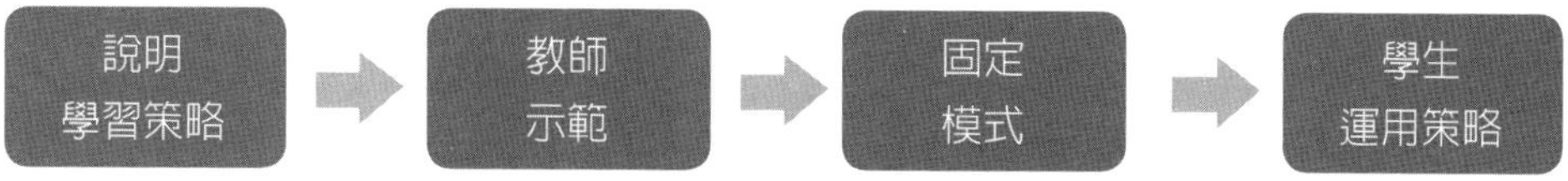

圖 6-4　學生自主運用策略過程

寫下段落大意。」以及「學生在重要的句子旁邊畫線，在與夥伴對話的時候，我發現畫線的方式是學生用來歸納全文大意的方法。」另外「學生也會因爲不懂句子意思所以在句子旁邊畫線，然後學生會向夥伴讀出畫線的句子，問夥伴這是什麼意思和爲什麼作者要這麼說？」

當教師在課堂上告訴學生我們現在學習的是什麼策略，以及爲什麼要學習這個策略？同時介紹策略對未來閱讀的好處與功用以後，學生開始願意嘗試運用。教師授課內容豐富，學生有所得，又能夠將策略運用在新文本上，教師看見學生一點一滴醞釀出的正向學習態度與進步，備課與授課時將更有信心。

(2) 數學課

研究者在備課時會將三家教科書版本，以及書局或補教業同一單元的相關概念或題型一字排開，例如「因數與倍數」的單元，在閱讀三家版本的課文敘述以後，可以相互補足各家版本的優點，配合所有的題型，設計符合學生學習此概念的課程設計。特別是「質因數分解」的步驟，不同出版社的課本呈現方式與步驟相異。教師不只是選擇合適的鋪陳，更可以做教材分析，在分析與準備課程後，進入課堂時有備而來，自信心大增。

2. 課前準備愈充足，課堂串聯愈有效果

教師做了充足準備時，愈能夠理解學生卡住的環節所在。因此，無論是國語課備課與設計提問及文本分析，或是數學課融合各版本的教材內容，教師主動的學習與了解教材，都有助於現場教學搭學習鷹架的「細膩」度。提升了學的細膩度，更能看清學生迷思之處，課堂提問與串聯夥

學習語錄 157　在學習共同體的課堂中，讓學生學習主動等待。

伴學習勢必更加的精準。

(二) 預想課堂的教學經營

簡紅珠（1998）指出，「當課堂中的教學一開始，教師必須在複雜繁忙的教學活動中不斷地做決定，以維持教學的順利進行。根據相關研究的發現，教師在教學互動時，平均每 2 至 6 分鐘做一次互動決定，這種現象表示教學互動時所要求的決定是相當緊密的。由於每次在師生互動中做決定，可供教師思考的時間相當有限，所以教學是否成功就相當依賴這些臨場決定的品質。在學習共同體的課堂，由於要關注的焦點與學生反應等線索重複刺激著研究者的每一瞬間，在課堂上依據學生反應頻繁的做課堂決定與選擇，立即修正、評估、回應，因此，除了課程設計愈臻完備，愈有助於課堂流程順暢以外，教師若能預先思考教學經營與流程，愈能將課程設計達到顯著成效。

預想的教學經營與選擇包含：觀察學生聆聽後，判斷提問對象、追問對象、追問層次，在聆聽—串聯—回歸的大循環中，觀察小組互動與等待的同時，置入差異化學習的提問，同時提醒學生的手心要握緊教室願景（尊重、聆聽、夥伴、堅持）的價值信念等焦點（圖 6-5）。

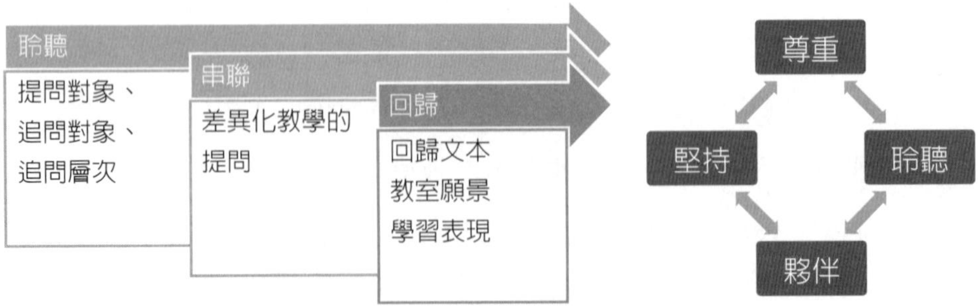

圖 6-5　教學經營與選擇判斷流程圖

學習語錄 158 在學習共同體的課堂中，師生一同爲學習的目標努力。

第二節 課程進度和難度質疑與對策

實踐學習共同體的另一項挑戰爲「進度掌握」，以及「伸展跳躍題的難易度」。研究者認爲，以學習者爲中心的課堂，關注「學生的課堂學習反應」會是進度掌握與課題難易度判斷的依據。

一 伸展跳躍題的挑戰與因應

在課堂進行伸展跳躍題時，如果學生對基礎的課內共有課題的學習不夠深入，勢必無法以共有課題爲跳板進行學習遷移。因此，首要重點必須「深化學生課內文本的理解」，讓學生對文本內容更加熟知後，以協同學習爲策略，給學生充足閱讀、聆聽、對話和探究新文本（伸展跳躍題）的時間。

(一) 以共有課題為基礎

爲了要讓學生熟知文本，研究者提供學生「課文心智圖預習」和回答「共有課題提問」二策略。

1. 課文心智圖預習

繪製心智圖的主要目的是鼓勵學生在課前能夠多次閱讀文本，並非要學生寫出非常完整的架構，心智圖的呈現方式也不需要過於限制，主要是鼓勵學生主動、多次的閱讀文本（圖 6-6、6-7）。

(1) 第一階段：師生共做

新編班級後的五年級《國語》的第一課到第七課，研究者在課堂上帶著學生一起進行自然段歸併意義段的練習，先將課文的心智圖架構第一層概念繪製書寫在黑板上，再逐步歸納出第二層的心智圖關鍵字，讓學生在課堂上協同完成。

學習語錄 159 教師的鼓勵、夥伴的接受與關心，讓學生願意說出自己不懂的地方。

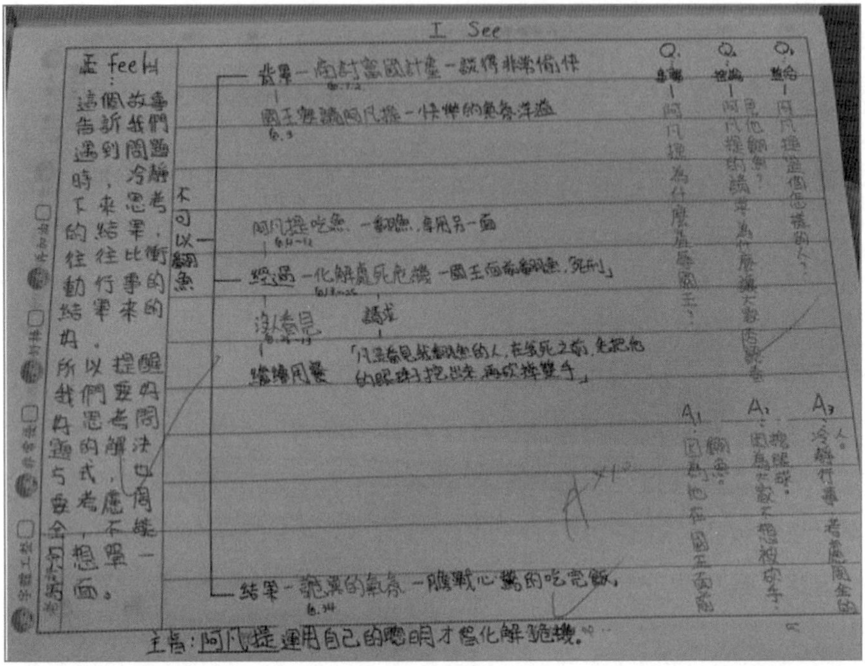

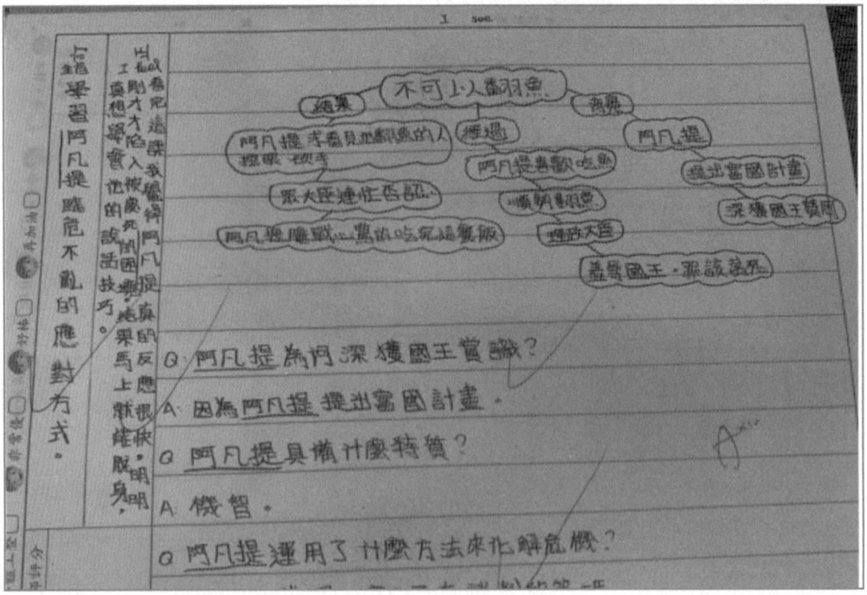

圖 6-6　學生繪製心智圖 (1)

學習語錄 160　學習共同體的讚美，是「全面性的讚美」。

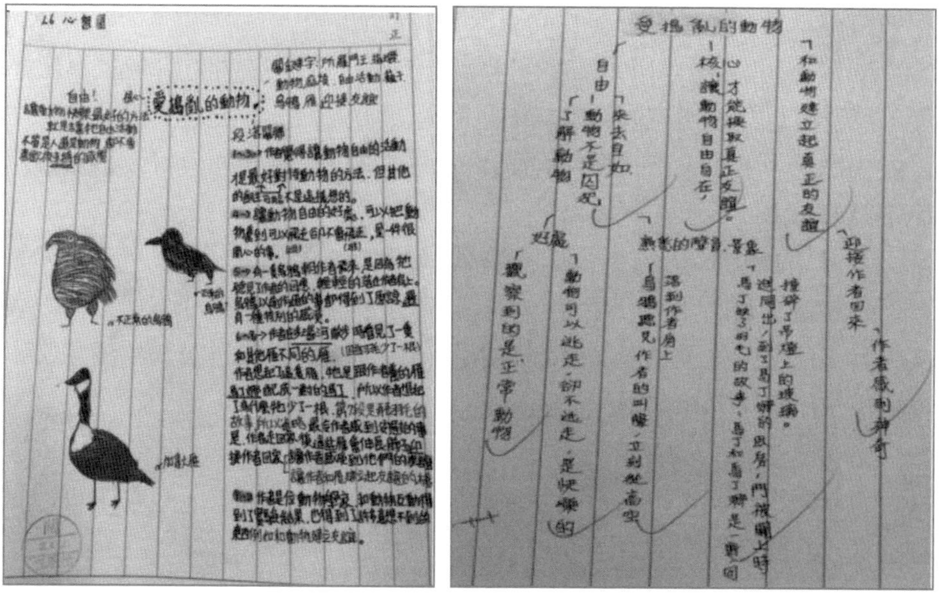

圖 6-6　學生繪製心智圖 (2)

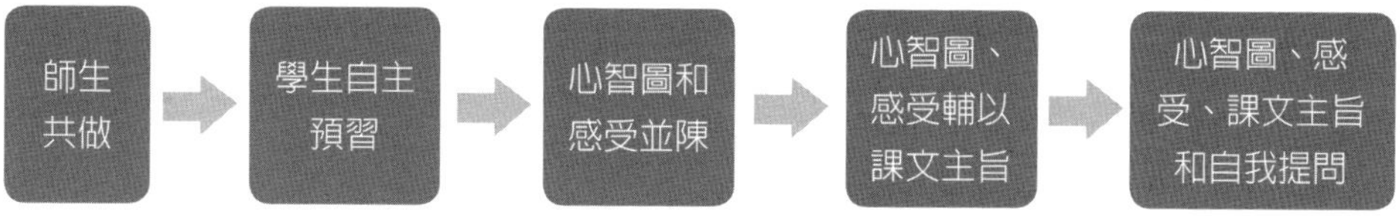

圖 6-7　課文心智圖預習階段圖

(2) 第二階段：學生自主預習

自第八課以後，學生必須自行完成心智圖的架構，但是在課堂上，研究者會先說明內容架構因為寫作手法而會有不同的呈現方式，最基本的呈現方式是文體，例如記敘文（背景、經過、結果）、說明文（總、分、分、總）、議論文（論點、論證、結論）；也可以用時間軸、空間軸、人物情緒轉折、視線轉移等寫作手法繪製心智圖。無論學生用何種方式繪製心智圖，基於鼓勵學生主動、多次重複閱讀文本的原則，不需要苛求心智圖內容的完整度。

學習語錄 161　「若無其事」的關心，是最溫柔的關心。

(3) 第三階段：心智圖和感受並陳

練習了《國語》十四課心智圖以後，五年級下學期開始嘗試寫出感受，感受可以從幾個方向鋪陳：如果我是課中人物，我的應對策略和想法可能會是⋯⋯。如果沒有相關經驗，也可以從曾經閱讀的素材或是家人經驗中鋪陳想法。

(4) 第四階段：心智圖、感受輔以課文主旨

六年級上學期開始，預習心智圖的時候不僅要書寫感受，也要寫出課文主旨。此階段強調感受與主旨是否能夠相呼應，目標是讓學生預習文本後可以寫出和主旨相對應的心得感受。

(5) 第五階段：心智圖、感受、主旨與自我提問

六年級下學期可以進行閱讀理解策略的「自我提問」，包含事實性、推論性、評論性的提問（圖 6-8）。

2. 共有課題提問

共有課題的提問目的是讓讀者理解作者的想法或文章的意旨，透過提取訊息、推論、詮釋整合、比較評估等多層次提問，讓學生理解文章脈絡與結構。

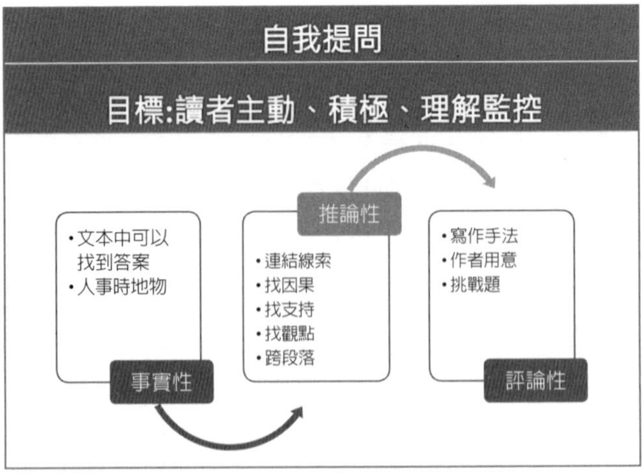

圖 6-8　自我提問策略

(二) 以協同學習為媒介

夥伴間的交流有如織布時絲線的連結，絲線連結愈緊密，色澤愈顯鮮明，協同學習的情景油然而生。協同學習時的組內對話，從傾聽、討論到擴大，學習從「我不懂」出發，將自己與組內夥伴的經驗和知識，在小組內竭盡所能的分享，直到解決問題爲止的過程，形成一個協同探究的過程，讓每個小組成員都能從中有所得。例如：A 問 B 這是什麼意思？當 B 不知道怎麼回答的時候，問 C，然後四個人一起思考，接著 A 說他懂了，是因爲聽到 B 說了一些話。

如果小組四人僵持，無法提出新的想法，也可以在全班討論時，提出疑惑，形成自主性、支持性的全班協同學習。在研究者一次公開觀課中，觀課教師說：「小組 A、B、C、D 四個人都無法找出答案時，A 說沒關係，等一下我們問全班夥伴。」

學習共同體的協同學習目標是達成個體化的目標，也是合作式的目標，在期待合作學習的過程中，也可以接受個人式的學習。促使協同學習的發生，來自於個人自主性的選擇，由教師提供學習環境，不強迫學生一定要交流、一定要有共識、一定要協同，而是讓學生自主選擇，形成若無其事的關心，形成尊重每位學生的學習方式，強調要成爲一個向夥伴學習的人，由聆聽「差異」練習認知策略。教師鼓勵學生向夥伴學習，積極營造充滿自主性和支持性的學習環境，期待學生在夥伴互動下願意對知識主動進行探究，達到共學、共好的目標。

二 來自課程進度挑戰與因應

學習共同體教師的教學信念是以學生學習爲中心，課程進度確實是挑戰，在備課時若能整合聚焦課程重點，更能將珍貴的課堂時間導向以學生爲學習中心的課堂。

學習語錄 163 學習的時候，讓學生安心地說出自己不懂的地方。

(一) 備課的重要性與實施

教師備課的嚴謹和完整將引導學生學習走向，教師的有備而來，讓學習流程更為順暢。

1. 達成有效率的學習

課堂時間寶貴，教師存在進度壓力，協同學習需要保留小組對話時間、交流想法時間，因此比其他的教學模式更耗費時間。初期進行分組時，教師必須指導學生由講述教學過渡到小組對話的參與技巧、分享技巧、交流技巧與座位安排，因此，精密的課程計畫的準備，非常重要。

2. 有餘力在關注學生學習

當教師有備而來，對課程內容瞭若指掌，除了在推演課程與串聯時將更加流暢，教師也能有餘力關注每一位學生的聆聽關係、同儕互動，或是發現學生的迷思概念。

(二) 以成為很會學習的人為目標

在體驗式的學習中，學生在親身參與時發現知識，產生了學習的意義，也在親身參與協同學習的過程中，感受到夥伴在意彼此，得到存在感，感受夥伴的意義，進而改變行為，積極投入學習（圖 6-9）。

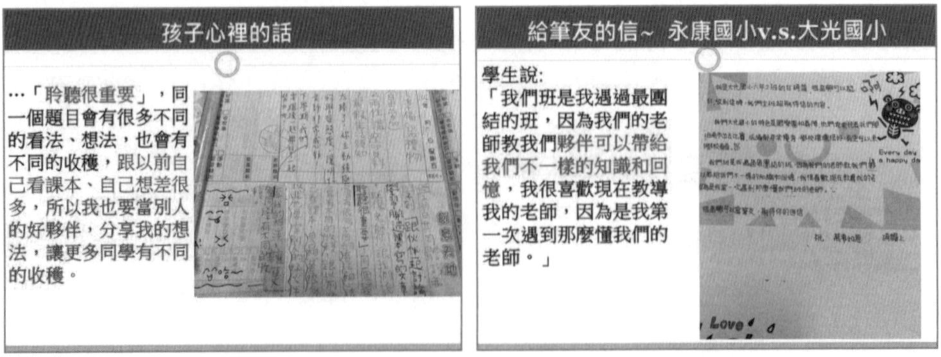

圖 6-9　夥伴成為學生學習的力量示意圖

學習語錄 164　要達成「探究」的學習，必須要有「聽的關係」。

第三節 獎勵與競爭的疑惑與因應對策

學習共同體教師會觀察每一位學生的狀態，給予學習鼓勵與挑戰；而學生的學習動機來自於成就感，或是和夥伴一起努力時的安全感和歸屬感。

一 沒有獎勵制度，學生有興趣學習嗎？

學習共同體讓學生願意自主學習，教師不須刻意運用加分、積點、獎勵制度，而是讓學習意願自然而然發生。

(一) 教學中加分獎勵為何而來

行爲主義的學習動機理論強調學習動機由酬賞而來，然而，在教學現場中，運用加分獎勵制度，在增強部分學生學習動機的同時，衍生出學生質疑其中立、公平，教師花時間說明、解釋、記錄、計算及總結算。反思課堂獎勵制度是爲何而來？是爲引起學生學習動機或是獎勵學生表現而來。進一步思考，獎勵本身對學生的吸引力會影響獎勵制度是否有效；此外，離開此獎勵氛圍後，如果是生活行爲的獎勵，已經形成習慣後，抽離獎勵，學生或許仍然會繼續保持好的生活行爲，但是如果抽離的是學習上的獎勵，學生是否能夠維持原有的學習熱忱與積極度呢？

在學習共同體的課堂中，沒有加分、積點、獎勵制度，學習共同體有的是和夥伴一起學習、一起面對挑戰的支持和成就感，過程中和夥伴一起共同努力的成就感，讓學生在學習過程中，繼續保有學習動機（圖 6-10、6-11）。

學習語錄 165 在一個尊重的學習氛圍中，激盪彼此的學習想法，達成交織、共鳴和交響的學習。

成大工程設計研究所 創造力教學實驗 106.4
在502班教學時，我發現小朋友們之間的合作氛圍特別良好，我的課程設計內容當中，每個小組約7-8位學童，然而給的工具每組其實只有4-5份，在這樣的設計底下，小組們的分工合作變得非常重要，而在二班我發現小朋友們彼此能夠有較好的討論與溝通，而不會有意見不同就產生爭執的情況。在這樣的上課氣氛底下，小朋友們的課程成果也有很棒的表現！
502班的小朋友們對於20面體，抱持著高度的興趣想要完成它，但其實對於國小高年級的小朋友們要完成20面體幾何形其實是不容易的，然而我發現很多孩子在面臨失敗以後，並不會馬上放棄，反而是抱持著挑戰自己的心態再去嘗試。

圖 6-10　學生勇敢面對挑戰

成大工程設計研究所 創造力教學實驗 106.4
在開放小朋友提問時，原先有點擔心孩子們會因為害怕開口說英文而不敢提問，然而一切都是我多慮了，小朋友們都很踴躍的表達自己的問題與想法，在班級中我感受到了活潑、勇敢與強烈的求知慾，提問時也都很有禮貌。
有次下課時，看到孩子們都跑到辦公桌旁，我好奇他們要做什麼，詢問之下才知道他們是要寫數學作業。我觀察到了旁邊的兩個小朋友，其中一位正耐心地向另一個孩子講解如何解決那道題目，這個過程二班導師是不在教室的，對於這樣的情況我覺得很佩服，孩子們在沒有老師在場的時候依然能夠對於自己有自我要求並且也很熱心的幫助同學們並一起學習，在這三週的課程，我體會到了教學相長，在學生的身上我也學習到很多這樣的學習心態與懂得互助合作，在未來不論遇到什麼問題或是挫折，都能夠解決與克服。
汪汪怡新增了 3 張相片 — 覺得感恩。
［有感·節奏］
課堂上，孩子問Aga：「學習中文二年，有沒有遇到比較困難或是艱辛的事？遇到時該怎麼辦？」、「為什麼來台灣？未來的夢想是什麼？」...孩子們連續不停歇的舉手提問，提問的節奏如同湧上堤岸的海水，一波接著一波；這節奏，前所未見。

圖 6-11　教學相長的夥伴關係

學習語錄 166　課堂上每一位學生的精彩發言，就像是每一種悅耳的樂器演奏音樂，一起交織成美妙的交響曲。

(二) 讓學生願意自主學習的方法

讓學生願意自主學習的方法是「連結夥伴關係」和「設計有難度的挑戰題」，以及「尊重每一位學生的學習權」。學習共同體的教室沒有邊緣人，教師重視每一位學生的學習權，也認同每一位學生學習當下的情況，用不帶評價的方式回應學生的不完美。教師協助串聯學生與學生的關聯，以學生學習為中心，教師說話簡要明確，不重複說、不換句話說、不拖泥帶水，老師將課堂說話時間縮減（圖6-12、6-13）。

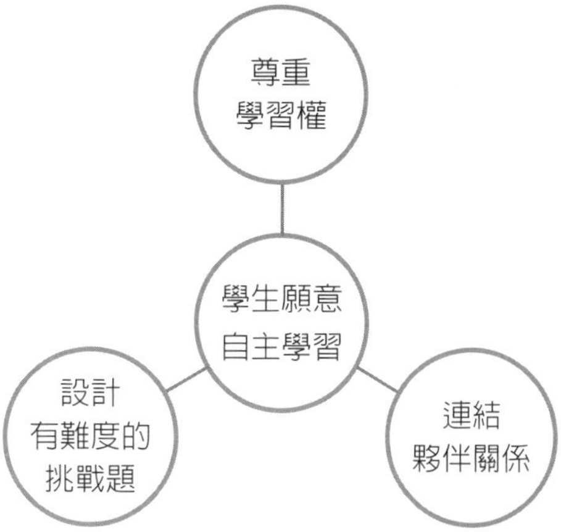

圖 6-12　學生自主學習關鍵

圖 6-13　伸展跳躍題可以解決的課堂問題示意圖

學習語錄 167　在學習的過程中可以隨時發問，釐清細節，相互關照彼此的學習，在等待和支持中，進行全班的協同學習。

二 沒有任務指派、沒有競爭，學生有辦法進步嗎？

學習共同體的教師讓學生發現自己的進步，然後給予學生鼓勵與肯定，並且分析學生進步的原因，給予學生未來無限的期待。

(一) 讓學生發現自己的進步

學生每天向夥伴學習，夥伴的溫柔關照與有問必答構築了學習的安全感與支持力量，長期的共學、共好，到了月考、學習扶助測驗和學力測驗時，學生會發現自己有明顯的進步。當學生建立良好的學習態度，對學習產生正向的積極感，學力進步的速度會加快。透過學習扶助測驗在編班後的一個月與半年後的測驗比較，學生在學習態度的進步，也是提升學習成績的重要原因（圖 6-14）。

(二) 分析進步的原因與動力

在協同學習的模式中，學生可以熟知知識、思考分析學習內容，也有機會發展人際關係和社會能力。學習共同體的課堂上，教師營造協同學習的學習氛圍，讓學生「勇敢說出我不懂」，學生願意坦然面對自己的不足，願意反思與學習。另外，雖然課堂上進行有難度的伸展跳躍題，學生在夥伴相互關照的支持下，不怕失敗，願意接受挑戰，主動求知，學生雖然不是爲了自己的進步而學習，但在向夥伴學習和願意接受挑戰的主動性形成後，進步是必然的結果（圖 6-15）。

因此，學生在面對數學時，有沒有辦法帶著要絞盡腦汁「征服」數學的霸氣？或是「卻乏自信」的抗拒？學習共同體的協同學習，讓學生勇於求救、說出「我不懂」，即使在講臺上說錯了也沒有關係，因爲看見別人的錯誤也是一種學習，要好好謝謝臺上同學給予學習的機會；所有的言語和對話，只要和學習有關，在課堂上都是可以被接受的。教師扮演提問者和串聯者、鼓勵者的角色，學生是課堂的中心；夥伴的支持與不放棄，更是學習永遠的動力！

學習語錄 168 在聆聽夥伴說話時要練習「聽出差異」，從「差異」中學習。

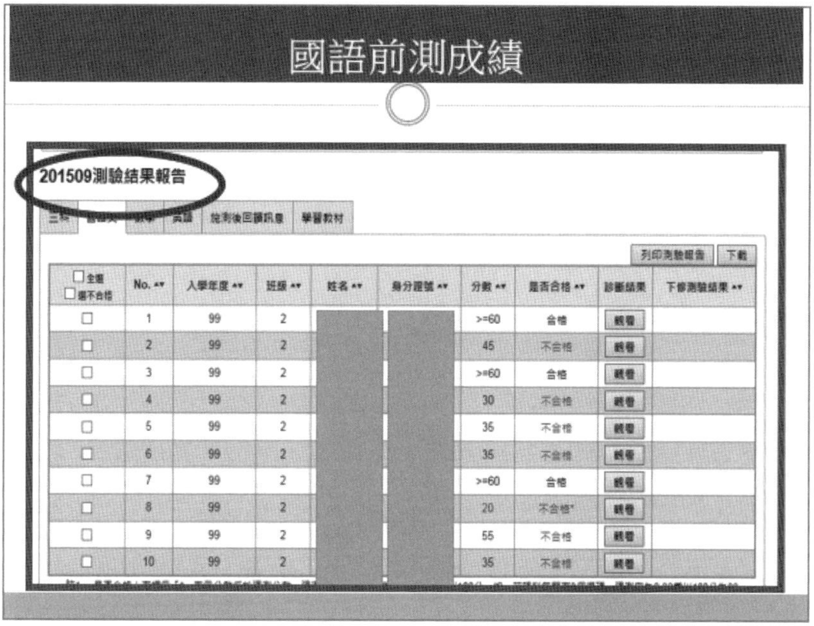

國語前測成績

201509測驗結果報告

三科 | 國語文 | 數學 | 英語 | 施測後回饋訊息 | 學習教材

列印測驗報告 下載

□全選 □選不合格	No.	入學年度	班級	姓名	身分證號	分數	是否合格	診斷結果	下修測驗結果
□	1	99	2			>=60	合格	觀看	
□	2	99	2			45	不合格	觀看	
□	3	99	2			>=60	合格	觀看	
□	4	99	2			30	不合格	觀看	
□	5	99	2			35	不合格	觀看	
□	6	99	2			35	不合格	觀看	
□	7	99	2			>=60	合格	觀看	
□	8	99	2			20	不合格*	觀看	
□	9	99	2			55	不合格	觀看	
□	10	99	2			35	不合格	觀看	

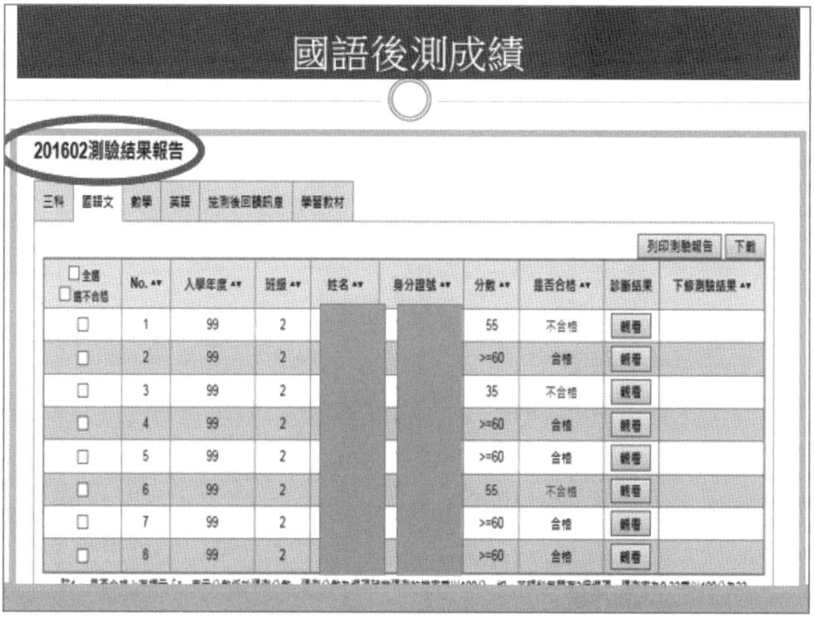

國語後測成績

201602測驗結果報告

三科 | 國語文 | 數學 | 英語 | 施測後回饋訊息 | 學習教材

列印測驗報告 下載

□全選 □選不合格	No.	入學年度	班級	姓名	身分證號	分數	是否合格	診斷結果	下修測驗結果
□	1	99	2			55	不合格	觀看	
□	2	99	2			>=60	合格	觀看	
□	3	99	2			35	不合格	觀看	
□	4	99	2			>=60	合格	觀看	
□	5	99	2			>=60	合格	觀看	
□	6	99	2			55	不合格	觀看	
□	7	99	2			>=60	合格	觀看	
□	8	99	2			>=60	合格	觀看	

圖 6-14(1)　學生的學習成效

學習語錄 169　學生願意學習，是來自於夥伴的支持與難度的學習挑戰，達成深化理解的課堂學習。

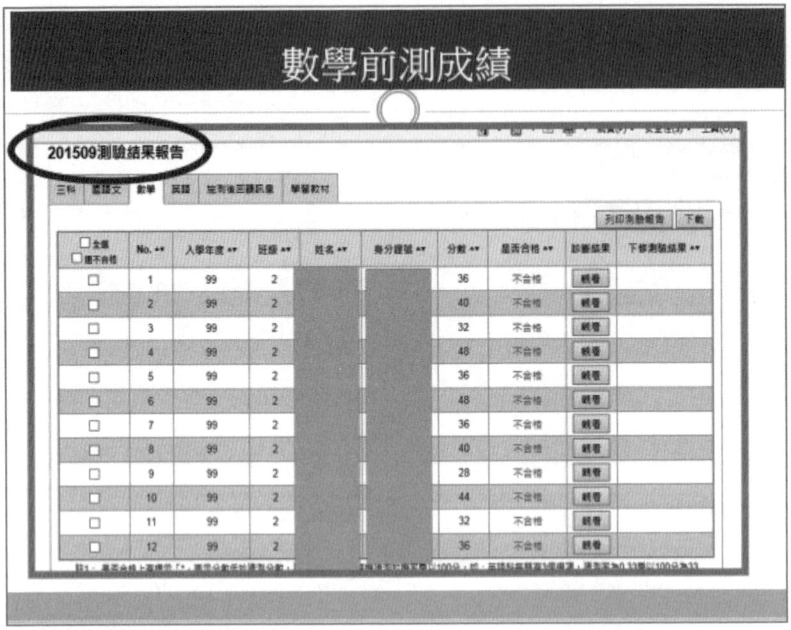

數學前測成績

201509測驗結果報告

三科 | 國語文 | 數學 | 英語 | 施測後回饋訊息 | 學習教材

列印測驗報告 | 下載

□全選 □選不合格	No.	入學年度	班級	姓名	身分證號	分數	是否合格	診斷結果	下修測驗結果
□	1	99	2	[redacted]	[redacted]	36	不合格	觀看	
□	2	99	2	[redacted]	[redacted]	40	不合格	觀看	
□	3	99	2	[redacted]	[redacted]	32	不合格	觀看	
□	4	99	2	[redacted]	[redacted]	48	不合格	觀看	
□	5	99	2	[redacted]	[redacted]	36	不合格	觀看	
□	6	99	2	[redacted]	[redacted]	48	不合格	觀看	
□	7	99	2	[redacted]	[redacted]	36	不合格	觀看	
□	8	99	2	[redacted]	[redacted]	40	不合格	觀看	
□	9	99	2	[redacted]	[redacted]	28	不合格	觀看	
□	10	99	2	[redacted]	[redacted]	44	不合格	觀看	
□	11	99	2	[redacted]	[redacted]	32	不合格	觀看	
□	12	99	2	[redacted]	[redacted]	36	不合格	觀看	

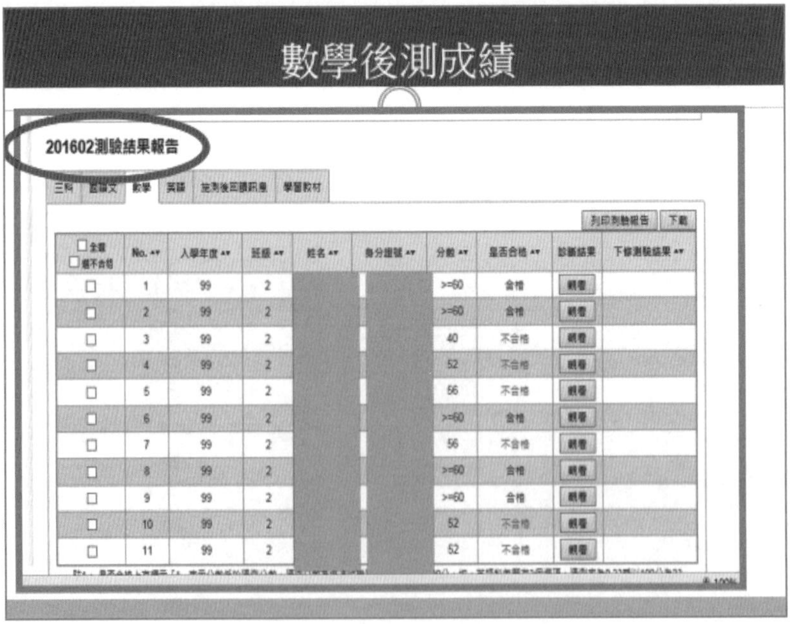

數學後測成績

201602測驗結果報告

三科 | 國語文 | 數學 | 英語 | 施測後回饋訊息 | 學習教材

列印測驗報告 | 下載

□全選 □選不合格	No.	入學年度	班級	姓名	身分證號	分數	是否合格	診斷結果	下修測驗結果
□	1	99	2	[redacted]	[redacted]	>=60	合格	觀看	
□	2	99	2	[redacted]	[redacted]	>=60	合格	觀看	
□	3	99	2	[redacted]	[redacted]	40	不合格	觀看	
□	4	99	2	[redacted]	[redacted]	52	不合格	觀看	
□	5	99	2	[redacted]	[redacted]	56	不合格	觀看	
□	6	99	2	[redacted]	[redacted]	>=60	合格	觀看	
□	7	99	2	[redacted]	[redacted]	56	不合格	觀看	
□	8	99	2	[redacted]	[redacted]	>=60	合格	觀看	
□	9	99	2	[redacted]	[redacted]	>=60	合格	觀看	
□	10	99	2	[redacted]	[redacted]	52	不合格	觀看	
□	11	99	2	[redacted]	[redacted]	52	不合格	觀看	

圖 6-14(2)　學生的學習成效

學習語錄 170 對文本用心，分享每一個想法及意見，都是滋潤學習成長的養分。

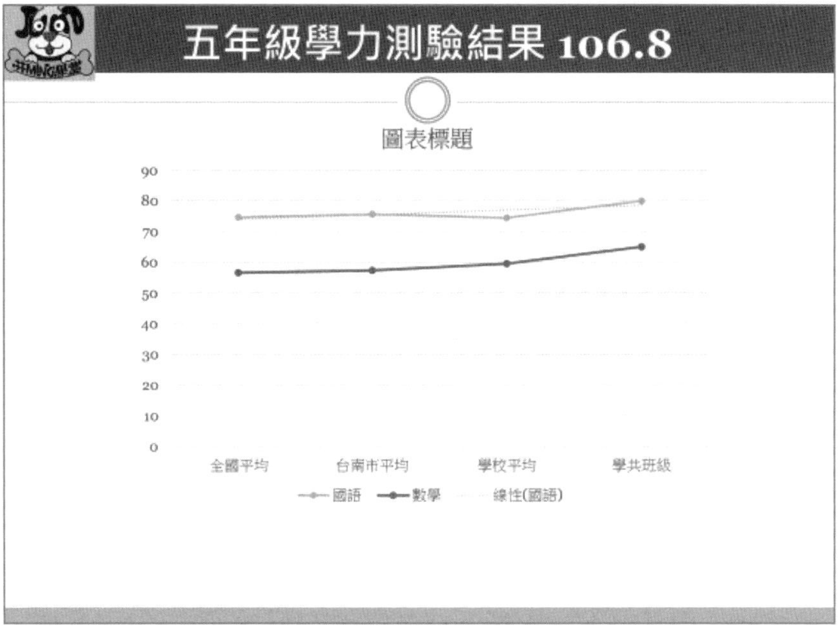

圖 6-14(3) 學生的學習成效

學習語錄 171 協同學習是達成課堂對話實踐的重要方式。

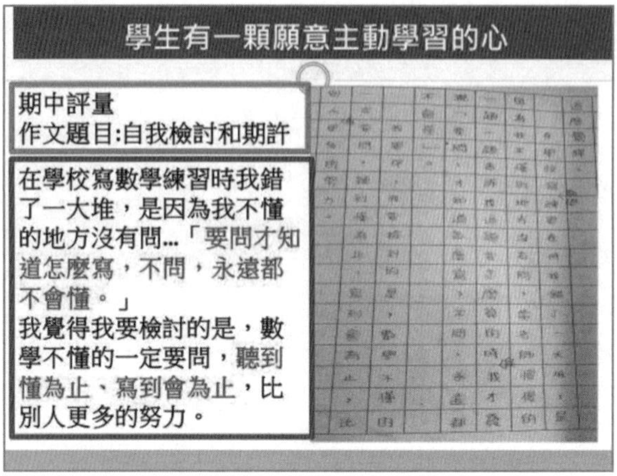

圖 6-15　學生學習意願提升示意圖

第四節　拓展五感能力的策略與方法

研究者四次日本參訪的經驗，覺察身爲教師時修正與反思的重要，面對學生的學習，如何讓學生沉浸在學習，是每一位教育現場教師最需要面對的課題。

一 日本觀課現場之震撼與反思

參訪的日本小學班級人數約 40 人，比研究者班級 29 位多出許多，而教師課堂上眞誠的注視學生，神色從容、語調自然，讓空氣沉靜，學生坦然的說出自己不懂及還有疑惑的地方，學生對話的聲音流動在課堂中。

(一) 沉穩的老師專業的反思

教師在課堂上表現的熟練技能、直覺與經驗，爲佐藤學教授所言之「匠人」能力；教師在課堂有意識的引導、分析學生學習脈絡、選擇教

學習語錄 172　調整適合彼此面對面的對話座位、有充足的討論時間，成爲對話式的課堂。

材、關照每一位學生的發言與學習，是「專家」能力。匠人的能力透過模仿習得，專家的學習來自於反思與研究。教師爲具備雙能力的綜合體，因此，在日本觀課時，研究者看見授課教師用溫和的語氣、精簡的語句和學生對話；黑板上整齊與清晰的文字與空間布局，像是刻意排版後的印刷品；學生與教師直接的對話如此的自然而眞誠，研究者的驚訝，重擊了過去 10 年的課本印象；研究者好奇，師生對話中沒有權威、沒有隔閡，只有顯現自在個性的聚焦與討論，這過程中教師做了什麼努力？研究者下定決心，未來自己的課堂也要朝向一個「以學習者爲中心」的課堂、一個願意讓學生勇敢說出「我不懂」的課堂。

研究者認爲，要讓學生和夥伴在課堂上成爲學習共同體，教師背後所做的準備與努力能決定這個理想是否實現，教師必須要成爲學習的專家。專家的學習來自於反思與研究，日本浜之鄉小學的議課，邀請全校教師共同參與，在授課者與全校教師的課堂觀察討論中開始，聚焦在學生的學習與同儕的互動，全校教師一起爲了學生而努力的精神，令人感佩。回到臺灣後，隨即與學年學習共同體呂老師成立了校內國語備課社群，超過九成的導師主動加入，進行了跨學年的課程討論、同學年的共同備課、核心概念的形成、協同學習的嘗試、特殊生的課程研究，以及每年一次的公開觀課（圖 6-16）。

(二) 充滿學生對話的課堂教學（日本參訪）

研究者在浜之鄉小學的課堂上，發現學生自在的笑容、看見學生個性的發言與聲音，似乎看見了杜威提出「以學生爲中心」的課堂樣貌。每一次去日本參訪，不同的學校存在著不同的問題與考驗，每一次都可以從中學習到自己所欠缺的或是引以爲戒的師生互動。四次參訪日本，研究者分別看見「教師串聯的力量」、「學生觀察的細膩」、「教室願景的重要」、「課堂節奏的掌握」。

學習語錄 173 嘗試不同的敘述和表達，甚至舉例，以協助夥伴理解。

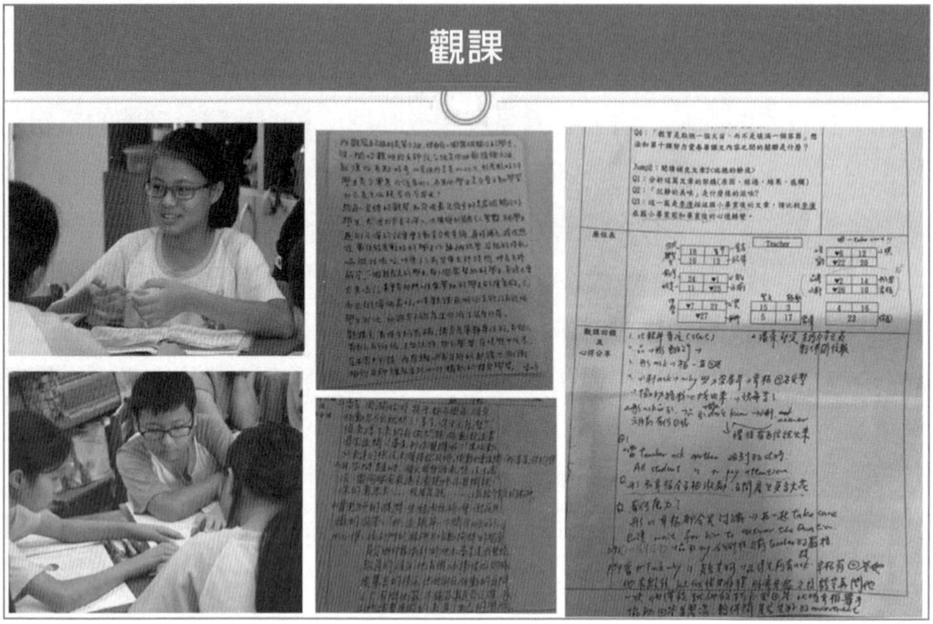

圖 6-16 研究者的公開觀課紀錄示意圖

2015 年 5 月 11 日到 15 日，在千葉縣睦中學、茅崎市浜之鄉小學、八王子市宇津木台小學，接受了一場日本教育改革的震撼教育。回顧了佐藤學教授書中的理念，對照研究者在臺南參與的公開觀課和議課，回想和夥伴們帶著熱情自發性的備課過程，研究者在日本教育現場聽到、看到、體會到的火花，是第一線的震撼，打開了視野，啟發了反思，點燃了研究者繼續探究課堂樣貌的熱情！

1. Activing learning——追求課堂滿足

(1) 追求我不懂的課堂——孩子們用盡全力思考，安靜下來，jump 題不僅是學生的挑戰，也是教師的挑戰

宇津木台小學○○教師課堂上，學生們發出數次「耶～」的驚奇聲，學生進入反思式的學習，不僅發現了問題，更滿足於嘗試解決問題的過

學習語錄 174 在學習共同體的伸展跳躍題，讓所有的學生得到學習平等權。

程。**這是一個滿是挑戰卻安心的課堂，學生們融入學習單－操作－思考－挑戰－分享－再思考－再挑戰－心得筆記的學習模式**。○○教師和學生對話時的言語、聲調，挑起了學生對學習的興趣，傳遞了教師要和學生們共同學習的意識，繼續追求不懂的課堂，讓學生們樂於學習。

(2) 學習在筆記裡產生——自學

在睦中學的社會課，孩子桌上有放筆記本、課本及補充資料集，○○教師很會給學生學習單，但在課堂上教師不說明學習單，反而直接請孩子參考課本內容完成學習單。社會課最重要的是資料，教師發下資料後，**學生寫學習單的同時也讀懂了課本——只要 20 分鐘，就能完成自學**。研究者看到，學習在筆記和學習單裡產生。

(3) 個人作業的協同化——學習在於自己，需要討論時再討論

睦中學的這堂課，自學形成於自己與教材之間的對話，這堂課的聆聽是聆聽自我思考的聲音，需要討論時再討論。看似停滯的動作，醞釀著思考的激發，提早完成學習的女學生，即使發現身邊的男同學需要幫助，仍然靜靜等待，不主動出手，等待時間之長，令研究者訝異，直到男學生開口求救，一旁等待的女學生表情開始轉變，加入了對話，最後二人出現滿足的笑容！研究者看到相互扶持的協同學習，看到自學和互學相互交替的學習歷程。

2. 平行視線、耐心等待——構築安心的學習環境

浜之鄉小學的課堂上，○○教師有意識地降低音量，跪坐在孩子旁專注聆聽孩子的對話，平行的視線，給孩子「**教師也是來學習**」的姿態，令人感佩！在宇津木台小學的課堂上，○○教師說：「遇到困難，要記得尋求幫助，在別人問的時候也要幫助喔！」溫柔的眼神，傳遞「**大家要一起努力學習！**」的訊息。睦中學的社會課，教師關注學生的學習動態，耐心等待學生的自學，協同學習**沒有權力的傳達與說明，只有敘述與對話，構**

築了安心的學習環境。

3. 交響樂般的師生關係——理解了自己的懂，學會思考自己的不同

「交織學習」是因應不同個性的學生進行指導；「交響學習」是指導不同個體相互對話產生火花的學習，佐藤學教授提到，追求以學生為中心的教師，特徵就是會在教育中實踐「交織學習」和「交響學習」，**將原本「一對全體」的關係重新建構為「一對多」的關係**。在浜之鄉小學的數學課堂上，研究者看到這交響樂般的師生關係，教師不僅特別關照跟不上進度的孩子們，也沒有忽略繼續進行思考的孩子。面對跟不上進度的孩子們，○○教師提供這群孩子具體操作物；面對繼續進行思考的孩子，○○教師說：「如果你寫好了，請和同伴說明想法，思考要怎麼說出來，說到別人聽得懂。」和學伴共學後，○○教師再呈現和學伴有不同想法孩子的圖畫紙（並非小組推出一張代表最後共識的圖畫紙），**讓學生「說數學」；研究者看到個體和個體相互激盪出火花，也看到學生理解了自己的懂**，更學會思考自己的不同。

二 透過課例研究成效精進學習

(一) 學習課程設計樣式

研究者在接觸學習共同體後，從每一次的觀課經驗修正研究者課堂實踐，抱持「觀課以後，沒有結論，只有我學到什麼，明天我回到班級，可以怎麼做」的想法，逐步嘗試讓教室願景更為具體呈現的教室習慣。

研究者運用閱讀專書和觀察他人課堂，形成自己的課堂樣貌，逐漸將學習共同體專書、臺南大學教育系博士班課程的方法論，形成了研究者的課程設計和教學模式，運用學習共同體教學策略和分析學生學習模式，提升學生學習效果（圖 6-17）。

[學習共同體課程6年級課程與教學研發—國語課 教案]

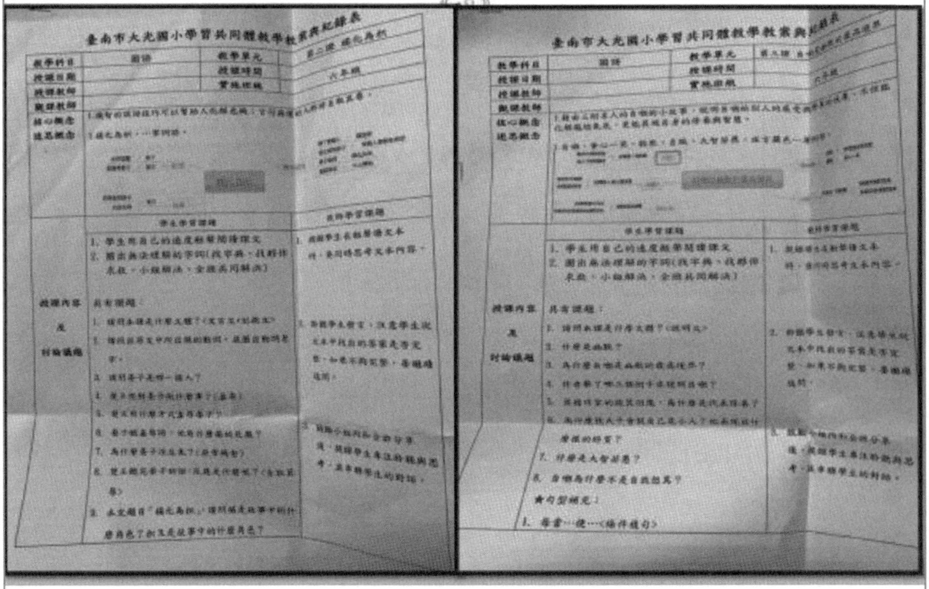

圖 6-17 研究者國語課程設計教案示意圖

研究者透過日本現場觀課，以及臺南市教育產業工會教學研究部姜主任帶領的課例研究、各縣市參訪交流、研究者與學習共同體夥伴呂老師成立的校內國語備課社群、臺南市教育局國語文領域輔導團的增能研習，每一次的學習都經驗豐富了現場實踐的分析與運用。

(二) 學習老師課堂話術

教師信念帶動課堂話術，課堂話術引領學生進入學習的世界，學生們學習中的社會行爲考驗著老師的智慧，也考驗著對學習共同體的信念。

「一起學習，一起努力，老師也是來和大家學習，我們要一起從上課的第一分鐘努力到最後一分鐘，老師不會放棄任何一個孩子，你也不可以放棄自己，我們不要只有一個人好，要一起共學、共好。」這是研究者在

學習語錄 177 協同學習讓學生找到學習定位，能讓學生提升學習意願。

第一堂課上對學生說的話，在短短一年內使畢業班的夥伴關係和諧且懂得相互體諒，展現願意主動學習的學習意願。

1. 課堂前傳遞教師信念

「聆聽是學習的開始」、「真正可以幫助你的是身邊的夥伴」、「遇到不懂的地方，要主動求救」、「要溫柔的關照身邊的夥伴」。

2. 課堂中傳遞教師信念

「你理解到這裡，很棒！」「不懂的請舉手。」「我很好奇，剛剛你的夥伴說了些什麼？你可以告訴我嗎？」「我剛剛聽到某同學說了一個很棒的想法？我好想要讓大家都可以聽到這麼棒的想法。」

3. 班親會的家長回饋

在班親會時，從家長口中說出孩子的轉變：

○○爸：以前孩子回家都說沒有人要和她玩，現在有了「夥伴」。

○○媽：（三年級轉入）以前遇到挫折都會哭，而且不太說話，現在願意挑戰，而且開心上學。

○○媽：每天早上自己起床、換裝、迫不及待上學。

○○媽：現在主動、自動、數學解題不會再有親子摩擦。

伴隨著研究者積極串聯同組孩子的共學夥伴關係，經由教師的溫柔堅定語氣，伴隨著小組內夥伴眼神流動傳達的信任與肯定，即使是人際關係需要關注的孩子，在課堂上也安心的笑了！班親會時家長發言，表達孩子的成長和學習態度轉爲主動、每天開心到學校，班親會也可以變得如此愜意。

研究者從閱讀專書和課堂觀察，了解學習共同體學習成立三要素爲符合「學科本質」、「協同學習」、「伸展跳躍題」，課程設計由確認學科本質、了解核心概念及欲達成能力爲始，接續設計共有課題和伸展跳躍題。學習共同體由民主性、卓越性、公共性的哲學基礎出發，以學習者爲中心，除了認知的學習，更蘊含了社會性的學習、尊重個體性特質，因此，研究者的課程設計由聆聽開始，進入串聯和回歸的循環。

由課堂前、課堂中與班親會傳遞了教師信念，運用協同學習擴充五感能力和社會能力，在課堂上看見學習表現的萌芽，學生浸潤在民主、自主、高支持的信賴關係中，看見自己的進步，愛上學習。

第五節 學習共同體理念的運用反思

一 學習共同體理念的運用現況

研究者實踐學習共同體共 6 年時間，從放下麥克風開始，放下權威，坐下和學生平行視線，用自然的語調說話，調整了「座位排列」，增加了「協同學習」，取消了「獎懲制度」，增加了「教師期望」，建立了「教室願景」，最後出現了以學生爲中心的「課堂樣貌」。

二 學習共同體在學校中產生哪些迴響

(一) 成立國語備課社群：低、中、高年級教師加入

研究者與學年夥伴於 106 年成立了國語備課社群，全校三分之二的導師參與，研究者介紹學習共同體基本理念，主要運用學習共同體的課程設計進行共同備課、觀課和議課。這是一個自發成立的社群，成立的初衷是讓社群夥伴們有一個交流平台，相互學習、相互支持，透過低、中、高年級教師互信、互惠、互學的共同備課，讓自己不再單打獨鬥，並積極討論學生國語能力養成與銜接時容易出現的迷思，串聯國小國語課程的縱向教學脈絡。

返校日的自主社群聚會，教師完成開學前課程準備，運用課堂上聆聽與協同學習，希望達成學生對話溝通能力的突破，成就教師很會學習、學生學習教師、學生也很會學習的目標（圖 6-18、6-19）。

研究者自 105 年開始設計符合學習共同體的核心概念課程，106 年成立國語備課社群後，以六次學習共同體主題課程與校內教師共同探究課程設計、班級經營、有效教學、自主管理等課程，於 107 年進行了一場全校公開觀議課，同時邀請成員們自訂主題於社群時間分享所學，自 108 年開始至今，持續進行公開觀議課，相互學習（圖 6-20 至 6-22）。

(二) 低、中、高年級教師共同探究

從「發現」問題開始，社群成員透過循環式的授課規劃（plan）—公開授課（do）—授課反思（see），運用策略調整課程節奏與方向，達成學生有效學習的目標。不同年級的教師開始了解學生在國小階段完整的國

圖 6-18　國語社群備課——返校日教師們的共學與共好

圖 6-19 國語備課社群開學後每個月一次主動備課

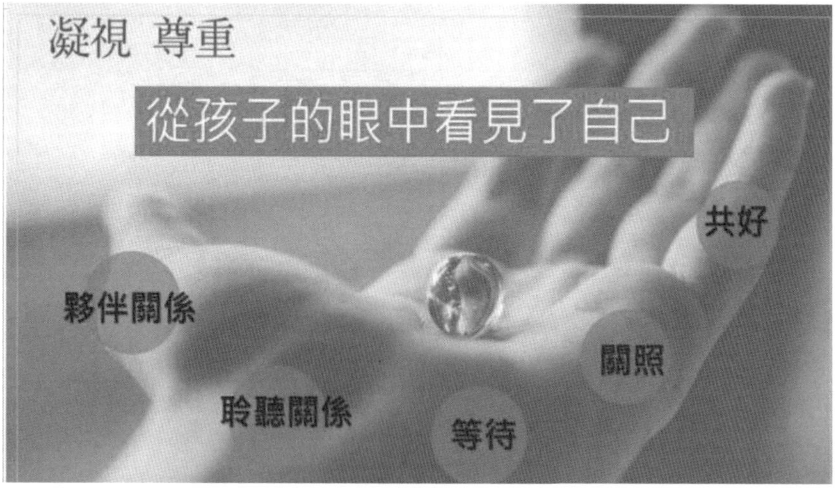

圖 6-20 國語備課社群願景

學習語錄 181 課堂尊重和接受每一位學生的多元與特質。

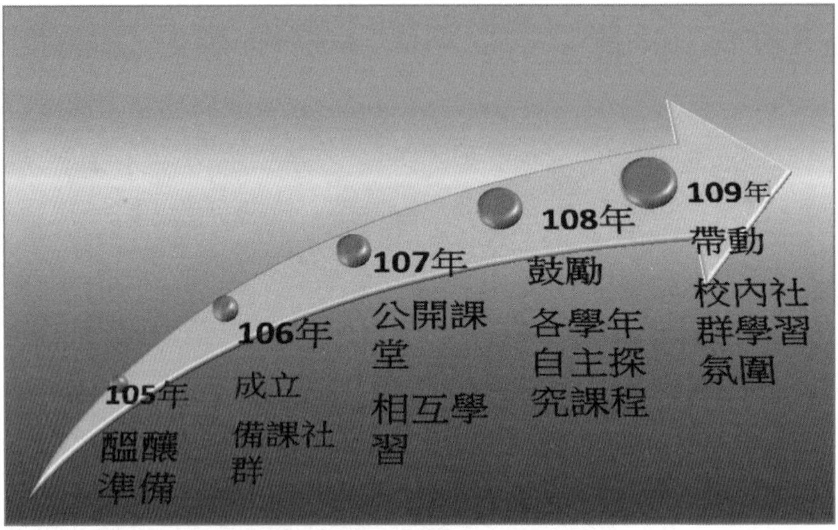

圖 6-21　國語備課社群發展流程

圖 6-22　國語備課社群全校公開觀課（107 年 5 月）

學習語錄 182　協同學習讓學生重新認識夥伴、重新理解夥伴，練習尊重和接納教室的每一個人。

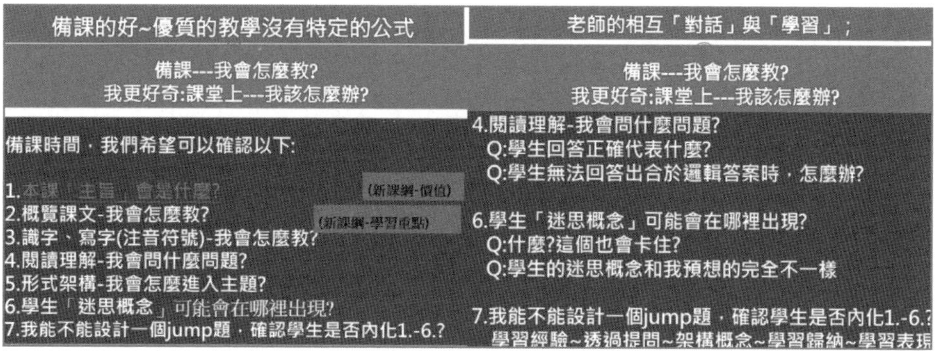
備課的好~優質的教學沒有特定的公式
老師的相互「對話」與「學習」;
備課---我會怎麼教?
我更好奇:課堂上---我該怎麼辦?
備課時間,我們希望可以確認以下:
1.本課「主旨」會是什麼?
(新課綱-價值)
2.概覽課文-我會怎麼教?
(新課綱-學習重點)
3.識字、寫字(注音符號)-我會怎麼教?
4.閱讀理解-我會問什麼問題?
5.形式架構-我會怎麼進入主題?
6.學生「迷思概念」可能會在哪裡出現?
7.我能不能設計一個jump題,確認學生是否內化1.-6.?
備課---我會怎麼教?
我更好奇:課堂上---我該怎麼辦?
4.閱讀理解-我會問什麼問題?
Q:學生回答正確代表什麼?
Q:學生無法回答出合於邏輯答案時,怎麼辦?
6.學生「迷思概念」可能會在哪裡出現?
Q:什麼?這個也會卡住?
Q:學生的迷思概念和我預想的完全不一樣
7.我能不能設計一個jump題,確認學生是否內化1.-6.?
學習經驗~透過提問~架構概念~學習歸納~學習表現

圖 6-23　國語備課社群備課目標

語科學習脈絡，透過低年級教師的分享，得知學生易混淆的注音符號；透過共備高年級課程，以及分析高年級學力測驗考題，低、中年級教師理解學生在國小階段要學習的閱讀理解能力（圖 6-23）。

讓經歷孩子低、中、高年級的所有教師看到孩子 6 年的成長！在相互了解中，相互學習，爲全校學生而努力！

【研究者反思】

第一次嘗試讓校內 20 位老師共同觀課，看著教師們關注著曾經熟悉的孩子的表情，看著教師們那份和我眼神交流後會心一笑的默契，心好暖好暖……。

謝謝所有內觀教師細膩地觀察學生，整堂課聚焦在小組的互動和對話，例如：誰發起的對話、對話的方式，卡住時，孩子問了夥伴「直爽」是什麼意思？謝謝內觀教師們讓研究者看到了孩子的學習脈絡！

這次觀課令我最驚訝的是，研究者平常刻意避免強化幹部或領導人（例如班長）的角色，是期待有朝一日每一位孩子都有機會成為領導的人。聽到內觀教師們說起小組內孩子的對話發起者，用著不約而同的節奏，輪流詢問：「你的想法是什麼？」和「你的意思是這樣嗎？」無論是

學習語錄 183　教師的鼓勵讓學生安心，願意嘗試下一次的發言。

順時針式、交叉式、比手畫腳式或是查字典式提出想法，這些都是小組孩子自發性形成的模式。平日的課堂我只能關注部分孩子的對話，沒有辦法同時「看見」這麼多的小組細節，謝謝大家成為彼此的「眼睛」。

在2週隨機分組的座位安排下，孩子必須去適應與發展與不同夥伴對話的默契與模式，很開心，看見低學力的孩子願意求救，同組夥伴看見需要幫忙的夥伴願意支援，謝謝全體內觀教師們給了研究者很多美好的畫面，很美，很感動！

～孩子專注時的表情很美。

～教師們專注的表情更是令人感動。

從學科本質的價值爲討論起始點，確認核心概念到設計伸展跳躍題的備課過程，即爲學習重點中的學習內容（教師：文字篇章、文本表述、文化內涵的備課）；接續期待的學習表現（學生：聆聽、口語表達等）則是必須透過備課的精準，以及課堂上的學習共同體哲學理念，提升孩子在學習表現上的層次與能力；透過提問－反思－提問－澄清－提問－歸納，順向可看出學生表現的成效，逆向可看出學生學習經驗的建構。

接著，社群進行了二場探究活動，一場是延續去年備課社群的國語備課時間，聽著各年段教師們說出自己對文本的理解，接著共同設計提問以建構或澄清孩子的學習概念（謝謝夥伴們的低年級注音符號，孩子特別容易卡在ㄠ和ㄏ的解惑），接下來在中年級關於臺灣欒樹四季風采的文本中，中年級教師由摹寫法切入，讓孩子辨別四季之美；另一位中年級教師由顏色切入，讓孩子由顏色觀察文本中四季的描寫（很棒的想法，讓研究者學到很多！）第二場是邀請新進教師認識學習共同體（感謝未來有這麼多的夥伴一起爲學生、爲彼此努力！）

教師也和學生相同，透過「尊重、聆聽、給夥伴、不放棄」的理念實踐，實現課綱「自動好」的精神。

學習語錄 184 讓每一位學生可以說出心中的想法，不會只能有一個答案代表小組的討論方式。

(三) 社群教師迴響

★ A 老師回饋：增加思考面向、掌握上課節奏、看見孩子的轉變、學生感到成就感和自信心。

參與國語備課社群後，藉由社群召集人帶領，以及透過夥伴共同討論備課，不僅增加自己思考的面向，一起討論出來的教案也幫助自己更掌握上課節奏與流暢度，更重要的是看到孩子的轉變，平時多聽老師講述，班上願意思考、勇敢發表想法的孩子，集中在少數人身上。教師有目標的引導後，每個孩子都能展現自己不同面向的思考，尤其之前班上的「客人」，在小組討論時，專注的態度與豐富的思考讓老師很驚訝，思考動起來了的感覺，讓學生自己都感受到了成就感與自信！謝謝社群召集人帶領社團，讓夥伴一起學習、一起共好；讓教師帶給學生更好的學習轉變。

★ B 老師回饋：提供平台讓老師交流學習。

「國語備課站，讚」社群讓大家能更完整、更有脈絡的了解學習共同體的理念、內涵及操作方式；此外，也提供了一個平台，讓不同年段的教師們得以彼此交流、學習。

★ C 老師回饋：提問深入、豐富教學內容。

1. 教師方面：讓學生有多點時間可以自行思考，不急著歸納答案。有共備的課程，提問的問題也更有深度，教學內容更豐富。

2. 學生方面：學生在聆聽時更懂得尊重他人，也更勇於說出自己不會的地方勇敢求救。

★ D 師及 E 師回饋：抓到學習重點、教師分享想法、預想學生反應的應對。

很開心參加國語文學習社群，透過社群召集人有條理的引導下，和學年教師共備國語課程，在這之前因為對課程內容比較生疏、沒有什麼概念，所以就算查了很多的資料，但畢竟是一人之力，難免準備不周，對學

學習語錄 185 難度挑戰題，解題過程中讓學生擁有和夥伴對話的時間與機會。

生會有什麼反應有時很難意料到。透過這樣共同備課討論，可以讓我快速抓到該課的學習重點，大家分享彼此的 idea 和創意，上課時學生會有什麼反應及如何應對，對課前的準備也可以較爲完整。

★ F 老師：資源分享、看見專業。

感謝「國語備課站，讚」引領學年教師一起備課，分享資源，讓教學更輕鬆。透過不同教師主題分享，除了看到教師不同的專業，也增長了許多知識。

★ G 老師：接收創意與刺激、學習新知。

國語共同備課社群是學校教育工作的活水，大家互相分享的過程能不斷接受新的刺激與創意，學習到新的東西。

★ H 老師：團體討論、觀摩學習。

謝謝學校有這麼棒的備課社群。讓教師們除了可以利用團體討論的方式增進國語文教學能力，也能夠彼此觀摩學習，拓展視野。

★ I 老師：汲取多元知識與寶貴經驗。

在國語共備社群裡，透過不同的主題探討，從許多教師的身上汲取多元的知識與寶貴經驗，在生活及教學上都非常實用！我想這種交流、對話與分享，也正是共備的精神之一，謝謝社群裡的每一位夥伴。

★ J 老師：等待孩子、接納孩子。

當第一次加入學習共同體教師學習社群時，聽到社群召集人所進行的教學分享，讓我十分好奇「學習共同體」的教學樣貌。直到自己眞正將學習共同體融入國語閱讀理解教學時，我才發現：要營造一種正向的學習氛圍，是需要長時間潛移默化才能慢慢融入班級之中的。因此我先花了一個學期的導入——透過跟家長的說明與學生的溝通和調整，才在最後一個學期，實施了爲期 8 週的國語閱讀理解課程實施計畫，漫長醞釀期過後迎接而來的是甜美的果實。而這「果實」指的是：讓身爲教師的我放下了許多習以爲常而堅持多年的教學迷思，學會欣賞學生與眾不同的觀點，發現

學習語錄 186 協同學習的時候，可以讓學生感受到共好的學習氛圍。

唯有透過等待與接納，才能讓學生在同學與師長面前有嘗試錯誤的勇氣，並能建立問題解決的步驟與策略，這些都是最寶貴的成果。我相信假以時日，孩子們對於面對未來學習上的挑戰，也都能衍生出勇於嘗試的無畏精神，只要他們有一群在身旁相挺的「夥伴們」！

社群成員透過循環式的授課規劃（plan）—公開授課（do）—授課反思（see），在教師相互對話與澄清後，預想課堂上學生可能會發生的迷思，從中提升課程設計的能力，與強化低、中、高年級國語課程的脈絡發展關聯，觀議課後，由學生反應修正自己的課程設計，提升教師課程設計能力和學生學習效果（圖 6-24 至圖 6-27）。

在這次的內觀經驗中，見識了學習共同體一直以來強調的精神:共學、共好，給夥伴、不放棄……。印象最深的是孩子們自信又自在的表達、專注且尊重的聆聽，及侃侃而談的神情，在交流中，一次又一次激盪出更有層次的討論內容，感覺得出來孩子們非常享受這樣的探索過程。

此外，這堂課也使我了解:孩子雖有不同的特質與個性，卻都能用自己的方式與步調參與學習、與他人交流。表達力佳的孩子熱心地為夥伴解釋題義;內斂的孩子習慣先傾聽、融會貫通，再整合想法表達;積極度高的孩子懂得透過工具書自主學習;即便是學力稍弱的孩子亦能坦然面對自己的困惑並大方請教夥伴……，原來只要讓孩子愛上學習、並給予安心的氛圍，個別差異再大的群體，也能搜尋到彼此的頻率，產生連結與學習，這是我最大的收穫。<雨紬>107.6

圖 6-24　社群老師觀課後回饋

學習語錄 187　課堂是小社會，學生在學校生活中希望得到同學的重視與認同，成爲相互支持的力量。

圖 6-25　國語備課社群第一屆成員

圖 6-26　低年級團隊說明課程設計理念

學習語錄 188　學習共同體課堂上的協同學習，不需要加分、不需要物品獎勵，學生也能夠有學習意願，原因來自於和夥伴一起學習。

圖 6-27　中年級團隊課程設計與討論

三 學習共同體在班級中產生哪些迴響

(一) 認同教師：教師也是學生的夥伴

照片故事

全國 SUPER 教師比賽觀課（課程設計理念）（圖 6-28）

圖 6-28　共 ming 學堂 1 的孩子——全國 SUPER 教師比賽評選之觀課（106.5）

在課堂上，我告訴孩子：「我們要一起學習，一起努力，老師也是來和各位學習，我們要一起從上課的第一分鐘努力到最後一分鐘，明怡老師不會放棄任何一個孩子，你也不可以放棄自己，我們不要只有一個人好，我們要一起共學、共好。」

學習語錄 189　課堂對話時，說和學習有關的話，全班同學表現專注聆聽，說話的人得到同學重視。

夥伴之間不僅是交織學習，更要如同交響般的學習，也就是從夥伴的回答中反思自己的理解狀況，回應想法給夥伴，在學習上遇到困難的時候，更要主動求救，要有自己脫離泥沼的能力，眞正可以幫助自己學習的，正是你身旁的夥伴！

以學習共同體理念經營的班級和課程，強調夥伴的共學、共好，以及「尊重、聆聽」，因此在畢業前的國語課，我們共讀了三篇文章，一篇是在課前閱讀王建民〈大隻雞慢啼〉──努力堅持不放棄的文章。而在本次（全國 SUPER 教師觀課）課堂上主要閱讀文本是王建民在 5 月 3 日重返大聯盟 1,052 天後取得首場勝投的新聞報導。我請孩子們閱讀文本後和夥伴們對話，說出王建民除了保持堅持不放棄精神之外，另一個得到勝投的原因。孩子經過夥伴溫柔對話後，輕易就能找出，王建民這場逆轉首勝來自於「夥伴」的協助！（共 ming 孩子在經歷一年課堂上的共同學習，以及參加臺南市樂樂棒球競賽、臺南市程式設計動畫競賽……等校內外各種團隊比賽，很能體會到夥伴對於自己學習的重要，所以看見孩子和夥伴一起投入分享想法的動作和眼神，得知孩子自身的經驗，在閱讀這篇新聞報導時得到了「共鳴」。）

接續閱讀《青春第二課》介紹賈伯斯的文章，篇名爲〈同中有異的哥兒們〉，說明賈伯斯一開始成功的原因來自於找到一個同中有異的夥伴──沃茲尼克，願意與他一起努力，他們互相彌補不足之處。文中提到「如果個別去單打獨鬥，都將只是個殘缺的跛腳者；但二人分工合作，則如虎添翼，變得所向披靡。」（未來，孩子即將畢業，沒有了學習共同體理念的班級經營，孩子面對的，除了堅持著自己不放棄學習的心，更必須去找尋擁有共同理想與目標，可以相互需要、補足彼此的學習夥伴，這是我選擇讓孩子閱讀這篇文章的原因。）

學習語錄 190 遇到難題時，相互關照、相互鼓勵，學習過程中得到信任、支持、滿足感和成就感。

【觀課後小插曲】

下課後，一個孩子跑去找自然老師：「我上課回答明怡老師一個問題，結果明怡老師聽完眼眶馬上紅紅的，老師一定是太感動了！」

（共 ming JUMP 題：為什麼作者在文章的最後一段說：「沒有一個人能吹一首交響曲，它需要一個樂團來演奏？」）

這位共 ming 學堂 1 的孩子回答：「就像我們班，每一個人都是一個音符，29 個音符才能譜出好聽的樂曲……」

我問：「我們班 28 人，所以 29 是包括我嗎？」

她點點頭，說：「對啊！」

記得觀課那時，一半以上的孩子頭抬起來，看著我，望著我微笑，心，好暖；理智的心，在觀課時，硬是壓抑住眼眶瞬間飆高的溫度。

(二) 無限挑戰．挑戰無限

照片故事

今天，你挑戰了什麼？（圖 6-29）

圖 6-29　106 學年度臺南市普及化運動——跳繩接力六年級組亞軍（107.4.30）

七個月一步一步踏實的學習課堂，「不要只有一個人好，要全班一起好」……這一週，波蘭交換學生和全班上新聞的好消息、樂樂棒雙殺守備被體育老師稱讚的冠軍、小市長政見發表二天集訓的完美臺上演出；昨日，準備月考的同時，每一節下課全班願意進到學弟妹班上幫小市長候選人拉票，驚豔地表達與團隊完美無瑕的合作，昨日驚覺……學習共同體孩子們，獨當一面的成長！

學習語錄 191　學生學習的成就感來自於挑戰難題後，得到教師的稱讚、同學的佩服，擁有了自信心。

共 ming 學堂 2 的孩子，在 107 年 4 月 30 日奪得了全市跳繩比賽的亞軍，是學生們的第一座獎盃。每天勤練跳繩的 602 孩子，畢業典禮前的最後一次市賽，展現 1 枝草加上 9 位娘子軍的特殊陣容，化不可能爲可能地榮獲市賽亞軍（成績 2 分 04 秒 62，與柳營國小中華臺北國手並列亞軍）。而在日子銜接的同時，5 月 18 日完成了才藝發表會的演出；還有，畢業前的國語課程，5 月 11 日、5 月 14 日、5 月 23 日公開觀課 3 次；5 月 24 日校內樂樂棒蟬聯冠軍。畢業倒數 11 天，我仍然每天問共 ming 學堂的孩子，「今天，你挑戰了什麼？」

(三) 欣賞夥伴，喜歡老師：接受每一位夥伴，擁有歸屬感

第一次嘗試與臺南市學校筆友交流，研究者發現，信中內容除了談運動、音樂、偶像的話題以外，班上學生會將班級的學習共同體夥伴一起學習、一起努力的想法，非常有自信心的大方說給筆友聽，信中提到：「老師教導我們夥伴的重要和團隊的重要，我很喜歡這位老師。」「我的老師是一位有耐心的老師，每次都會讓全班理解爲止，讓我們分組討論，互相分享答案（可以聽到不同想法）。」「本班特色團結、沉穩，在經過一次又一次的比賽中，我們領悟到夥伴的重要，尤其在無助時，一聲『加油』，就有如天籟般的召喚。」「第一次遇到那麼懂我們的老師。」閱讀著學生一封封的信，看見學生找到了歸屬感（圖 6-30）。

四 學習共同體在教學中產生哪些迴響

研究者運用學習共同體後，看見學生投注在學習的模樣，看見爲了夥伴而努力、願意陪伴夥伴成長的互動，研究者體認到教育的價值與美好！研究者願意爲了學生而繼續努力！

學習語錄 192 學生自律、主動，在聆聽夥伴想法以後，不會只是附和別人想法，而是會擁有自己的想法。

（孩子自繪信封 -1）

（孩子自繪信封 -2）

（孩子自繪信封 -3）

圖 6-30(1) 共 ming 學堂 1——大光國小與永康國小筆友活動

學習語錄 193 學習共同體的學校教育理念是一門哲學，教師將學習共同體的民主性、卓越性、公開性依據信念實踐與反思修正於課堂中。

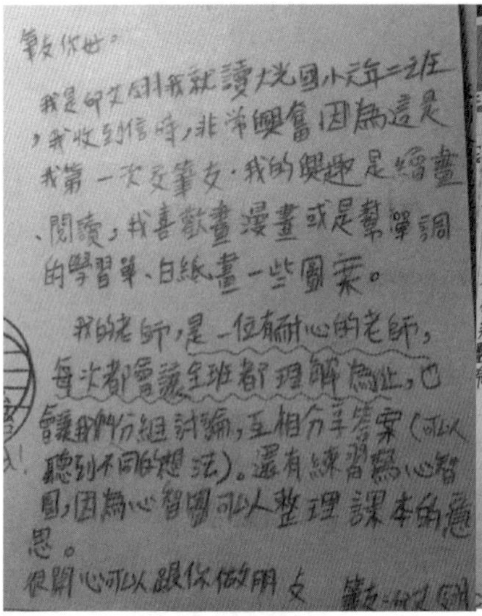
筆友你好：
我是印文同，我就讀大光國小六年二班，我收到信時，非常興奮因為這是我第一次交筆友。我的興趣是繪畫、閱讀，我喜歡畫漫畫或是幫學習的學習單、白紙畫一些圖案。
我的老師，是一位有耐心的老師，每次都會讓全班都理解為止，也會讓我們分組討論，互相分享答案（可以聽到不同的想法）。還有練習寫心智圖，因為心智圖可以整理課本的意思。
很開心可以跟你做朋友

（孩子往來書信 -1）

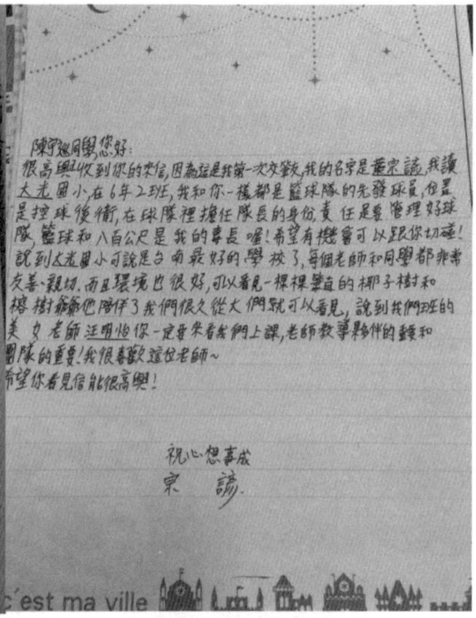
陳宇逖同學您好：
很高興收到你的來信，因為這是我第一次交筆友，我的名字是葉宗諺，我讀大光國小，在6年2班，我和你一樣都是籃球隊的先發球員，位置是控球後衛，在球隊裡擔任隊長的身份，責任是要管理好球隊，籃球和八百公尺是我的專長喔！希望有機會可以跟你切磋！說到大光國小可說是台南最好的學校了，每個老師和同學都非常友善、親切，而且環境也很好，可以看見一棵棵筆直的椰子樹和榕樹爺爺他陪伴了我們很久從大門就可以看見，說到我們班的美女老師汪明怡你一定要來看我們上課，老師教導夥伴的重要和團隊的重要！我很喜歡這位老師～
希望你看見信能很高興！
祝心想事成
宗諺
c'est ma ville

（孩子往來書信 -2）

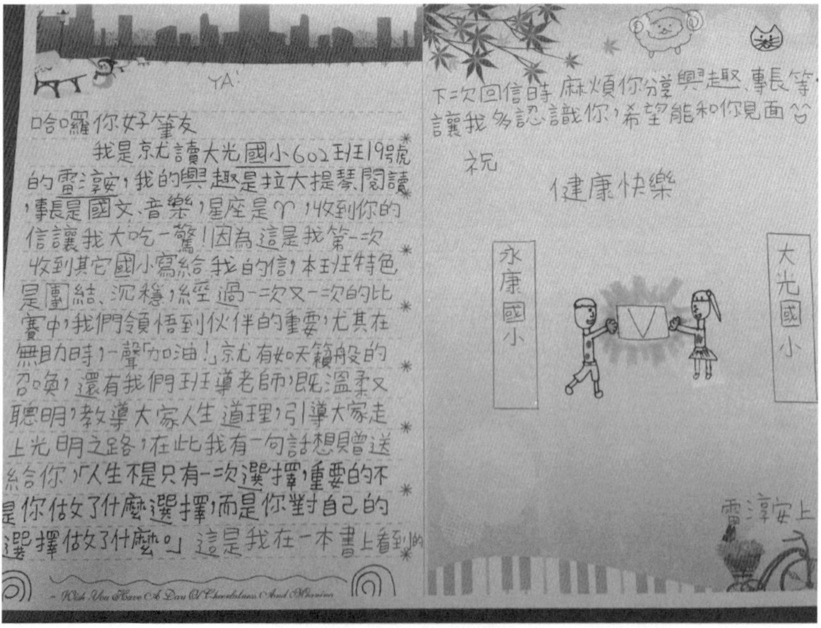
YA
哈囉你好筆友
我是就讀大光國小602班19號的雷淳安，我的興趣是拉大提琴、閱讀，專長是國文、音樂，星座是♈，收到你的信讓我大吃一驚！因為這是我第一次收到其它國小寫給我的信！本班特色是團結、沉穩，經過一次又一次的比賽中我們領悟到伙伴的重要，尤其在無助時，一聲「加油！」就有如天籟般的召喚，還有我們班導老師，既溫柔又聰明，教導大家人生道理，引導大家走上光明之路，在此我有一句話想贈送給你，「人生不是只有一次選擇，重要的不是你做了什麼選擇，而是你對自己的選擇做了什麼。」這是我在一本書上看到的
下次回信時麻煩你分享興趣、專長等，讓我多認識你，希望能和你見面
祝
健康快樂

雷淳安上

（孩子往來書信 -3）

圖 6-30(2)　共 ming 學堂 1——大光國小與永康國小筆友活動

學習語錄 194　學校教育中實踐學習共同體最大的挑戰，是要全面的尊重學生、全面的以學生學習爲中心。

CIRCUS MONKEY

姚羿綸同學，你好：

我是大光國小的許智惟，從三月二十五日，我就很期待，因為那天姜主任當郵差，送來了一個包裹，老師說是六年七班想和我們交筆友，我很Happy，星期一拿到信時，發現你和我有相同處，讓我很高興。

我就讀大光國小，大光國小在臺南市北區長榮路五段二百七十七號，我們大光有國樂、藝陣等許多社團，是冂字形校園，中間有草皮，操場在教學區後面，一進到大光，就有許多七彩的教室，很漂亮，下課時，很多人會去操場玩，我很喜歡大光。

我在六年二班，班導是汪明怡，很喜歡閱讀，讓我們增進語言能力，而我們班用學習共同體，讓每個人都有機會發言，這是我們班的特色，而我們班也很團結，常在各類比賽表現團結精神，像是棒球比賽，隊友失誤，也會和他說No Mind（不要在意），讓隊友能不放棄，繼續努力。

我的興趣是畫畫，雖然我是男生，而我也有和你相同的地方，我數學也常考滿分，通常是班上第一名，我也有玩全民槍戰，我國語也不好，不過至少有九十五分以上，我沒看實況，很高興和你當筆友。

3/28 許智惟

（孩子往來書信 -4）

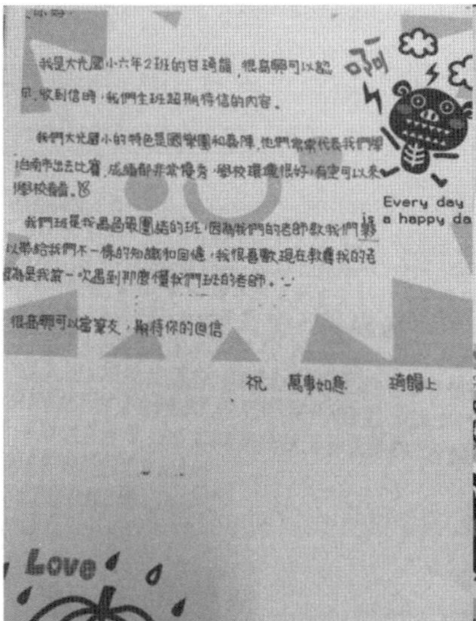
我是大光國小六年2班的甘琦韻，很高興可以認識你，收到信時，我們全班超期待信的內容。

我們大光國小的特色是國樂團和藝陣，他們常常代表我們學校到台南市出去比賽，成績都非常優秀，學校環境很好，有空可以來學校看看。

我們班是我最最團結的班，因為我們的老師教我們，所以帶給我們不一樣的知識和回憶，我很喜歡現在教導我的老師，因為是我第一次遇到那麼懂我們班的老師。

很高興可以當筆友，期待你的回信

祝 萬事如意 琦韻上

（孩子往來書信 -5）

（孩子往來書信 -6）

圖 6-30(3) 共 ming 學堂 1 —— 大光國小與永康國小筆友活動

學習語錄 195 在學習共同體課堂中，不需要單打獨鬥的個人英雄，需要的是協同合作的團隊夥伴。

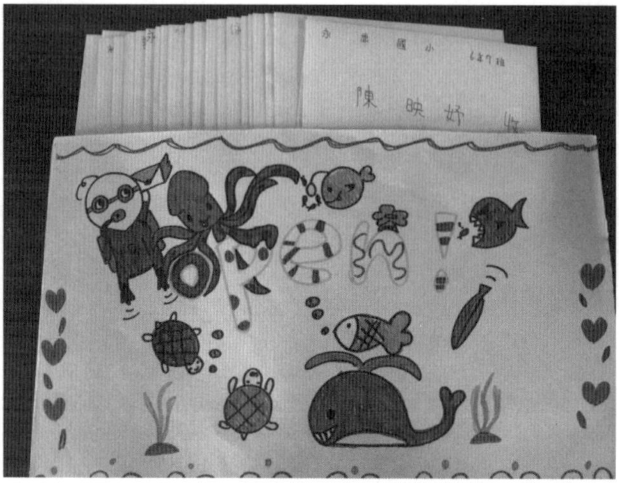

（孩子往來書信 -7）

圖 6-30(4)　共 ming 學堂 1 —— 大光國小與永康國小筆友活動

(一) 增強課程設計能力：帶著學生在課堂冒險

研究者於 101 年開始擔任教育部閱讀推動教師，在 104 年開始融合學習共同體，將閱讀理解策略與協同學習結合，搭配 109 年聆聽教學策略，設計提升高年級國語聽、說、讀、寫能力的課程，每一堂課都有備而來，讓學生有所得。當課堂學習帶給學生挑戰，學生每一天都要「冒險」時，班級每天充滿正向能量！師生共同爲了成爲很會學習的人而努力！（圖 6-31）

(二) 將信任緊握手心

在學習共同體的夥伴關係尚未成成熟時，教師必須表現出以「等待成長，然後欣賞學生」的一顆心看待學生的發言，讓學生安心的同時能信任教師。教師細膩地呵護師生關係，緊握住對學生的信任，隨時關心學生的心理狀態，讓學生感受到教師全然的信任與支持。教師坦然面對學

學習語錄 196　夥伴間的對話交流有如織布時絲線的連結，絲線連結愈緊密，色澤愈顯鮮明，協同學習的情景油然而生。

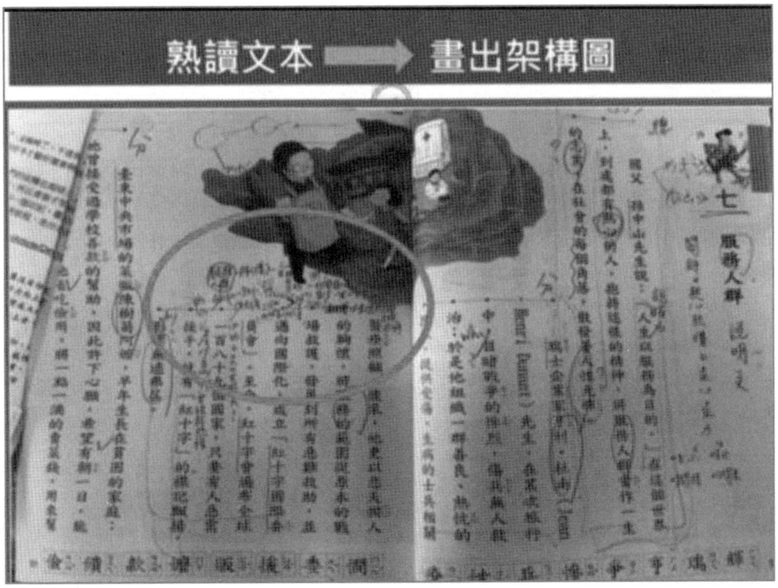

熟讀文本

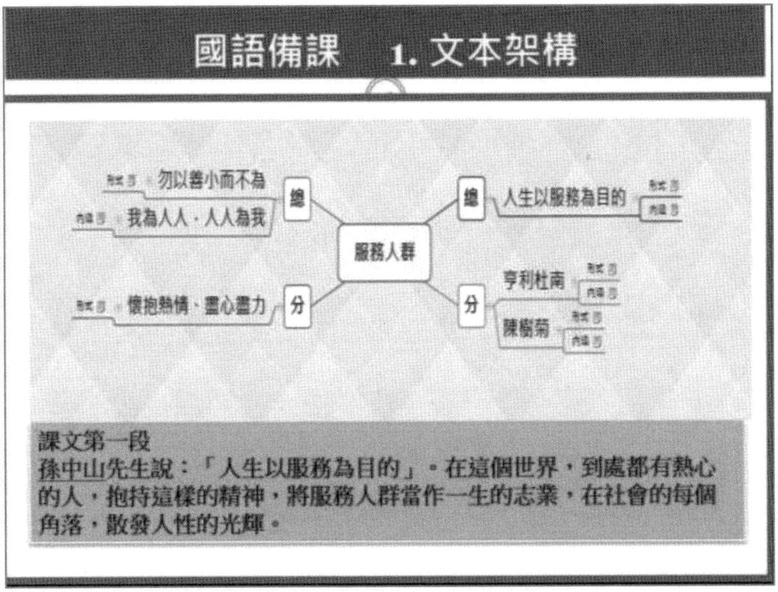

分析文本架構

圖 6-31(1) 研究者課程設計流程示意圖

學習語錄 197 引導學習從「我不懂」出發，分享經驗和知識，直到解決問題為止。

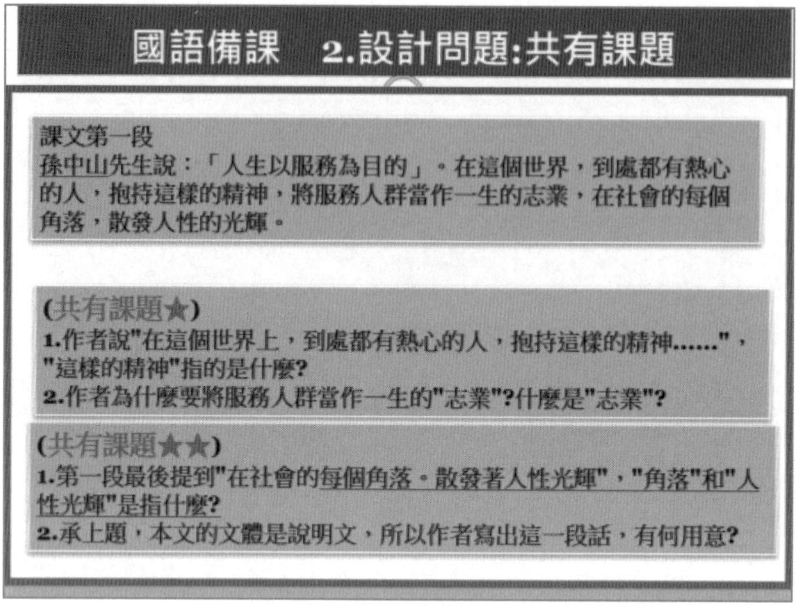
國語備課　2.設計問題:共有課題
課文第一段
孫中山先生說：「人生以服務為目的」。在這個世界，到處都有熱心的人，抱持這樣的精神，將服務人群當作一生的志業，在社會的每個角落，散發人性的光輝。
(共有課題★)
1.作者說"在這個世界上，到處都有熱心的人，抱持這樣的精神……"，"這樣的精神"指的是什麼?
2.作者為什麼要將服務人群當作一生的"志業"?什麼是"志業"?
(共有課題★★)
1.第一段最後提到"在社會的每個角落，散發著人性光輝"，"角落"和"人性光輝"是指什麼?
2.承上題，本文的文體是說明文，所以作者寫出這一段話，有何用意?

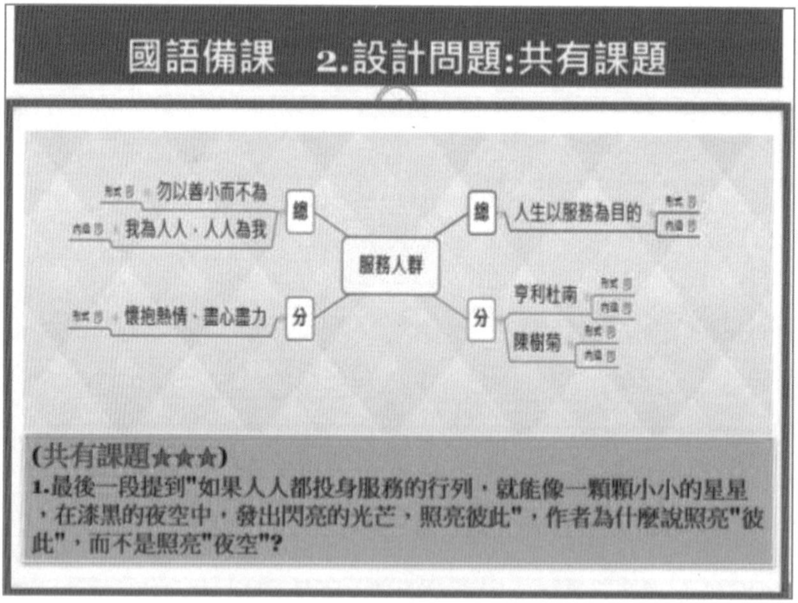

1.最後一段提到"如果人人都投身服務的行列，就能像一顆顆小小的星星，在漆黑的夜空中，發出閃亮的光芒，照亮彼此"，作者為什麼說照亮"彼此"，而不是照亮"夜空"?

設計共有課題

圖 6-31(2)　研究者課程設計流程示意圖

學習語錄 198　學習共同體的課堂透過「聆聽和對話」，讓學生從親身體驗式的學習，體認共同學習真正的意義。

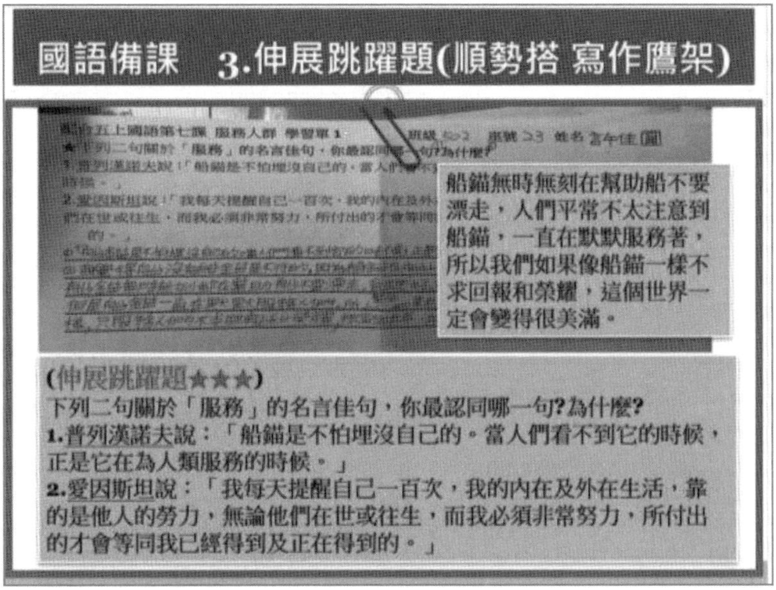

設計伸展跳躍題

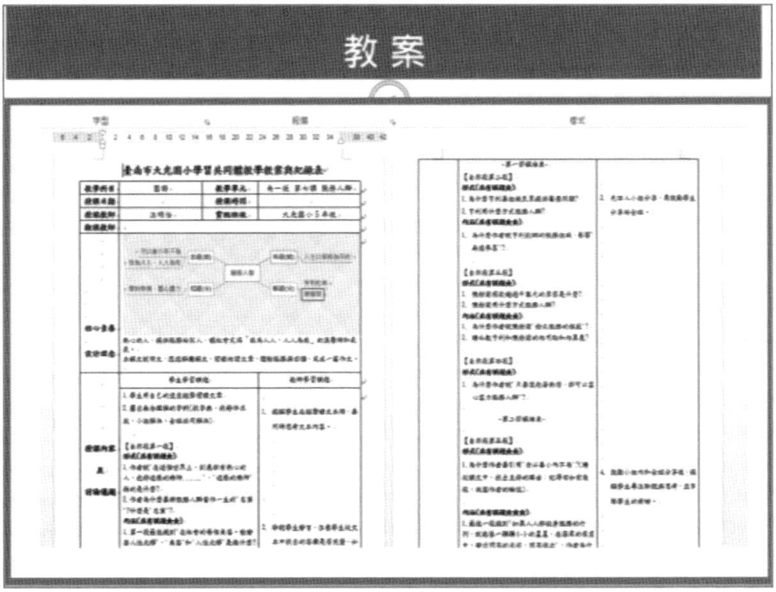

課程設計教案

圖 6-31(3)　研究者課程設計流程示意圖

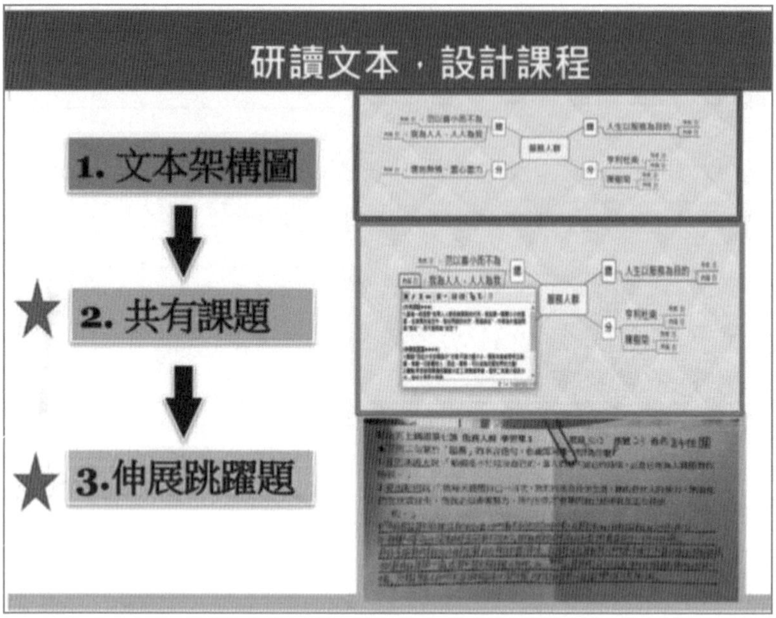

圖 6-31(4)　研究者課程設計流程示意圖

生，學生也坦然面對教師，營造出愉快的學習與生活氛圍，學生擁有了歸屬感，安穩了情緒和行爲，教室行爲問題減少，學生將能專注於學習（圖6-32）。

(三) 師生衝突降低

當研究者開始傾聽學生心中想法，開始放下權威，將「爲什麼你都不努力？」「爲什麼你都不聽話？」的想法，在面對無法達到研究者標準時，轉換成「等待學生成長」、「相信學生未來一定可以」、「給學生時間」的心情，以「避免師生衝突」爲互動原則，當學生再次詢問研究者已經說過的事項或是學生表示不會的題目，研究者會回應「你有嘗試問問小組的夥伴嗎？我想他一定可以回答你。」然後加上一句「如果你詢問過所

圖 6-32　學生探究問題、解決問題

有人都無法解決你的問題，要記得回來找老師。」研究者的想法是，教師不是拉著學生往前走，而是在學生的身後一步步跟著，支持並鼓勵學生向前。

由於師生平日在課業上或是行爲上都很容易出現對立關係，當教師在課堂上責罵學生時，師生互信關係可能在瞬間瓦解。因此，研究者會運用夥伴關係，「暫時」化解課堂上師生的對立或是轉換情緒，然後再與特別容易有師生狀況的學生單獨談話。談話並不是說教，而是表達教師的立場，表達教師面對團體生活時，兼顧團體規範和個別行爲的爲難之處，期待學生可以適時的收斂言語及行爲，然後，等待學生認同，等待學生成長。

(四) 校外老師的迴響

學習共同體與新課綱的契合，在於從學科本質的價值爲討論起始點，確認核心概念到設計伸展跳躍題的備課過程，即爲學習重點中的學習內容（老師端：文字篇章、文本表述、文化內涵的備課）；接續期待的學習表現（學生端：聆聽、口語表達等）則是必須透過備課的精準，以及課堂上的學習共同體哲學理念，提升孩子在學習表現上的層次與能力；透過提問—反思—提問—澄清—提問—歸納，順向可看出學生表現的成效，逆向可看出學生學習經驗的建構。

申請參與各項教育部或是教育局觀議課計畫的教師社群，部分爲主動參與、部分爲被動參與，教師們對於學習共同體理念與新課綱核心素養的結合與實踐，以及以學生爲中心的課程設計理念都非常認同（圖 6-33 至圖 6-39）。

共備

觀議課

圖 6-33 研究者擔任教育部教師發展支持系統輔導諮詢委員——新市國中輔諮委員

學習語錄 202 聆聽夥伴們的思考，反覆咀嚼以後成爲幫助自己的學習能量。

高年級觀議課

中年級觀議課

共備

圖 6-34　研究者擔任教育部教師發展支持系統輔導諮詢委員——崇明國小輔諮委員

高年級數學觀議課

數學共備

圖 6-35(1)　研究者擔任教育部教師發展支持系統輔導諮詢委員——崇學國小輔諮委員

學習語錄 203　學習的時候，用溫柔的心，相互關照。

數學共備

圖 6-35(2) 研究者擔任教育部教師發展支持系統輔導諮詢委員——崇學國小輔諮委員

圖 6-36 研究者擔任屏東縣教育局「如何進行共備觀議課」講師

學習語錄 204 和夥伴一起在課堂中冒險、一起挑戰未知的旅程，讓學習更有動力。

圖 6-37 研究者擔任教育產業工會師培力課例研究講師

從學習共同體課例研究中看到孩子眼中的天使導師

和順國小課研組長 馬孟平

今天課例研究的收穫是懂得孩子的老師就是孩子眼中的天使。

4月10日這一天，臺南市教育產業工會與高雄師範大學在職進修學院共同辦理師資培力交流據點---學習共同體精進教學課例研究暨備課工作坊研習，邀請到大光國小汪明怡老師分享。她是104年天下雜誌閱讀典範教師，同年通過推動學習共同體專業教師認證。

在這一天的上午，聽著明怡老師溫暖、和煦的聲音，敘說著與孩子間的互動，家長給予的感動回饋，再再體現著學習共同體的課堂中，孩子寧靜地尊重彼此聆聽想法是存在的，教師提出伸展跳躍題是足以觸發孩子們即使下課了也願意留在座位上繼續學習的動機。在課例研究中所播出的畫面中，看到教師耐心等待每位孩子的成長，溫和地對待對於課程內容不懂以及學習緩步的孩子們，潛移默化中增加怯懦孩子的勇氣，直到他們勇於發言。這是在臺灣的一般課堂當中所罕見的，而這也是學習共同體課堂之所以迷人的地方。

今天的課例研究在明怡與姜宏尚主任溫暖的帶領下，促使現場的教師們能針對自己對於課堂中的疑問提問，成就了教師的專業對話，大家彼此交流著自己的想法，釐清對於學習共同體班級推動時的困惑，這也是教師形塑同僚性的最佳範例，相信對於未來學共班級氛圍的推動將更有助益。

在學習共同體的班級中，教師需要隨時了解每個孩子的狀態，透過溫和、平行的眼光，來觀察孩子的學習狀態，適時地給予孩子需要的協助，邀請孩子身旁的夥伴給予信心的支援。害羞的學生會因為身邊的伙伴的支援而願意成長，會因為教師懂自己，願意耐心和緩的等待而勇於踏出求救、發言的那一步時，就是學習共同體理念實踐的開始。

今天班級中，看著明怡老師娓娓敘說著孩子的成長，孩子給老師的回饋以及家長眼中自己孩子的成長，當孩子說出；「我第一次遇到那麼懂我們的老師」這句話時，這就是身為老師的價值所在；當孩子因為教師透過共同備課精心設計出的伸展跳躍題進而願意提出求救、與同學討論共同挑戰問題，用心討論的學習畫面，再次融化我的心，也令我願意持續逐步踏向學習共同體理念的這條路，因為這是條能讓教師化身為天使的夢幻大道。

圖 6-38 臺南市教育產業工會教學研究部夥伴心得回饋

學習語錄 205 在安心的課堂中學習，學生會表現出最眞實的學習樣貌。

1.班級整體學習氛圍正向積極，師生彼此能做到專注、聆聽

【我的學習心得或修正建議】：

班級能靜下心來寧靜的學習，學生才能由心地感覺到學習的樂趣。

2.學生組內能主動構築互學情形，和小組成員分享自己的心得與意見，特殊學生也能受到關注和協助

【我的學習心得或修正建議】：

特殊學生的問題減低了，老師才能專心地授課，整體學習成效會更提升

3.學生組間能建立互學機制，全班學生都能安心的分享自己的心得與意見

【我的學習心得或修正建議】：

溫柔的被對待，也會溫柔的對待別人。

4.課堂設計的伸展跳躍（jump）題目，能引發學生思考和探究的動機

【我的學習心得或修正建議】：

不斷地練習思考，孩子也會變得喜歡思考及發言，這對孩子的未來是很有幫助的！

5.授課教師的肢體語言話術，能沉穩的引導學生進行學習

【我的學習心得或修正建議】：

老師慢條斯理地講述，有一股沉靜的力量。

1.班級整體學習氛圍正向積極，師生彼此能做到專注、聆聽

【我的學習心得或修正建議】：

課堂上孩子們內心互相"尊重"。

2.學生組內能主動構築互學情形，和小組成員分享自己的心得與意見，特殊學生也能受到關注和協助

【我的學習心得或修正建議】：

老師關注到了特殊需求的學生。

3.學生組間能建立互學機制，全班學生都能安心的分享自己的心得與意見

【我的學習心得或修正建議】：

學生大方分享，不論他人動作 [illegible] 笑他。

4.課堂設計的伸展跳躍（jump）題目，能引發學生思考和探究的動機

【我的學習心得或修正建議】：

與作業相關，可思考又可完成作業

5.授課教師的肢體語言話術，能沉穩的引導學生進行學習

【我的學習心得或修正建議】：

沉穩的教學才能有沉穩的學習培養

6.班級座位配置恰當，能依據實際學習需要進行座位的移動，座位，達到翻轉學習之目的

【我的學習心得或修正建議】：

課堂討論方便，聆聽時，也能以目光注視發言者，訊息更容易入心。

7.授課教師運用學習共同體於課堂實踐，與原先的教案設計是相契合的

【我的學習心得或修正建議】：

事先的備課等同是搭鷹架，愈仔細，孩子的學習愈能達到老師預想的目標。

8.整體來說，參加課例研究對於學習共同體有更深刻的認識，對於運用到自己的課堂教學上有實質的助益

【我的學習心得或修正建議】：

溫柔的對待每一位孩子，也試著把音量降低，放慢，把學習主體逐漸地放給孩子。

9.若您對參加課例研究（或學習共同體）尚有其他意見，請於下方空白處說明：

看到明怡老師沉穩而從容不迫的「穿針引線」，使得課堂進行得順利，並看到了課堂間交響的美妙而寧靜學習的感動！

9.若您對參加課例研究（或學習共同體）尚有其他意見，請於下方空白處說明：

課程進度的掌握及學生深度學習的衡量，得靠老師有經驗的執行（這也是有難度的），但孩子透過學習共同體的學習，溫柔的對待他人，學習等待與聆聽，卻是無比珍貴的！感恩學共老師的努力與推動！

問卷到此結束，衷心感謝您的協助！

9.若您對參加課例研究（或學習共同體）尚有其他意見，請於下方空白處說明：

謝謝明怡老師給我機會學習「尊重」在您的班上處處可見，包含同學的互相等待，以及老師溫柔的提醒，也謝謝您用心的回覆我們的問題

圖 6-39　研究者擔任師培力講師——現場夥伴回饋

學習語錄 206　教師對學生的完全信任，讓學生對自己的學習更有信心。

1. 南臺科技大學師培生回饋

師資培育研究生在進入研究者班級長期觀課及試教以後，給研究者非常多以學習共同體爲理念的觀課的回饋（圖 6-40、6-41）。

2. TFT 教師迴響

TFT（爲臺灣而教基金會）使命是透過招募人才，發展其成爲卓越且有使命的教師與領導者，協助教師在偏鄉（高學習挑戰的地方）與在地協力創造優質的教育環境，並藉由教師持續在各領域的串聯與領導，帶動一個共同爲孩子公平發展機會而努力的運動。

圖 6-40　師培生觀課回饋

學習語錄 207　學生回答問題以後，教師對學生表現鼓勵和肯定的反應，讓學生願意嘗試下一次的發言。

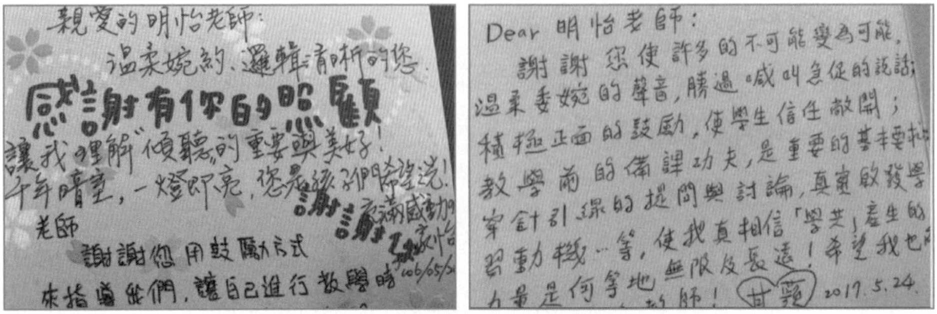

圖 6-41　師培生實習回饋

研究者在寒暑假與課後投入支援偏鄉教師的師培行列，擔任實習督導期間，看著 TFT 教師們面對現場課程的強度，秉持著毅力與決心扎實學習，同時也給予研究者非常多的回饋（圖 6-42）。

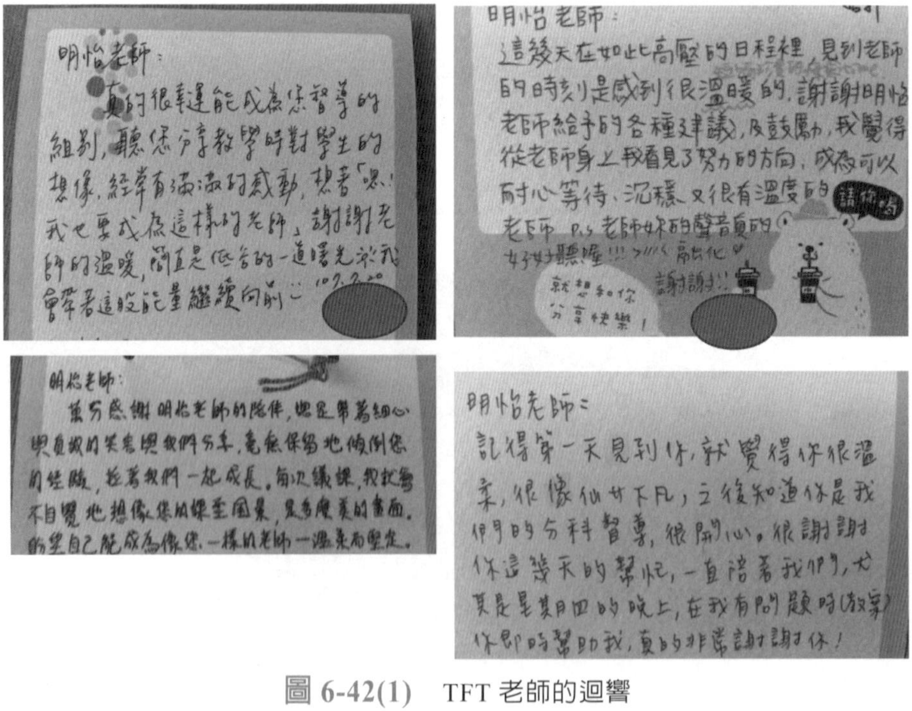

圖 6-42(1)　TFT 老師的迴響

學習語錄 208　觀察夥伴的發言、聆聽夥伴的對話，讓學生在課堂中發現多元的學習策略。

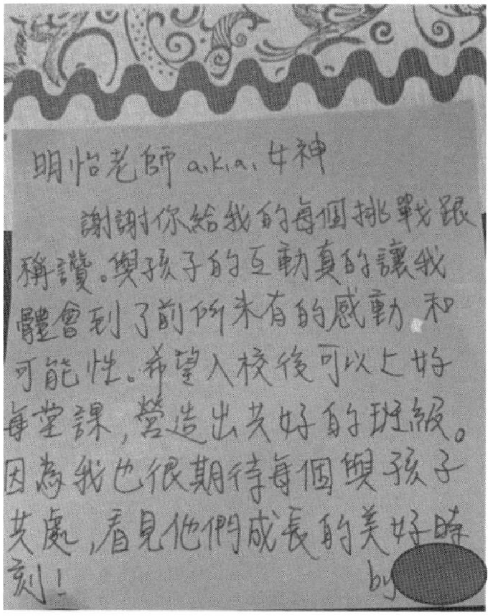
明怡老師 a.k.a. 女神
謝謝你給我的每個挑戰跟稱讚。與孩子的互動真的讓我體會到了前所未有的感動和可能性。希望入校後可以上好每堂課，營造出共好的班級。因為我也很期待每個與孩子共處，看見他們成長的美好時刻！
by [redacted]

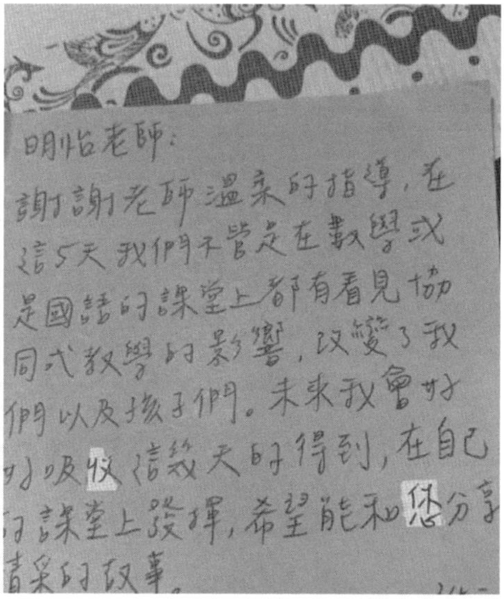
明怡老師：
謝謝老師溫柔的指導，在這5天我們不管是在數學或是國語的課堂上都有看見協同式教學的影響，改變了我們以及孩子們。未來我會好好吸收這幾天的得到，在自己的課堂上發揮，希望能和您分享精采的故事。

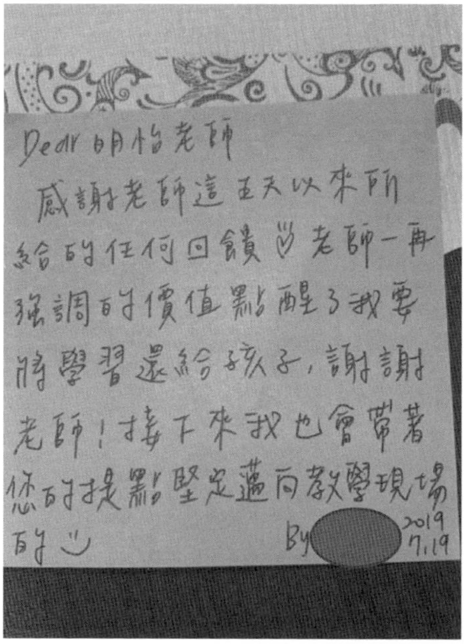
Dear 明怡老師
感謝老師這五天以來所給的任何回饋 ☺ 老師一再強調的價值點醒了我要將學習還給孩子，謝謝老師！接下來我也會帶著您的提點堅定邁向教學現場的 ☺
By [redacted] 2019 7.19

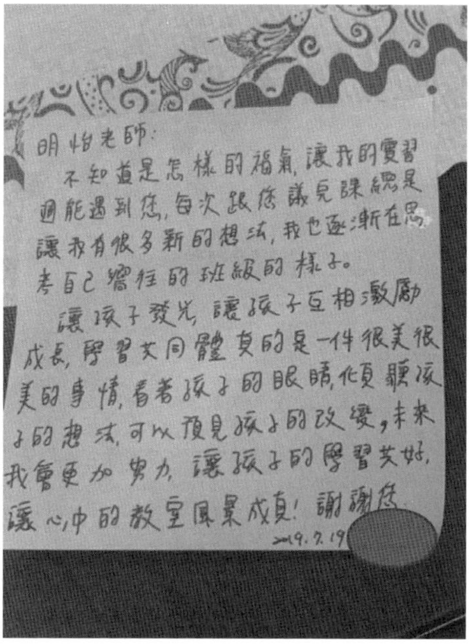
明怡老師：
不知道是怎樣的福氣，讓我的實習週能遇到您，每次跟您議課總是讓我有很多新的想法，我也逐漸在思考自己嚮往的班級的樣子。
讓孩子發光，讓孩子互相激勵成長，學習共同體真的是一件很美很美的事情，看著孩子的眼睛，傾聽孩子的想法，可以預見孩子的改變，未來我會更加努力，讓孩子的學習共好，讓心中的教室風景成真！謝謝您
2019.7.19 [redacted]

圖 6-42(2)　TFT 老師的迴響

學習語錄 209　學習共同體的課堂，可以看見學生竭盡所能、用盡全力的思考；jump 題不僅是學生的挑戰，也是教師的挑戰。

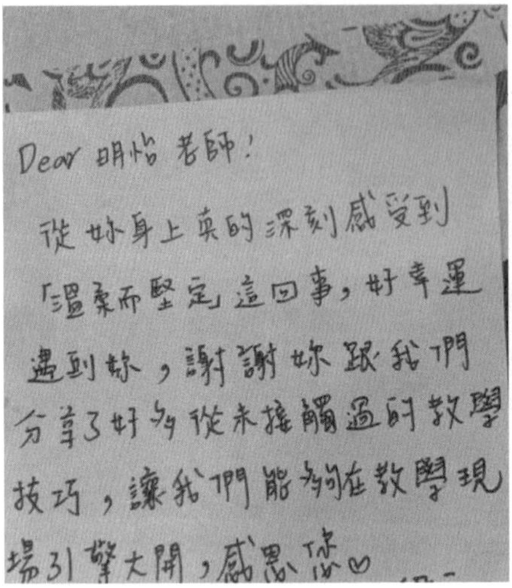
Dear 明怡老師!
從妳身上真的深刻感受到
「溫柔而堅定」這回事，好幸運
遇到妳，謝謝妳跟我們
分享了好多從未接觸過的教學
技巧，讓我們能夠在教學現
場引擎大開，感恩您♥

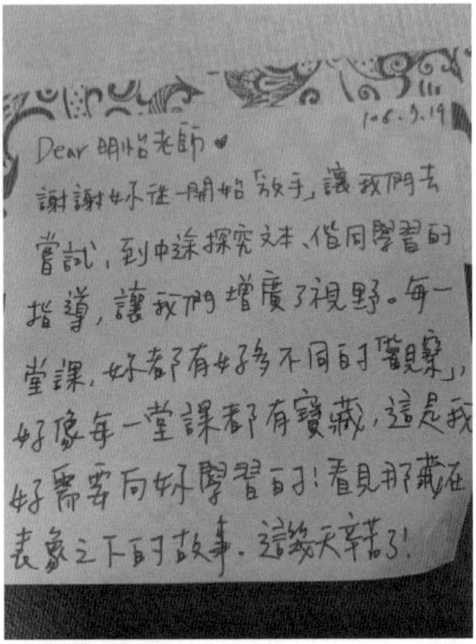
106.3.19
Dear 明怡老師♥
謝謝妳從一開始「放手」讓我們去
嘗試，到中途探究文本、偕同學習的
指導，讓我們增廣了視野。每一
堂課，妳都有好多不同的「驚艷」，
好像每一堂課都有寶藏，這是我
好需要向妳學習的!看見那藏在
表象之下的故事。這幾天辛苦了!

圖 6-42(3)　TFT 老師的迴響

五 學習共同體在學習中產生哪些迴響

(一) 學生信任教師，永遠支持學生

照片故事：(圖 6-43)

校內樂樂棒比賽，連三場得 22 分，這表現實在亮眼，這也是二個月扎扎實實的練習成果。但是，最讓明怡老師以你們為榮的，是那場你們說好，不論先發候補，全班 **28** 人都要輪替上場的 **17：17**；是那場圓

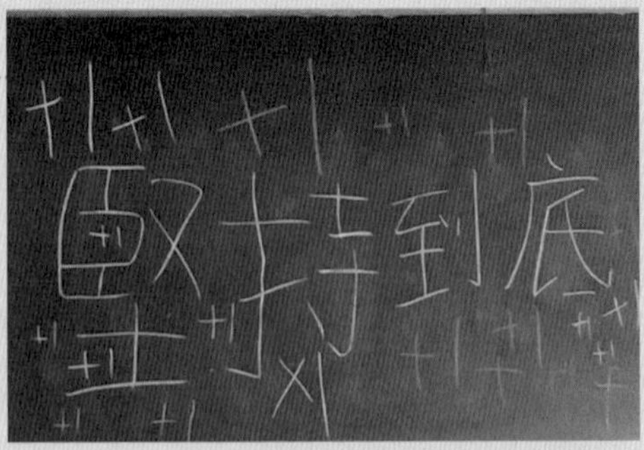

圖 6-43　堅持讓全班夥伴上場的勇氣（106.3）

學習語錄 210　老師和學生對話時的言語、聲調，激發學生對學習的興趣，傳遞師生共學的意識，讓課堂沉浸在學生們樂於學習的氛圍中。

了 18 人的先發夢以後，要圓候補 10 人的上場打擊防守夢。

最後結局，讓全班上場圓夢的結局，知道殘壘少對方一人後，大家哭得東倒西歪的 17：17；是那輸了以後莛和諺在黑板寫上「堅持到底」、萱走上黑板寫「+1」的 17：17。

我安慰你們，沒有人會記得上去升旗臺領獎時我們的獎狀是第幾名，但是我們已經證明最棒的實力給自己看！教練說，27 人次得 22 分，很棒很棒；教練也說，沒有班級可以在一場比賽中，能夠讓全班都上去防守的，你們眞的很強。

最後一場比賽，老師不在你們身旁，聽說，你們在我離開教室時寫的「堅持到底」旁，班長動 + 了一個大 1，所有同學再一次跟著上去 +1……。好好珍惜，畢業前和夥伴一起堅持的最後一場比賽！

你們常問我，爲什麼對你們那麼好，我的回答一直是：「因爲你們值得！」

(二) 意志堅強：挑戰不一定成功，勇氣使我們無懼

照片故事：(圖 6-44)

圖 6-44　第 58 秒的微笑（108.11）

上場前，你說你心跳好快；下場後，你說你雙腳仍然發抖著。1 分鐘團體競速賽，第 58 秒，你笑了。我好奇問你：「微笑是因爲？」你說：「是因爲，我知道我們眞的做到了！」第一次參加全國賽，1 分鐘 134 下的成績，獲全國優等；第二次男子團體競速成功挑戰 1 分鐘 174 下，女子團體競速成功挑戰 1 分鐘 158 下的亮眼成績，突破練習最佳紀錄（圖 6-45）。

學習語錄 211　課堂上的聆聽和對話，在語言交流中傳遞學習的發現和感受，也學會了人際互動的同理心與尊重，達成共同學習的效果。

圖 6-45　跳繩隊為校爭取榮譽

(三) 共好的夥伴關係

照片故事：(圖 6-46)

紅土上，孩子面對的是超強冠軍隊；事實上，孩子們正在經歷夥伴關係是否穩固的挑戰。漏接？爆傳？候補情節？孩子在面對課堂外每一球都攸關輸贏的分組競賽中，陷入情緒反應和夥伴關係的拉鋸下，強調共學、共好的「學習共同體」核心價值體會，能否和在課堂上表現一致。幸運的，我看到孩子對夥伴關係的重視，遠超過那顆漏接或

圖 6-46　夥伴關係的挑戰

學習語錄 212　學生可以隨時向夥伴求救，夥伴之間相互的溫柔關照，成爲學習的力量。

爆傳的球；我聽到連友隊教練都讚嘆的震天價響的鼓勵聲；到場加油的家長，將孩子之間相互支持的對話小細節，在班親會上分享給其他家長聽。終於，學習共同體的夥伴關係，經過六個月的耕耘，在紅土上，開花了！

隔週的班親會，15 位家長的侃侃而談，談的是孩子表達勇於挑戰的學習，說的是孩子主動自發的轉變，而家長最感謝的是，孩子有一群共同目標一起努力的夥伴陪伴向前。

剛結束的校內語文競賽，作文題目「影響我最深的一句話」，我好奇的問參賽孩子是哪一句話？他回答：「夥伴很重要，大人也需要夥伴關係！」我聽了實在很耳熟（這篇文章評選爲五年級校內語文競賽作文第一名）我想，這一切，不是偶然……。

我曾溫習已經畢業的共 ming 學堂第一屆孩子，短短相識一年的點滴故事記憶；如果到了這一天，共 ming 學堂第二屆孩子畢業了，第三屆孩子畢業了，孩子永遠留存心底，繼續支持孩子勇於挑戰的成長記憶，會是什麼呢？」（圖 6-47 至圖 6-50）

圖 6-47　參加臺南市樂樂棒球錦標賽

學習語錄 213　學生在課堂學習中得到教師的信任，是建立良好師生關係的第一步。

圖 6-48　參加臺南市跳繩接力比賽榮獲跳繩接力亞軍

圖 6-49　參加臺南市跳繩接力比賽準備時的專注與沉穩

圖 6-50　與夥伴共享榮耀

【學弟妹與學長姐的相遇・共 ming（107.12.15）】

共 ming 學堂再次齊聚一堂，兩屆畢業生共 25 位回來，聲勢浩大，教室外也自成一班，聽著對話，驚訝畢業後依舊牽繫著彼此的這特別的「夥伴張力」，強度指數真的很高！

學弟妹們與學長姐的交流很直接，「要怎麼練習才能像學姐一樣跳遠 3.75 米？」「教我！我也要像學姐一樣壘球冠軍。」「哇！他的傳球速度好快！」「學姐是三壘手？她傳球力量好強。」更特別的是，幸福的 502 孩子們大隊接力由大學長（現役海軍軍官）帶操暖身，特別有氣勢，大學長也主動積極參與校友接力並肩負第一棒，孩子們更破了平日的練習紀錄，

學習語錄 214　學生的課堂發言受到教師的讚美，是支持學生再次發言的動力。

孩子們聽到進步秒數，直說不可思議，驚呼連連！

畢業後，大家在各自的領域發揮，國三孩子說著未來的選擇，眼神發亮的說要繼續校排第一；國一孩子說國文的難度很高，每天自發讀到晚上 12 點……，我看見，未來的想像與藍圖，已握在共 ming 孩子掌心。謝謝每一屆的學長姐成為孩子的榜樣，期待孩子「看見」學長姐們曾經創下「堅持到底，永不放棄」的那股衝勁與毅力！祝福大家！

106 學年度下學期開始，研究者每天開放課堂，更在校內進行了 20 位老師的公開觀課，我問孩子，知道為什麼明怡老師願意時常開放觀課？孩子回答：「因為明怡老師信任我們。」

孩子的課堂自信，來自於老師對孩子的信任（圖 6-51 至圖 6-54）。

圖 6-51　共 ming 學堂 1 學長姊

圖 6-52　共 ming 學堂 2 孩子宿營的星夜呢喃時間

圖 6-53　共 ming 學堂 3 孩子的堅持到底，永不放棄

共MING學堂
圖案說明：
升學力jump的探究(耳朵)，達成共鳴(Ming)的課堂，相互關照的拼圖與音符之夥伴關係，(骨頭上的符號)，成就了汪(狗)-明(Ming)-怡(骨頭形似注音符號的一)的共Ming學堂！

圖 6-54　共 ming 學堂 logo 說明（李英杰教師設計）

學習語錄 215　課堂對話時，看見夥伴溫柔眼神、聽見夥伴內心想法，擁有學習的安全感。

六 學習共同體在家長中產生哪些迴響

(一) 看見孩子的主動

每一次的班親會，當我將麥克風遞給家長，請家長分享孩子的生活狀況，家長說著孩子的學習態度愈來愈好的轉變時，總是感動拭淚。

照片故事：(圖 6-55)

圖 6-55　共 ming 學堂 2 家長的認同與支持

共 ming 學堂 2 畢業前最後一次班親會，第四次的班親會，學生的母親哽咽激動說著孩子改變的過程，說因爲老師不放棄孩子，所以她告訴孩子的爸爸，更不能對孩子說負面自生自滅的話；說我改變了爸爸，改變了家庭氣氛，讓家庭和諧。另一位單親爸爸，離去前道謝時90度的鞠躬，換我感動落淚。

家長說：「孩子在這個學習過程中得到很多對自己的肯定跟自己努力所獲得成就的那種感受，而且他們願意表達出來，加上他本身的性格進而讓我感受到他所有的成長，眞的很謝謝妳，感恩成長的路上遇見你。」這個孩子爲了達成目標，考私中前，挑戰答不出來的數學題，到半夜 1 點仍然不肯睡，衝勁十足，媽媽問我這孩子哪裡來的衝勁？

然後，家長問孩子關於學校的事，孩子看著媽媽說「別擔心，明怡老師懂我」時，家長問，孩子這麼信任老師的師生默契，是怎麼發生的？

學習語錄 216　課堂是小社會，學生要嘗試聆聽夥伴的想法，練習和夥伴對話，努力向所有的夥伴學習。

我思考著，每一位孩子，都有未知的過去，心底都有說不出的搖晃、未平衡的點，影響孩子的現在與未來行為反應；每一位家長，有著未知的教育矛盾點，不安與困惑全擠在眉梢上。

從孩子出生，開始學著當爸媽；從孩子上小學，開始學著當國小生的爸媽。面對第一個孩子上國中的忐忑，在班親會家長們的相互支持下，家長和我們努力找尋面對未來轉折的安定與自信！

謝謝共 ming 學堂學長姐的好模範，以及前任、現任家長的支持與鼓勵；讓我們珍惜此刻的共 ming，讓孩子繼續在幸福中成長！（圖 6-56）

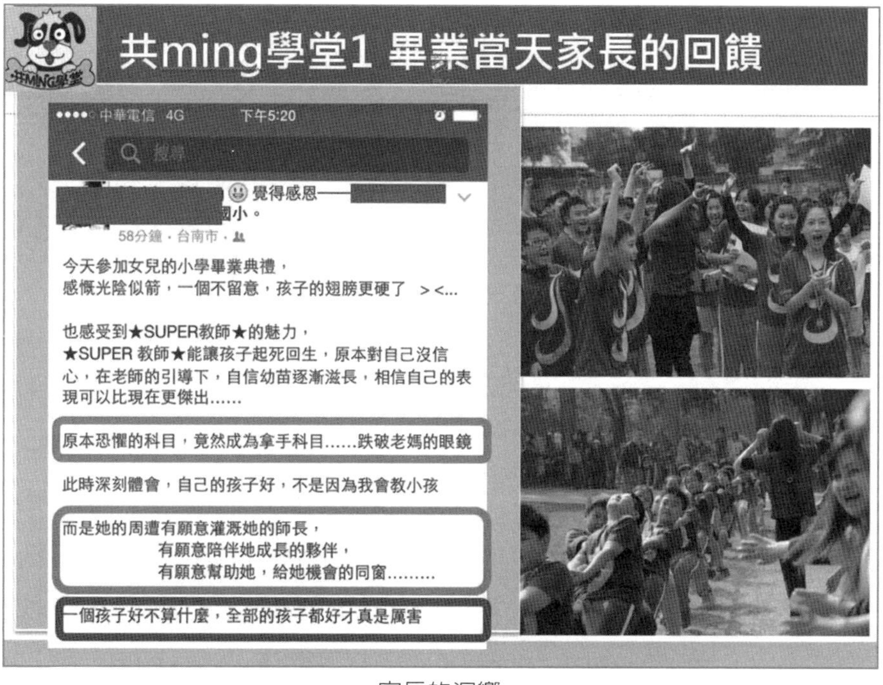

家長的迴響

圖 6-56(1) 共 ming 學堂畢業迴響

學習語錄 217 學習共同體重視相互學習的關係，由不懂的學生主動詢問夥伴，不是「相互教」的小老師關係，是「相互學」的夥伴關係。

共 ming 學堂 1 畢業生——王翊蓁」（106.9）

共 ming 學堂 1 畢業生——王翊蓁繪製（106.9）

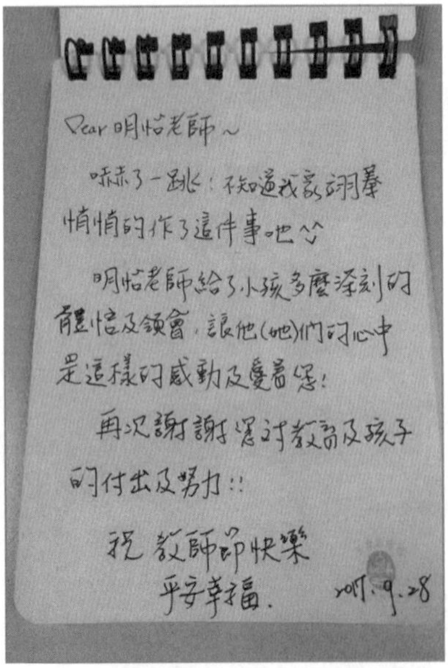

共 ming 學堂 1 畢業生王翊蓁母親（106.9）

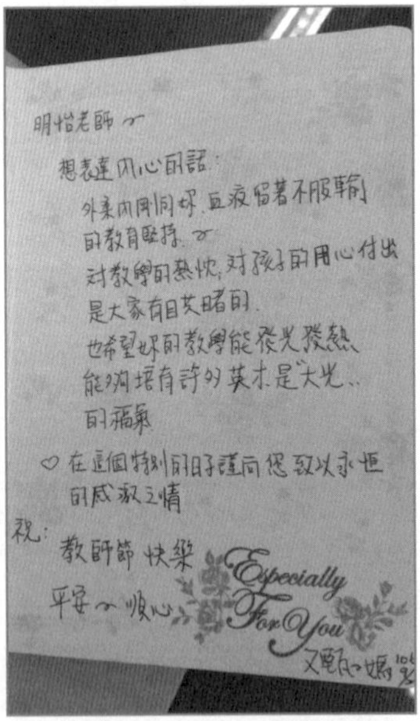

共 ming 學堂 2 畢業生劉又甄母親（106.9）

圖 6-56(2)　共 ming 學堂畢業迴響

學習語錄 218 學生爲了想要多學一些而學習，以成爲一個很會學習的人爲目標。

教室願景:尊重、聆聽、給夥伴、不放棄

畢業家長 畢業生

依稀記得明怡老師的諄諄教誨，秉持著沉穩的心迎向每一個未知的旅途，到現在想起來依然受用無窮，雖然現在國三了，課業壓力的種種都使共**ming1**的我們快喘不過氣來，但我們始終不會忘記您給我們的啟發。

(共**ming1**王翊蓁**107.9**)

共 ming 學堂 1 畢業生迴響

教室願景:尊重、聆聽、給夥伴、不放棄

畢業家長 畢業生

自從來到**602**以後每天都是開心的日子，我期待見到老師、夥伴們，**602**對我的感覺就像一個大家庭，每天來上課是為了互相學習、一起成長，在班上我們不是競爭對手，而是一個個都情同兄弟姊妹一般的要好，這樣的日子再美好不過了，就算畢業再怎麼久，也忘不了這兩年老師與夥伴們的陪伴。不知學弟妹們是否也跟以前的我們一樣，慢慢的熟悉彼此，建立起密不可分的夥伴關係?希望學弟妹也能像我們學長姐一樣，成為最棒的共**ming**學堂第三屆。(共**ming2**彤恩**107.9**)

共 ming 學堂 2 畢業生迴響

共ming學堂1 畢業後 國中老師的回饋

你們兩個小鬼一真的很乖很棒！

學生球員就是要有個精神和態度！
凡事盡全力！
永遠不要輕易放棄！

你們真的讓教練心裏很暖。

謝謝你們願意接受教練的話和指導！

我們一起加油！^_^

汪汪怡 真的很感謝老師的鼓勵和支持！ 兩位小朋友真的很棒！對於教練和學長們的教導和一些態度禮貌都有做到！ 可以想像老師您在他們身上用心的程度！真的很感謝您給我們這麼棒的小朋友！真的感謝。 未來我在球隊裡會努力的去指導和教育他們，我們不只是打球，品德和態度禮貌和做人處事的道理也會教育。 期待他們和學長們都能快樂成長！ 真的很感謝您的鼓勵和支持！ 謝謝您！

到 Facebook 上查看

國中老師的回饋

圖 6-56(3) 共 ming 學堂畢業迴響

學習語錄 219 爲了要達成共學、共好的目標，以尊重、聆聽、夥伴、堅持作爲每一天努力的方向。

(二) 信任教師

從學生身上所展現的企圖心與學習動力，讓家長信任研究者，每一位學生都是研究者手心的寶貝，在每一個學習階段給予學生鼓勵和學習建議，運用學習共同體的協同學習讓差異化教學（因材施教）的理念眞實出現，經由研究者分析學生的學習狀態與瓶頸，家長更明確知道自己孩子的學習樣貌。

第六節 學習共同體理念的實踐反思

一 學校人員的意見與反思

臺南市教育局自 108 年開始，鼓勵學校教師每學年一次公開觀課，由於校內國語備課社群自 106 年開始，由研究者和學習共同體夥伴呂坤岳老師，邀請校內教師一起進行備課、說課、觀課、議課的學習共同體實踐至今，因此校內教師對於公開觀課的流程非常熟悉。

研究者認爲，在教師相互信任的關係下，公開觀課後的課程修正對學生的學習必定有益處，教師也會逐漸理解公開課堂的善意。因此，無論政策走向、無論學校主管更動，大光國小教師的備課社群將延續成立初衷，爲學生的學習而繼續努力（圖 6-57、6-58）。

二 學校教師的意見與反思

學校教師對於學習共同體課堂的觀察焦點已非常成熟，如下：（圖 6-59）

學習語錄 220 學習夥伴的情感連結、彼此尊重、相互信任，產生依賴感和歸屬感，讓學生在團體中找到自己的定位。

圖 6-57　研究者公開觀課：翰林版《國語》六下第十課〈撐開你的傘〉

圖 6-58　研究者公開觀課

學習語錄 221　從「相互聆聽、眼神交流」開始，牽繫起夥伴之間的學習關係。

圖 6-59　觀課老師說出課堂學生對話狀況

(一) 觀課可看出「師生情感連結」

研究者提問：「從課文內容中，我們可以發現老師是一個什麼樣的人？」學生回答：「是一位關心學生的老師，因爲放學前會再三叮嚀，路上要小心，不要跌倒了，跌倒了要再爬起來；還有，會告訴學生，難過了就唱歌，下雨了就撐傘，要撐勇氣的傘。」

一位非常特殊的孩子，在這一題，對小組夥伴說：「這不就是在說明怡老師嗎？」一位了解這位孩子家庭背景與特殊狀況的觀課老師說，聽到孩子這麼說，非常令人感動。

(二) 觀課可看出「學生學習時的安心程度」

一位低年級觀課老師說：「小組裡第一位發言者像是一個主體的枝幹，接著第二位、第三位、第四位小組夥伴補充了枝葉，讓大樹成型。」

學習語錄 222　由學生的「言語表達內容」，可以得知學生的學習瓶頸和理解程度。

另一位低年級的觀課老師說：「每一次來看明怡老師的課堂，每一次都感覺學習的氛圍很好，學生很自然的說出心裡的想法，不會有別的學生說別人對或是錯。」

(三)觀課可看出「學生學習時的聆聽能力、思考能力和反覆咀嚼文本的學習習慣」

一位高年級的觀課老師說：「學生像是柯南，找出課文內容的蛛絲馬跡，然後相互補足，拉高了閱讀課文內容的層次。」
以下爲學生對話內容：

A 生：看到課文，我看這個班級的人數一定很少。

B 生：對（翻課文，指出「山坳」的句子），學生要走到山坳的家，他們是山區裡的學校，山裡的學校班級人數可能很少。

C 生：而且老師都知道誰要跨過乾水溝才能到家（翻課文，指著課文），老師都知道學生住在哪裡，人數一定不會太多（笑）。

A 生：學校是不是在比較高的地方，這樣才能看得見學生家「燈火乍現」？

C 生：學校在最高的地方，遠遠可以看見學生在山坳的家，放學以後，老師看見學生家的燈亮了，知道學生到家了，就放心了。

(四)觀課可看見「教師退居幕後，欣賞學生的交響學習」

研究者提問：「爲什麼作者說，不用選擇做大事，只要做好一件事就可以了？」

A 生：「腳踏實地的做好一件事很重要。」

B 生：「意思是爲未來鋪路，要先把自己以後未來的路鋪好，如果沒有鋪好，就像是走進去山上，如果沒有把山路的石塊鋪好，就沒有辦法走進去山裡。」

C 生：「我認同 B 生的說法，鋪路的意思是做好現在的每一件事情。」

學習語錄 223 由學生的「肢體語言和身體姿態」，可以看見學生與夥伴關係連結的狀態。

A 生：「爲自己的未來鋪路，可以讓自己走下去，就不會停滯不前。」

D 生：「爲未來提早做準備，等將來到了那個 level 就不用那麼辛苦，不用太過努力就可以將事情輕鬆的完成，所以現在要爲未來鋪路，不用做偉大的事，要按部就班、腳踏實地的做好每一件小事。」

研究者在這一堂課，只需要提問和串聯，然後欣賞學生的交響，學生在自然和安心的學習節奏中，侃侃而談，教師的角色退居幕後，學生成爲課堂學習的中心！

觀課時觀察的「師生情感連結」、「學生學習時的安心程度」、「學生學習時的聆聽能力、思考能力和反覆咀嚼文本的學習習慣」、「教師退居幕後，欣賞學生的交響學習」等焦點，是學習共同體較爲顯著的課堂樣貌；但是觀課教師也非常關心培養能力時的時間壓力、進度壓力、家長壓力、特殊學生等過程的問題。研究者認爲，如果教師想要的課堂是以學生爲中心的課堂，最重要的是對學習共同體信念的堅持與積極備課，教師必須敞開眞心面對學生，不求回報，過程中沒有時間表，而且學生永遠在「成長的過程中」。

三 學校學生的意見與反思

研究者詢問學生對於協同學習的感受，以及畢業後沒有夥伴的感受，如下：

(一) 對協同學習的感受

學生說：「協同學習是個可以提升成績的學習法，學習共同體讓我知道尊重、聆聽、夥伴和不放棄的重要，正因爲有這種的學習，我的成績才會提升。」「協同學習不會讓成績好的學生彼此仇視。」「我喜歡協同學習，原因是這個方法讓大家一起學習、一起進步，所以我很喜歡。」「我喜歡學習共同體，因爲這個方法不會感到別人對我冷漠，還可以學習別人

學習語錄 224 由學生在課堂上的「眼神聚焦狀態」，可以發現學生的學習專注程度。

的學習方法，也可以聽到別人的想法，我很推薦給其他老師。」「我覺得協同學習很棒，可以隨時問夥伴問題，也能快速解決問題，加快學習效率，我很愛這種方法。」「協同學習是能表達不同感想的學習，但不是各說各的，要聆聽、尊重夥伴，我覺得要從中年級開始。」「我體驗到學習共同體的有趣，也讓我變得更喜歡上課，我推薦其他班級老師也可以用這個方法來上課，我覺得這個方法可以讓學生愛上學習。」「協同學習讓我了解聆聽和夥伴的重要，也讓我懂得可以發表自己的意見，也讓我懂得聆聽別人的想法。」「我喜歡協同學習，因爲和同學一起思考一個很難的問題，解出來的時候大家都很開心，我們也變得聰明許多。」

學生在協同學習中確實能夠體驗到尊重、聆聽、夥伴共學、共好的體會，得到了學習的安全感及成就感，這正是學習共同體最重要的部分（圖6-60）。

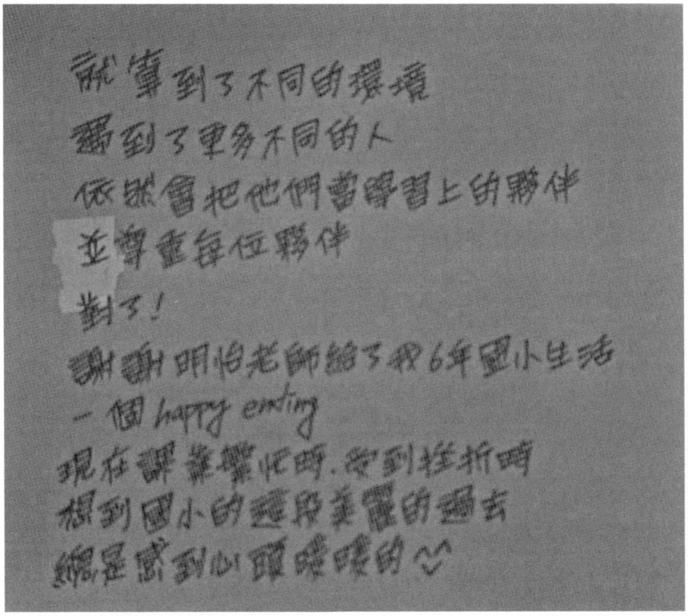

圖 6-60　畢業生迴響

學習語錄 225　學生一舉手、一投足的表現，都是反應夥伴關係和學習狀況的最佳觀察焦點。

(二)未來沒有夥伴怎麼辦?

【給畢業生的一封信】

明怡老師在8月10日接到新班級的時候,滿腦子想的都是共ming學堂1,我忍不住一直告訴學弟妹:「你們的學長姐,在這一間教室和明怡老師一起學習、一起努力、一起堅持到底。」明怡老師要讓學弟妹們知道你們所有的好,以你們為榜樣。在602教室,明怡老師只要看到黑板,就想到靖萱;看到營養午餐餐車,想到伯勳、肇康、宗佑、宇翔;看到桌上的小花小草,想到艾翎;打電腦時,想到鳳薇和祕密基地;經過好望角,想到汶欣、翔媛掃完地會坐在扶手上的身影,想到智惟不停揮動掃把的背影,想到萱穎和怡玲拿了各式掃地用具的辛苦模樣,想到冠得、宗佑、宸漆從遙遠的麥香麵包店一面走一面掃回大門口會合夥伴時的汗流浹背,想到詠欣永遠留下讓明怡老師放心的微笑臉龐,想到淳安、梅緗、艾翎、怡臻、政哲肩負重責大任卻從未抱怨;只要你們需要明怡老師,我一定會出現和大家一起處理眼前的難受的事;還有好多好多夥伴的事,你們的一點一滴,我都記得!

還有宗諺、宇翔和永莛,穿梭在整條長榮路和好望角的身影,踏過一次又一次的人行道,明怡老師每一次經過,就像是走過一遍又一遍的回憶⋯⋯。明怡老師看著翊蓁的畫作,想著翊蓁,每一場樂樂棒球比賽翊蓁在本壘前守護著壘包的背影;想到淳安,有一場站在一壘上擔任防守的努力;每一位夥伴在場上專注的眼神及表情,明怡老師都記得,你們真的好棒好棒!

現在,新的開始,帶著夥伴們的回憶,帶著明怡老師給的力量,繼續創造下一個共ming,雖然602已經畢業,希望你們可以自己找尋有共同理想和目標的夥伴,也許二個、三個,都好,創造自己學習的夥伴關係,繼續一起共學、一起共好,明怡老師也會一起努力!大家加油!祝福大家!

學習語錄226 分析學生課堂反應的目的,是爲了教師課後反省課程或是協同學習、串連環節的及時修正。

未來沒有夥伴怎麼辦？研究者的回應是「充實能力，吸引志同道合的夥伴，成爲種子，引領夥伴共學、共好。」

三 學校家長的意見與反思

學習共同體注重學生學習反應與思考，給予每一位學生學習的平等機會，因此不會只點舉手的學生回答問題，會依據學生的學習反應與眼神或是學習的差異等因素點名回答問題的學生。

一位思考力、表達力兼備的孩子問：「明怡老師，妳爲什麼都不點我回答？」在課堂上，研究者告訴全班孩子原因（組內分享、全班分享相互的學習方式，讓孩子找到自己的舞臺等原因），以及最重要的，研究者對每一位學生的期待。

在班親會，研究者對家長說：「面對未來的社會與挑戰，我不要只有一個孩子好，我期待全部的孩子好。老師在課堂上做的，就是憑著對孩子的了解和眼神互動，在對的時機給孩子機會和舞臺。」研究者同時說明學習共同體的共好理念，之後家長寫了一封信給孩子：「一顆星星的天空總是孤單，群星相聚才會是最美的夜空。」家長選擇認同，2 年的時間，家長看見自己的孩子學習的主動性、自信心提升、與科任教師衝突降低，在國中入學測驗時更有驚人的表現（圖 6-61）。

四 本書作者的意見與反思

有人曾問研究者，如何讓家長和教師們支持共 ming 學堂的理念？

這幾年，不刻意造就教室領導者，是因爲期待所有的孩子未來都有機會成爲領導者；這幾年，刻意練習的聆聽與對話，是因爲期待所有的孩子未來都有能力表達心中想法。時間，很快；回憶，很美！平日關注孩子的家長，一定會發現，孩子愈來愈喜歡上學、愈來愈願意主動學習，這是經過 2 年學習共同體淬鍊的孩子的特色！

學習語錄 227 基礎提問和難度的挑戰題直接導入課堂，學生將在學習過程中慢慢熟悉協同學習的模式。

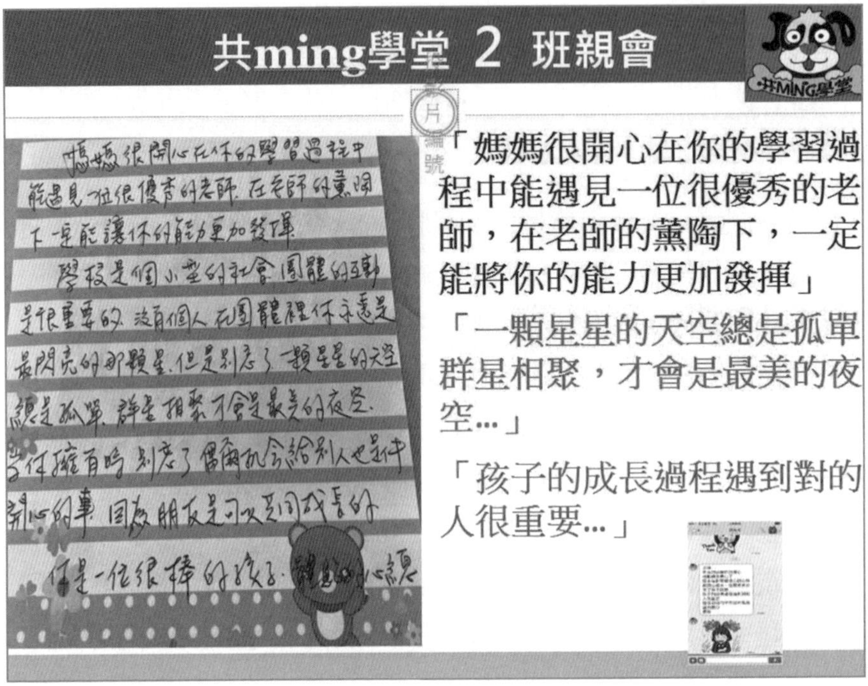

圖 6-61　共 ming2 家長說：「群星相聚，才會是最美的夜空。」

研究者的課堂有學習共同體的「夥伴共學、共好信念」，看見學生需要，讓學生有找回自信心的機會，用夥伴學習的溫暖，帶來正向的幸福感，正向的能量。這個「夥伴在一起」的過程，學生從中得到了生活的安定性，得到了學習的習慣。給了孩子安全感，不僅爲學習而奠基，更加深了孩子的自信心，對學習產生動力，這個向心力，融入了課業，爲孩子帶來前所未有的成功經驗。教室四願景（尊重、聆聽、夥伴、堅持）達成溫柔對待彼此、給夥伴力量，成就了每個孩子。ADHD 的孩子不再傷害別的同學、不再對同學吐口水、成爲樂樂棒的投手，願意爲了老師和同學調整自己的行爲；亞斯伯格的孩子開始讀懂課文、不會輕易的衝動用暴力解決問題；自閉症的孩子、情緒型的孩子，願意調整情緒波動，表現出善良

學習語錄 228　每天持續練習尊重、聆聽、夥伴、堅持的教室願景，從實踐共學中體現學習共同體之共好。

的一面。

研究者將學習模式帶進課堂教學，持續的解構文本、設計提問，將課程走向導入新課綱聽、說、讀、寫的學習表現，以國語爲例，分成三部分：

1. 課程設計：從共有課題提問設計出發，設計布魯姆認知結構理論的具體到抽象認知概念的建構，屬於知識、理解的題目；挑戰題的設計，屬於應用、分析層次；讀寫合一則屬於評鑑與創作層次。

2. 教學：協同學習的小組對話、全班對話、個別對話，評估學生學習的脈絡還有學習狀態，給予學習策略的建議及經驗移轉，相互學習。

3. 學習能力：透過聆聽，在課堂分析學生學習表現的差異性，給予不同程度的鷹架。學習共同體運用了 Vygotsy 的鷹架理論，運用協同學習的夥伴及課程挑戰，提升近側發展區的學習表現。

數學則由學習概念開始，具體物操作到挑戰題的運用，研究者將學生解題策略分類，讓孩子上臺說出數學，相互提問不懂的地方，產生學習移轉與鷹架認知，學生學習成效顯著提升。

學習共同體屬於鷹架認知理論，非常重視備課時對教材的分析與解構，因此研究者與長期學習共同體夥伴呂坤岳老師籌組了一個教師備課社群的團隊，感謝教師們的參與，過程中有教師在相互學習中獲得很大的迴響。研究者更將成功經驗複製給在偏鄉任教的年輕教師，每年持續進行經驗移轉。

研究者秉持「一切爲學生，學生爲一切，成就每一個孩子」的理念，在國小教育現場實踐學習共同體，期待能將學習共同體在國小的理想與實踐，推廣給關心孩子學習的家長和教師們！

如何讓家長和教師們支持共 ming 學堂的理念？教育的美，要運用策略，要用時間等待（圖 6-62 至圖 6-65）。

學習語錄 229 透過學習共同體建構一幅美麗學習圖像。

共 ming 學堂學力測驗傳奇——「我們堅持到底，我們永不放棄。」
共 ming 學堂樂樂棒傳奇——「努力不懈是我們的武器，夥伴是我們的靠山。」
共 ming 學堂跳繩競賽傳奇——「我就知道我們一定可以的！」

圖 6-62　夥伴讓我們無懼任何挑戰！

學習語錄 230　將學習責任相互承擔，才能提升學習效能。

圖 6-63　協同學習的夥伴關係——若無其事地關照、溫柔對待彼此

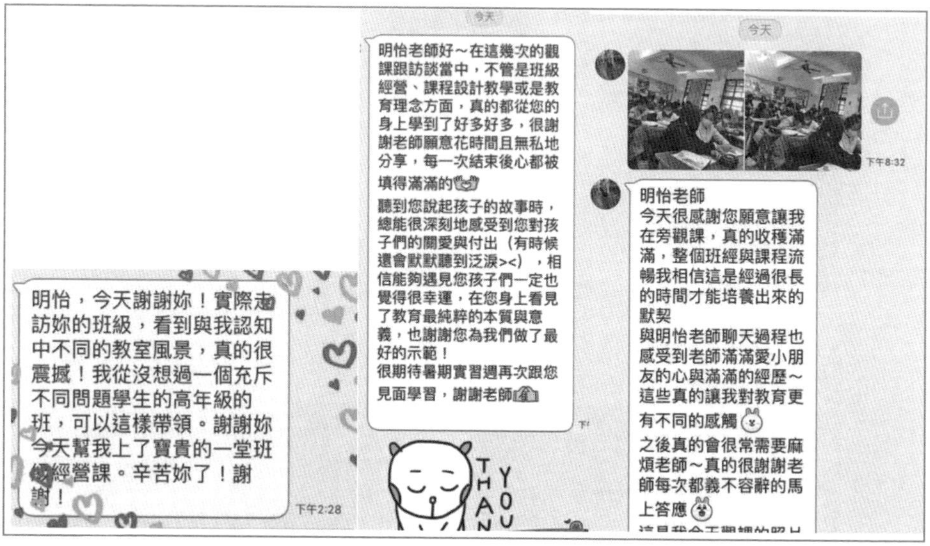

圖 6-64　期待在教育現場讓更多教育夥伴體會學生的真善美

學習語錄231　學習共同體是建立一種學習相互分享、相互依賴、相互對話的歷程。

圖 6-65　成就孩子，無懼未來的彩色人生

學習語錄 232　透過尊重、聆聽、夥伴關係，實踐學習的美好承諾。

參考文獻

李季湄譯（2014）。佐藤學著。**靜悄悄的革命——課堂改變，學校就會改變**。教育科學出版社。

林進材（2019）。**核心素養下的教師教學設計與實踐**。臺北市：五南出版社。

陳靜靜譯（2013）。秋田喜代美、佐藤學著。**新時代的教師**。北京市：教育科學出版社。

陳靜靜譯（2016）。佐藤學著。**教師花傳書：專家型教師的成長**。上海市：華東師範大學出版社。

黃郁倫、鍾啟泉譯（2012）。佐藤學著。**學習的革命：從教室裡出發的改革**。臺北市：天下雜誌。

黃郁倫譯（2013）。佐藤學著。**學習共同體——構想與實踐**。臺北市：親子天下。

黃郁倫譯（2014）。佐藤學著。**學習革命的願景**。臺北市：遠見天下。

黃郁倫譯（2017）。佐藤學著。**邁向專家之路：教師教育改革的藍圖**。臺北：高等教育出版社。

歐用生（2012）。日本中小學「單元教學研究」分析。**教育資料集刊，54**，121-147。

歐用生（2013）。學習的革命：本土實踐的反思。**新北市教育——學習共同體特刊**，4-16。

鍾啟泉、陳靜靜譯（2012）。佐藤學著。**教師的挑戰——寧靜的課堂革命**。上海市：華東師範大學出版社。

鍾啟泉譯（2004）。**學習的快樂——走向對話**。北京市：教育科學出版社。

鍾啟泉譯（2010）。佐藤學著。**學校的挑戰——創建學習共同體**。上海市：華東師範大學出版社。

鍾啟泉譯（2014）。佐藤學著。**學校見聞錄——學習共同體的實踐**。上海市：華東師範大學出版社。

簡紅珠（1998）。教師教學決定：內涵、思考歷程與影響因素——兼談如何改進教學決定技能。**課程與教學季刊**。

國家圖書館出版品預行編目資料

學習共同體在小學實施的理念與實踐／汪明怡，林進材著. 一一初版.一一臺北市：五南圖書出版股份有限公司, 2020.12
面； 公分
ISBN 978-986-522-338-0 (平裝)

1.中小學教育 2.教學研究 3.文集

523.307 109016898

1I3L

學習共同體在小學實施的理念與實踐

作 者一 汪明怡、林進材（134.1）
發 行 人一 楊榮川
總 經 理一 楊士清
總 編 輯一 楊秀麗
副總編輯一 黃文瓊
責任編輯一 黃淑真、李敏華
封面設計一 王麗娟
出 版 者一 五南圖書出版股份有限公司
地 址：106台北市大安區和平東路二段339號4樓
電 話：(02)2705-5066 傳 真：(02)2706-6100
網 址：https://www.wunan.com.tw
電子郵件：wunan@wunan.com.tw
劃撥帳號：01068953
戶 名：五南圖書出版股份有限公司
法律顧問 林勝安律師事務所 林勝安律師
出版日期 2020年12月初版一刷
定 價 新臺幣320元

五南
WU-NAN
全新官方臉書
五南讀書趣
WUNAN
Books
since1966
Facebook 按讚
1 秒變文青
五南讀書趣 Wunan Books
★ 專業實用有趣
★ 搶先書籍開箱
★ 獨家優惠好康
不定期舉辦抽獎
贈書活動喔！！！

經典永恆・名著常在

五十週年的獻禮——經典名著文庫

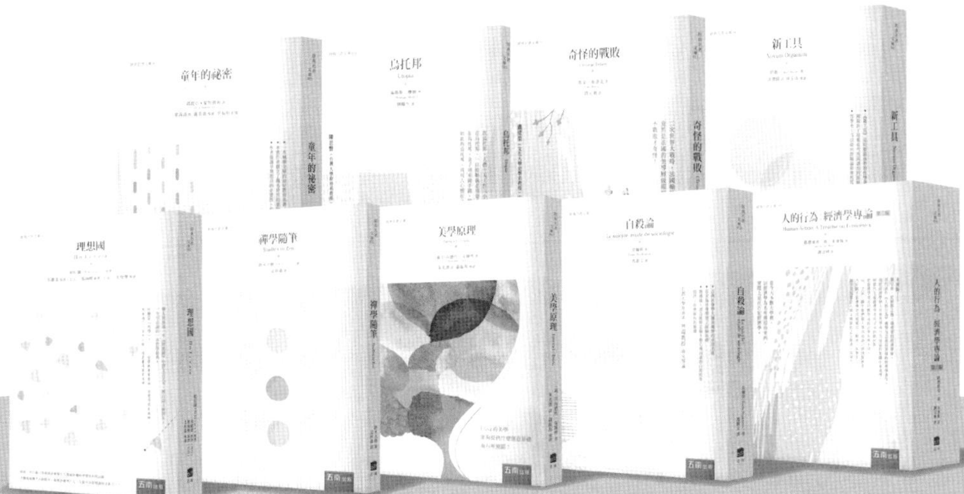

五南，五十年了，半個世紀，人生旅程的一大半，走過來了。
思索著，邁向百年的未來歷程，能為知識界、文化學術界作些什麼？
在速食文化的生態下，有什麼值得讓人雋永品味的？

歷代經典・當今名著，經過時間的洗禮，千錘百鍊，流傳至今，光芒耀人；
不僅使我們能領悟前人的智慧，同時也增深加廣我們思考的深度與視野。
我們決心投入巨資，有計畫的系統梳選，成立「經典名著文庫」，
希望收入古今中外思想性的、充滿睿智與獨見的經典、名著。
這是一項理想性的、永續性的巨大出版工程。
不在意讀者的眾寡，只考慮它的學術價值，力求完整展現先哲思想的軌跡；
為知識界開啟一片智慧之窗，營造一座百花綻放的世界文明公園，
任君遨遊、取菁吸蜜、嘉惠學子！